主　编：陈　伟

撰稿人：（按照撰写条文的先后顺序）

陈　伟　杨　攀　王心一　张学文　甄　航
沈　平　严　磊　胡雅岚　于浩洋　宋坤鹏
张素敏　邬雨岑　张嘉艺　盛　浩　吴裕飞
张　阳　叶　静

中华人民共和国
反电信网络诈骗法
理解与适用

陈伟◎主编

ZHONGHUA RENMIN GONGHEGUO
FANDIANXIN WANGLUO ZHAPIANFA
LIJIE YU SHIYONG

中国法制出版社
CHINA LEGAL PUBLISHING HOUSE

前　言

《中华人民共和国反电信网络诈骗法》是着眼于打击治理电信网络犯罪的实践需要，着力解决突出问题，回应人民群众的重大关切，更好地织密防范惩治电信网络诈骗犯罪的法律之网，顺应时代需要的专门性法律。近年来，电信网络诈骗犯罪已经成为发案率高、造成损失大、群众反映强烈的突出犯罪类型。犯罪分子借助新型技术手段，通过非法获取个人信息、利用网络黑灰产业交易等辅助方式实施诈骗，乃至部分形成了一定的组织化、规模化和产业化倾向。与犯罪多发的态势相比，在此之前的我国反电信网络诈骗的制度构建不足，总体上呈现出碎片化、封闭化、零散化的状态，故亟须系统性总结过往执法和司法实践中的工作经验，结合当下实践中电信网络诈骗的具体情势，以形成立足于各行业、全链条、全场域防范治理电信网络诈骗的规范支撑。从整体上来说，《中华人民共和国反电信网络诈骗法》是为预防和惩治电信网络诈骗活动提供法治化、体系化、规范化保障的一部法律，同时也将成为推动反电信网络诈骗工作常态化、机制长效化、成效显著化的一部法律。

《中华人民共和国反电信网络诈骗法》秉承“小切口”的立法特色，共计七章五十条，其中包括总则、电信治理、金融治理、互联网治理、综合措施、法律责任、附则。该法坚持以人民为中心，统筹发展和安全，强调系统观念，注重源头治理、综合治理，分别对通信、金融以及互联网等行业、领域做出专门规定，建立即时查询、紧急止付、快速冻结和及时解决资金返还制度等，通过政府与企业之间的良性互动，在统筹协调之中发挥反电信网络诈骗工作的最佳效能。2022 年 9 月 2 日，第十三届全国人大常委会第三十六次会议通过了《中华人民共和国反电信网络诈骗法》，自 2022 年 12 月 1 日起施行。

“良法”与“善治”须携手并行，唯如此，才能把科学立法的制度成果转化为实实在在的实践成效。《中华人民共和国反电信网络诈骗法》是一部与所有人的利益息息相关的新法律，为了便于对它的理解、适用和宣传，受中国法制出版社的邀请，笔者特组织西南政法大学法学院师生、重庆市新型犯罪研究中心的部分研究人员共同参与，针对该法具体条文的主旨、理解和适用等进行多角度、全方位的阐释，以期回应广大人民群众的热切关注。同时，在撰写过程中时刻保持对规范文本的尊重，适当展开对关联规范、典型案例的分析，以便为该部法律的研习者省却检索之苦，避免一些不必要的时间耗费。

值此出版之际，衷心感谢中国法制出版社王熹编辑的辛勤付出，在不厌其烦的反复校订之中，指出并修订了文中的多处错误。感谢所有的参编者，在酷暑难耐的夏日全身心地投入，并在不断地催促之中按期完成任务。由于时间仓促，书稿之中难免存在一些不足之处，敬请广大读者在阅读本书之余，对本书讹误之处提出宝贵意见。

陈伟
西南政法大学教授、博士生导师
重庆市新型犯罪研究中心执行主任
2022 年 9 月 21 日

目　录

Contents

第一章　总　　则

第二章　电信治理

第三章　金融治理

第四章　互联网治理

第五章　综合措施

第六章 法律责任

第七章 附 则

附录

第一章 总 则

第一条 【立法目的与根据】为了预防、遏制和惩治电信网络诈骗活动，加强反电信网络诈骗工作，保护公民和组织的合法权益，维护社会稳定和国家安全，根据宪法，制定本法。

【条文主旨】

本条是关于《中华人民共和国反电信网络诈骗法》立法目的及立法根据的规定。

【条文理解】

本条是关于《中华人民共和国反电信网络诈骗法》立法目的及立法根据的规定。具体来讲，关于本条规定的理解，应当注意以下几个问题：

第一，本法立法目的之一是预防、遏制和惩治电信网络诈骗活动。首先，“防患于未然”是治理电信网络诈骗的根本理念。就本条的内容来看，坚持“打防结合、预防为先”的原则，从源头上构建对电信网络诈骗的预防机制，进行源头治理，从而最大限度地预防和减少案件发生。其次，应当遏制电信网络诈骗犯罪多发高发态势。近年来，电信网络诈骗活动多发，成为当前发案率高、损失大、群众反映强烈的突出犯罪类型，致使公私财产、群众合法权益遭受重大损害。立足于当下实践中集中爆发出的电信网络诈骗犯罪这一典型现实问题，应正视问题，既不夸大现实问题，也不遮蔽实践危害。基于当下电信网络诈骗犯罪的严峻态势，亟须进一步完善法律法规，坚决打击治理，以有效遏制其多发高发态势。再次，应加强对电信网络诈骗活动的惩治力度。当前对于电信网络诈骗行为人法律惩处力度有限，且由于诈骗窝点多设在国外、隐蔽性较强，大量违法犯罪分子并未受到应有的法律制裁。基于此，只有加大法律惩处力度，才能有效打击诈骗分子的嚣张气焰。因此，本法不仅对电信业务经营者、金融机构、互联网服务提供者等规定了相应的民事责任和行政责任，而且明确了如果诈骗活动实施者构成犯罪，则应当依法追究相应的刑事责任。

第二，本法立法目的之二是加强反电信网络诈骗工作。具体而言，本法明确了反电信网络诈骗工作的基本原则，强调坚持系统观念，注重源头治理、综合治理，并分别对通信、金融以及互联网领域进行专门规定，建立涉案资金紧急止付、快速冻结和资金返还制度，防范个人信息被违法利用，有针对性地加强宣传教育，明确各方法律责任，加大惩处力度。总之，上述各项措施都从属于反电信网络诈骗工作的整体，通过部分与整体之间的良性互动，从而在统筹协调之中发挥最佳效能。

第三，本法立法目的之三是保护公民和组织的合法权益。电信网络诈骗行为人以非法占有为目的，利用网络技术手段骗取公私财产，严重侵害人民群众的财产利益。不仅如此，在有的诈骗案中，犯罪分子实施诈骗甚至造成了被害人自杀死亡的严重后果，造成了极其恶劣的社会影响。[①] 本法的主要目的之一是保护人民群众的合法权益，保障人民群众的财产权和其他合法权益不受电信网络诈骗活动的侵害，实现法律的利益保护功能。同时需要注意的是，本法不仅保护公民个体的合法权益，对于社会团体、企事业单位乃至国家机关等相应的单位与组织之合法权益，同样予以保护。

第四，本法立法目的之四是维护社会稳定和国家安全。电信网络诈骗活动由于其覆盖范围广，危害程度深，且隐蔽性较高，损失挽回难度较大，除直接造成人民群众财产损失外，还会破坏社会正常管理秩序，影响社会稳定与和谐，甚至危害国家安全。例如，电信网络诈骗活动中常常同时涉及公民个人信息的泄露与非法获取，此时不仅危及公民的财产与个人信息安全，同时也会对总体国家安全观中的经济安全、网络安全、社会安全等造成威胁。因此，不仅在立法目的中强调要保护公民合法利益，还要重视维护社会稳定和国家安全。

第五，本法同时规定了其立法根据为宪法。宪法在我国法律体系中具

---

① 广东省揭阳市中级人民法院（2017）粤52刑初40号刑事判决书，载中国裁判文书网，https://wenshu.court.gov.cn/website/wenshu/181107ANFZ0BXSK4/index.html?docId=6c1c47faafff4d688b0da8ab0098efd6，最后访问时间：2022年9月9日。

有最高地位，是其他法律规范制定的根据。任何其他法律规范均不得同宪法相违背。因此，从法制统一和宪法效力的角度来讲，宪法同样应当是本法制定的法律依据。

【适用指南】

本条是关于立法目的的总体性规定，本法不仅以此目的作为科学立法的基本指导思想，而且也是在此立法目的指导下对本法其他各项规定进行具体适用。在具体适用中，应当凸显本条的原则性地位与实践价值，将本条作为首要的、根本的、宏观性指导原则，具体适用时不得偏离本条的基本理念，也不得与本条内容的原则性内涵相违背。本条立法目的奠定了本法的核心基准，如果有违反本条内容、要义及所蕴含精神的行为，则属于抵牾本法意旨的行为。

【案例评析】

应预防买卖银行卡的违法犯罪风险①

一、案情简介

2018 年起，被告人涂某通明知他人利用信息网络实施犯罪，为牟取非法利益，长期收购银行卡提供给他人使用。2018 年，涂某通与万某玲通过兼职认识后，涂某通先后收购了万某玲的 3 套银行卡（含银行卡、U 盾/K 宝、身份证照片、手机卡），并让万某玲帮助其收购银行卡。2019 年 3 月至 2020 年 1 月，万某玲为牟利，在明知银行卡被用于信息网络犯罪的情况下，以亲属开淘宝店需要用卡等理由，从 4 名同学处收购 8 套新注册的银行卡提供给涂某通，涂某通将银行卡出售给他人，被用于实施电信网络诈骗等违法犯罪活动。经查，共有 21 名电信网络诈骗被害人向万某玲出售的上述银行卡内转入人民币 207 万余元。

二、本案核心问题

本案牵涉的核心就是银行卡的买卖行为，需要立足于预防理念而进行针对性预防与处置。从实践中来看，银行卡买卖往往是电信网络诈骗犯罪

---

① 《在校学生涉“两卡”犯罪典型案例之一：涂某通、万某玲帮助信息网络犯罪活动案》，载最高人民检察院网站，https：//www. spp. gov. cn/spp/xwfbh/wsfbt/202106/t20210623_522065. shtml#3，最后访问时间：2022 年 6 月 30 日。

的前置行为，因而对其予以严厉打击是斩断此类犯罪行为的根本之策，具有起到良好预防效果的务实之举，而不应坐等电信网络诈骗犯罪行为发生之后才被动应对。从本案来看，上述行为还反映出部分在校大学生法律意识淡薄，对个人的银行卡或者个人信息随意处置，从而成为网络电信诈骗“工具人”或者受害者。

三、法院裁判要旨

2020 年 12 月 31 日，法院作出一审判决，以帮助信息网络犯罪活动罪判处涂某通有期徒刑一年四个月，并处罚金人民币一万元；判处万某玲有期徒刑十个月，并处罚金人民币五千元。

针对在校大学生违法收购、贩卖银行卡被用于网络犯罪的情况，检察院会同学校所在地检察院，向涉案学生所在高校制发检察建议，提示在校学生要重视涉“两卡”违法犯罪风险，既不要成为犯罪人的潜在帮助者，也不要沦为犯罪被害人。相关学校应积极开展法治宣传，通过以案释法，加强对全校学生的教育引导。检察院还会同本辖区内学校开展“断卡”宣传进校园活动，将包括本案在内的多个真实案例纳入宣讲，通过现实个案进行法治教育；制作“断卡”普法小漫画进行推送宣传，着力提高在校学生学法懂法、遵法守法的意识。

四、专家评析

从电信网络诈骗犯罪的实践情形来看，“实名不实人”的电话卡、银行卡的泛滥是其典型现象。这些电话卡与银行卡一旦被违法犯罪行为人所掌握，往往就被作为电信网络诈骗的通信联络、转移资金的工具来使用，并迅速形成黑色产业链条，不仅导致诈骗行为更顺利、犯罪方式更隐蔽、犯罪赃款转移更快捷。在利用这些电话卡、银行卡顺利实现犯罪意图之后，相关财产往往短时间内就被洗劫一空。2020 年 10 月起，公安部会同最高人民检察院、最高人民法院、工业和信息化部、中国人民银行等部门在全国联合开展“断卡”行动，这也是从现实出发进行的釜底抽薪之举，立足于反电信网络诈骗的预防性观念，依法从严治理非法出租、出售电话卡、银行卡的违法犯罪行为，可从源头上有效防范电信网络犯罪的发生。①

本案对于加强在校学生法治教育，预防和遏制电信网络诈骗活动，加强反电信网络诈骗工作具有典型意义。部分在校学生由于社会阅历不足、

---

① 《国务院打击治理电信网络新型违法犯罪工作部际联席会议决定在全国范围内开展“断卡”行动》，载中国政府网，http：//www. gov. cn/xinwen/2020 - 10/11/content_ 5550326. htm，最后访问时间：2022 年 6 月 30 日。

法治观念淡薄、贪图蝇头小利等原因，可能会参与非法买卖“两卡”活动。在利益诱惑面前，甚至有的学生迷失方向，毫无法治意识，一步步陷入犯罪泥潭，从办卡、卖卡发展到组织收卡、贩卡，成为潜伏在校园中的“卡商”。本案被告人即充当了这样的角色，他们不仅出售自己的银行卡，还在学校里招揽同学出售银行卡，为电信网络诈骗的发生起到了推波助澜的作用。这些银行卡经过层层周转，落入诈骗人员等犯罪分子手中，用于流转非法资金或者隐瞒犯罪所得，危害不容小觑。对于从“工具人”转变为“卡商”的在校学生，应当结合行为人的主客观方面，综合其参与方式、现实情节、主观认知、现实态度，依法追究法律责任，部分已经构成犯罪的应承担相应的刑事责任。

对于办案中发现的在校学生涉电信网络诈骗以及“两卡”的犯罪风险点，检察机关和教育部门要加强以案释法，深入校园开展形式多样的法治宣传教育活动，防范更多不明所以的学生牵涉其中，充当电信网络诈骗行为的“帮凶”。特别是对于案件相对多发的学校，要共同研究加强教育管理的方式，提升在校学生的风险意识和防范能力，避免成为犯罪“工具人”。办案地和学校所在地检察机关要加强沟通衔接，及时通报情况，积极进行意见沟通，结合个案进行对策应对，把预防工作落实到位，共同推动做好打击“两卡”的治理工作。

第二条 【电信网络诈骗定义】 本法所称电信网络诈骗，是指以非法占有为目的，利用电信网络技术手段，通过远程、非接触等方式，诈骗公私财物的行为。

【条文主旨】

本条是关于电信网络诈骗定义的规定。

【条文理解】

本条是关于电信网络诈骗定义的规定。具体来讲，关于本条规定的理解，应当注意以下几个问题：

一、具备非法占有目的是必要条件

刑法学通说认为，非法占有目的是指行为人排除权利人，将其财物作为自己的财物进行支配（排除意思），并遵从财物的用途进行利用、处分（利用意思）。其中，“排除意思”是非法占有目的的核心，这是由所有权的本质决定的。[①] 所有权最本质的特征在于权利人在法律上排除他人，将某项财产据为己有，由自己独立性地归属和支配，即所有权是所有权人依法对自己的物所享有的独占性支配权，支配权是所有权的核心与灵魂。[②] 而电信网络诈骗的根本危害就在于其行为非法改变既有支配关系，排除合法权利人和占有人对财物的既有排他性支配。通过对“排除意思”的认定，可以将无社会危害性或者社会危害性较低的行为排除在刑法管辖范围之外。“利用意思”是实现财产个别化的需要，通过对“利用意思”的认定，可以对诈骗型财产犯罪与毁坏型财产犯罪或者其他财产犯罪进行区分。

关于非法占有目的的具体表现，可以参考我国司法解释对其认定情形采取的列举式规定。《最高人民法院、最高人民检察院关于办理妨害信用卡管理刑事案件具体应用法律若干问题的解释》[③] 第六条第三款规定：“具有以下情形之一的，应当认定为刑法第一百九十六条第二款规定的‘以非法占有为目的’，但有证据证明持卡人确实不具有非法占有目的的除外：（一）明知没有还款能力而大量透支，无法归还的；（二）使用虚假资信证明申领信用卡后透支，无法归还的；（三）透支后通过逃匿、改变联系方式等手段，逃避银行催收的；（四）抽逃、转移资金，隐匿财产，逃避还款的；（五）使用透支的资金进行犯罪活动的；（六）其他非法占有资金，拒不归还的情形。”又如《最高人民法院关于审理非法集资刑事案件具体应用法律若干问题的解释》[④] 第七条第二款规定：“使用诈骗方法非法集资，具有下列情形之一的，可以认定为‘以非法占有为目的’：（一）集资后不用于生产经营活动或者用于生产经营活动与筹集资金规模明显不成比例，致使集资款不能返还的；（二）肆意挥霍集资款，致使集资款不能返还的；（三）携带集资款逃匿的；（四）将集资款用于违法犯罪活动的；

---

① 何荣功：《非法占有目的与诈骗案件的刑民界分》，载《中国刑事法杂志》2020 年第 3 期。

② 马俊驹、余延满：《民法原论》，法律出版社 2016 年版，第 318 页。

③ 《最高人民法院、最高人民检察院关于办理妨害信用卡管理刑事案件具体应用法律若干问题的解释》，载最高人民法院网站，https：//www. court. gov. cn/fabu – xiangqing – 132701. html，最后访问时间：2022 年 9 月 9 日。

④ 《最高人民法院关于审理非法集资刑事案件具体应用法律若干问题的解释》，载最高人民法院网站，https：//www. court. gov. cn/fabu – xiangqing – 346901. html，最后访问时间：2022 年 9 月 9 日。

（五）抽逃、转移资金、隐匿财产，逃避返还资金的；（六）隐匿、销毁账目，或者搞假破产、假倒闭，逃避返还资金的；（七）拒不交代资金去向，逃避返还资金的；（八）其他可以认定非法占有目的的情形。”

二、电信网络技术手段多样

在早期的电信网络诈骗犯罪中，行为人主要采取传统的电话和短信诈骗手段，随着网络技术的快速发展，利用互联网技术手段实施犯罪的案例越来越多，如利用即时通信软件，利用婚恋交友网站以及网络赌博、投资平台等。本条并未对常见的电信网络技术手段予以列举，而是采用了电信网络技术手段的概括性规定。因而，相关电信网络技术手段都应当包含在内。

三、通过远程、非接触等方式

由于行为人通过电信网络技术手段实施诈骗活动，往往只需要使用计算机、手机或者其他通信工具即可，因此行为人同被害人之间不需要面对面、近距离接触，而是通过远程、非接触的方式进行交流和沟通。相较于传统直接接触式诈骗方式，远程、非接触方式一方面操作方法简单，犯罪成本低，且跨地域性强，社会危害性严重。另一方面由于行为人利用技术手段采取远程、非接触手段，隐蔽性较高，给公安机关的侦查工作带来了极大的困扰。传统的诈骗活动主要依靠行为人面对面交流，或者通过电话、短信等方式进行交流，而随着互联网的发展，各类社交软件不断涌现出来，被人们频繁使用。行为人往往采取异地作案的方式，身在外省，甚至远在国外，利用社交平台相互交流，在交流过程可以使用“暗号”，事后可以删除聊天记录，甚至直接删除好友，这些网络社交平台的适用增强了行为人之间的联络，便于其组织、策划、施行犯罪活动，加大了公安机关查处的难度。此外，互联网尚未全面推行实名制，很容易被行为人所利用进而隐藏其犯罪意图和真实信息。行为人除使用网名或化名隐匿真实身份外，还会用“黑话”联络，聊天记录和信息随时、瞬时删除，这都严重阻碍公安机关进行调查和处理。再加之行为人为了逃避惩罚，往往同时利用多个网络平台，伪造多个身份信息，且交替使用不同身份、不同平台，这极大地增加了诈骗行为的隐蔽性，为公安机关的查处活动增加了障碍。

四、诈骗对象属于公私财物

公私财物是指国家、集体的财产以及公民的个人财产、法人或其他组织的财产。依据我国刑法相关规定，公共财产包括：国有财产；劳动群众集体所有的财产；用于扶贫和其他公益事业的社会捐助或者专项基金的财产。此外，在国家机关、国有公司、企业、集体企业和人民团体管理、使用或者运输中的私人财产，以公共财产论。公民私人所有的财产一般包括：公民的合法收入、储蓄、房屋和其他生活资料；依法归个人、家庭所有的生产资料；个体户和私营企业的合法财产；依法归个人所有的股份、股票、债券和其他财产。

【适用指南】

对本条规定的具体适用，实践中应当注意的问题是：

第一，关于非法占有目的的认定标准问题。非法占有目的作为一种主观心理要素，存在于行为人的内心，不能直接被感知和认定，因此，在证明非法占有目的时应当合理运用刑事推定，对行为人的主观内心想法进行推定。在运用刑事推定时，必须坚持主客观相一致的原则，不能仅仅通过行为人的表述来判断行为人是否具有非法占有目的，而是应当结合外在的客观要素来予以认定，如犯罪对象、行为方式、行为时间以及行为所造成的结果、影响等。同时，应当坚持全面考量原则，综合现有的证据进行全面、综合的考察。

第二，关于公私财物的认定问题。公私财物除了包括狭义财物之外，还应当包括财产性利益和网络虚拟财产。财产性利益则应当指狭义财产之外的一切财产性利益，既包括债权、担保权的取得、劳务与服务提供等积极的获利，也包括债务免除、延期支付等消极的获利。对于债权的取得和债务的免除可以认定为财产性利益这一点并无争议，但是对劳务是否可以被认定为财产性利益存在争议。同时，网络虚拟财产也存在广义和狭义之分。广义的网络虚拟财产应指一切存在于网络空间的专属性的虚拟物，包括 ID、虚拟货币以及虚拟装备等；而狭义的网络虚拟财产大多表现为在线网络游戏中的物品，如特定网络游戏中的“游戏币”“武器”“服装”或者其他有价值的虚拟物品。对于财物的认定，尤其是具有争议性的财产性权益和网络虚拟财产，在认定时既不应当拘泥于传统的狭义财物的概念，将财物范围不当限缩，也不应当忽略财物的根本特质，超出其可能具有的含义范围，将财物范围不当扩大 。

第三，关于行政违法行为与刑事犯罪行为的区分。实施电信网络诈骗行为，既有可能违反行政法律法规，构成行政违法行为，也有可能违反刑事法律，构成犯罪行为。要对两者进行区分，首要前提是把握犯罪本质，明确犯罪的几大特征：社会危害性、刑事违法性和应受刑罚惩罚性。这几大特征紧密联系，不可分割，应当综合根据这几大特征对行为是否符合犯罪本质进行判定。在司法实践中，应当结合行为人主观因素、具体行为方式、诈骗数额、诈骗人数以及造成的危害后果等因素综合进行判断是否达到入罪标准。

【相关规定】

《中华人民共和国刑法》第九十一条；《最高人民法院、最高人民检察院关于办理妨害信用卡管理刑事案件具体应用法律若干问题的解释》第六条；《最高人民法院关于审理非法集资刑事案件具体应用法律若干问题的解释》第七条。

【案例评析】

正确认定电信网络诈骗①

一、案情简介

2019 年 4 月至 2020 年 6 月，被告人陈某租赁甲市乙区丙街一综合楼 18 楼某智能工作室，邀集被告人朱某伟、谢某，并先后招聘被告人朱某、陈某乙、朱某传等十余名员工，统一配备手机、微信号等，安排其担任售前人员、售后人员等不同角色，以低价购入的“××茯苓膏”“××桑椹膏”和“阿胶××膏”（以下称产品）为诱饵，以微商人群为目标分工协作实施诈骗，形成了以陈某为首要分子，朱某伟、谢某为骨干成员，朱某、陈某乙、朱某传、朱某云、彭某华、汤某嫣等人为一般成员的电信网络诈骗犯罪集团。2019 年 4 月至 2020 年 6 月，该犯罪集团共计骗得款项合计约人民币 3301598 元。

二、本案核心问题

被告人朱某、朱某云等人构成普通诈骗犯罪还是电信网络诈骗犯罪。

三、法院裁判要旨

法院认为，电信网络诈骗犯罪是指犯罪分子通过电话、网络和短信等电信网络技术手段，虚构事实、设置骗局，对不特定的被害人实施远程、非接触式诈骗，诱使被害人处分财产的犯罪行为。手段的技术性、过程的非接触性和诈骗对象的不特定性是电信网络诈骗区别于普通诈骗的本质特

---

① 江西省萍乡市安源区人民法院（2021）赣 0302 刑初 150 号刑事判决书，载中国裁判文书网，https://wenshu.court.gov.cn/website/wenshu/181107ANFZ0BXSK4/index.html?docId=fc0e0e82a3114354959dadf00022b63c，最后访问时间：2022 年 7 月 3 日。

征。首先，从诈骗的手段来看，各被告人对被害人的选择以及取得联系后进一步设置骗局，均是通过微信等电信网络方式。在诈骗行为手段上属于使用电信网络技术手段。其次，从诈骗的过程来看，各被告人为骗取他人财物，特意使用显示女性身份信息的微信号，相互配合向被害人传递虚假信息，使被害人基于被告人传递的虚假信息而主动交付财物。在整个过程中，被害人与被告人素未谋面即完成了财产的交付，属于非接触式诈骗。再次，从对象的选择来看，对于“不特定”的认定要结合整个犯罪过程，而不能仅对行为人犯罪既遂的阶段单独评价。本案中，各被告人广泛随机添加不特定的微商群体为微信好友，实施诈骗时没有特定的行为对象，虽然在被害人给予回应、行为人采取后续诈骗手段时，其行为对象必然由最初的“不特定”转为“特定”，但这并不影响其针对“不特定”对象实施诈骗的认定。综上，本案符合电信网络诈骗的特征，因此各被告人的诈骗行为应当认定为电信网络诈骗。

四、专家评析

本案对于电信网络诈骗犯罪的认定具有典型意义。与传统诈骗相比，电信网络诈骗具有使用电信网络技术手段以及通过远程、非接触方式的特点，此外，电信网络诈骗行为往往针对不特定对象，覆盖范围广，危害性较大。[①] 电信网络诈骗的行为方式是区别于传统诈骗的突出特点，这一特点也决定了此类诈骗具有不同于普通诈骗的严重社会危害性，不仅需要在惩治力度上予以格外关注，而且需要在防治措施上进行积极有效的对应。由于本法不是针对所有诈骗的一般性规范，而是针对电信网络诈骗的特别性法律，因而明确犯罪类型系基础性前提，这就要求我们在认定某行为是否属于电信网络诈骗时，应当结合上述特点，从主观目的、手段方式以及危害范围等方面来进行综合判断。

---

① 陈飞、李永瑞：《关于电信诈骗犯罪的剖析与防治》，载《云南大学学报（法学版）》2016 年第 6 期。

第三条 【管辖原则】 打击治理在中华人民共和国境内实施的电信网络诈骗活动或者中华人民共和国公民在境外实施的电信网络诈骗活动，适用本法。

境外的组织、个人针对中华人民共和国境内实施电信网络诈骗活动的，或者为他人针对境内实施电信网络诈骗活动提供产品、服务等帮助的，依照本法有关规定处理和追究责任。

【条文主旨】

本条是关于电信网络诈骗管辖权适用范围的规定。

【条文理解】

本条共分为两款。第一款是关于在我国境内实施的电信网络诈骗活动以及我国公民在境外实施电信网络诈骗活动的管辖权规定，分别为属地管辖原则和属人管辖原则。第二款是关于保护管辖原则的规定。具体来讲，关于本条规定的理解，应当注意以下几个问题：

一、属地管辖原则

属地管辖原则强调的是本法的域内效力。第一，“中华人民共和国境内”即中华人民共和国领域内，是指我国国境以内的全部空间区域。第二，在中华人民共和国境内实施的电信网络诈骗活动，既包括电信网络诈骗行为发生地在我国境内，也包括电信网络诈骗结果发生地在我国境内。这里包括三种情况：电信网络诈骗行为与电信网络诈骗结果均发生在我国境内；电信网络诈骗行为在我国领域内实施，但危害结果发生在国外；电信网络诈骗行为在国外实施，但危害结果发生在我国境内。依据《最高人民法院、最高人民检察院、公安部关于办理电信网络诈骗等刑事案件适用法律若干问题的意见》① 以及《最高人民法院、最高人民检察院、公安部

---

① 《最高人民法院、最高人民检察院、公安部关于办理电信网络诈骗等刑事案件适用法律若干问题的意见》，载最高人民检察院网站，https：//www. spp. gov. cn/zdgz/201612/t20161221_ 176278. shtml，最后访问时间：2022 年 7 月 3 日。

关于办理电信网络诈骗等刑事案件适用法律若干问题的意见（二）》[①] 的相关规定，“犯罪行为发生地”包括用于电信网络诈骗犯罪的网站服务器所在地，网站建立者、管理者所在地，被侵害的计算机信息系统或其管理者所在地，犯罪嫌疑人、被害人使用的计算机信息系统所在地，诈骗电话、短信息、电子邮件等的拨打地、发送地、到达地、接受地，以及诈骗行为持续发生的实施地、预备地、开始地、途经地、结束地。“犯罪结果发生地”包括被害人被骗时所在地，以及诈骗所得财物的实际取得地、藏匿地、转移地、使用地、销售地等。除此之外，还包括：用于犯罪活动的手机卡、流量卡、物联网卡的开立地、销售地、转移地、藏匿地；用于犯罪活动的信用卡的开立地、销售地、转移地、藏匿地、使用地以及资金交易对手资金交付和汇出地；用于犯罪活动的银行账户、非银行支付账户的开立地、销售地、使用地以及资金交易对手资金交付和汇出地；用于犯罪活动的即时通讯信息、广告推广信息的发送地、接受地、到达地；用于犯罪活动的“猫池”（Modem Pool）、[②] GOIP 设备、[③] 多卡宝等硬件设备的销售地、入网地、藏匿地；用于犯罪活动的互联网账号的销售地、登录地。

二、属人管辖原则

属人管辖原则则主要强调本法的域外效力。“中华人民共和国公民”是指具有中华人民共和国国籍的人。我国国籍法中明确规定“中华人民共和国不承认中国公民具有双重国籍”。

三、保护管辖原则

保护管辖原则同样是强调本法的域外效力，主要体现于本条第二款规定，对其理解应当注意以下几个问题：

第一，“境外的组织、个人”包括境外任何的组织与个人。“组织”是指人们为实现一定的目标，互相协作结合而成的集体或团体。一般具有特定的组织目标、一定数量的固定成员、制度化的组织结构、普遍化的行动规范等特点。按组织是否自发形成，可以分为正式组织和非正式组织；按

---

① 《最高人民法院、最高人民检察院、公安部关于办理电信网络诈骗等刑事案件适用法律若干问题的意见（二）》，载最高人民法院网站，https：//www. court. gov. cn/fabu - xiangqing - 310161. html，最后访问时间：2022 年 7 月 3 日。

② “猫池”（Modem POOL）是基于电话的一种扩充装备。“猫池”可以将相当数量的调制解调器使用特殊的拨号请求接入设备连接在一起，可以同时接受多个用户拨号连接的设备。

③ GOIP 设备是网络通信的一种硬件设备，能将传统电话信号转化为网络信号，一台设备可供上百张手机卡同时运作。犯罪分子在境外可通过在国内的 GOIP 设备远程控制国内的 SIM 卡实施诈骗。

照组织规模的大小，可分为小型、中型、大型和巨型等不同类型；按照组织的功能和目标，可分为生产组织、政治组织和整合组织；按照组织目标和获利者的类型，可分为互利组织、营利组织、服务组织和公益组织。总之，不论组织的类型，只要是组织，均属于本条规定中行为实施主体范畴。而对于个人，应当涵盖所有具有民事行为能力的自然人，包括限制民事行为能力人。

第二，“针对中华人民共和国境内实施电信网络诈骗活动”，主要指境外的电信网络诈骗活动实施者针对的是我国境内的合法权益，包括损害我国的国家利益和我国的公民利益。无论损害我国国家利益，还是损害我国公民利益，或者是两者皆损害，都可以适用本法的规定，而不论行为人的国籍，或者行为发生地，这也是保护原则的具体体现。“国家利益”是一个内涵丰富的概念，既包括一国在生存安全、经济发展、领土主权、国际地位等方面的需求，又包含国际和国内、政府和民众、生存和发展、物质和精神等多方面的利益。按照其内容的不同，可以将其划分为经济利益、政治利益、安全利益和文化利益等。“公民利益”同样内涵丰富，包括法律所规定的政治权利、民主权利、人身权利、经济权利、教育权利等，在电信网络诈骗活动中，公民的财产权往往是最容易受到侵害的。

第三，“为他人针对境内实施电信网络诈骗活动提供产品、服务等帮助”，主要包括以下行为：出售、提供个人信息；提供互联网接入、服务器托管、网络存储、通讯运输、线路出租、域名解析等网络资源服务；提供内容分发、广告推广、引流推广、搜索引擎等网络推广服务；提供应用程序、网站等网络技术、产品的制作、维护服务；提供支付结算服务，或者帮助他人通过虚拟货币交易等方式洗钱；其他为电信网络诈骗提供产品、各类支持或者帮助的行为。

【适用指南】

对本条规定的具体适用，实践中应当注意的问题是：

第一，就属地管辖原则而言，由于电信网络诈骗手段和行为的特殊性，加之犯罪行为和犯罪结果发生地涵盖的范围较大，有可能同时涉及多个国家，这种情况下如何确定管辖权的归属是一大难题。如果其他国家也主张属地管辖权，就有可能会产生管辖权的积极冲突，进而导致诉讼延迟，延长审判时间，不利于对犯罪嫌疑人的人权保障；此外，还会导致引渡诉求增加，增大各国司法压力，浪费司法资源。

第二，就属人管辖原则而言，在司法实践中的电信网络诈骗往往是团伙作案，个人单独作案的情况极少。成员分工明确，组织化、链条化、“产业化”特征明显，且诈骗团伙为了躲避公安机关侦查，往往将“窝点”设置在国外，因此，其众多成员往往涉及不同国家、地区的犯罪嫌疑人。一方面各成员属于共同犯罪毋庸置疑，另一方面受到属人管辖原则的限制，因此难以确定每个成员的管辖权。

第三，就保护管辖原则而言，电信网络诈骗具有扩散速度快和危害范围广的特点，一起电信诈骗案可能导致不止一个国家受到侵害，甚至可能导致数十个国家受到侵害，在这种情况下，如果受害国家均主张依据保护原则行使管辖权，就容易形成管辖权的积极冲突。而积极冲突既有可能导致犯罪嫌疑人面临双重惩罚的危险，又有可能给犯罪嫌疑人制造逃脱法律制裁的漏洞。

第四，解决管辖权冲突的举措，在管辖权冲突无法避免的情况下，加强国际合作是解决问题的可行之策。实际上，国际社会在国际合作与司法协作方面已经做出了诸多努力，并建立了基本的诉讼移管制度、引渡制度，有些还形成了基础的公约和条约。但是这些努力仍然是远远不够的，尤其是面对电信网络诈骗活动，其影响范围之广，造成危害之恶劣，各国更应当秉持共商、共建、共治、共享的理念，加强协作、平等互惠、彼此信任、形成常态化机制，共同打击电信网络诈骗活动。针对跨境电信网络诈骗，我国应当积极加强国际司法协作，建立和完善引渡制度，积极解决管辖权冲突。

【相关规定】

《中华人民共和国刑法》第六条、第七条、第八条；《中华人民共和国出境入境管理法》第八十九条；《最高人民法院、最高人民检察院、公安部关于办理电信网络诈骗等刑事案件适用法律若干问题的意见》第五条；《最高人民法院、最高人民检察院、公安部关于办理电信网络诈骗等刑事案件适用法律若干问题的意见（二）》第一条。

【案例评析】

电信网络诈骗犯罪案件的管辖原则①

一、案情简介

2020 年 7 月下旬，被告人刘某洪通过杨某娟等人（另案处理）组织介绍，从我国甲省乙市丙县偷渡至缅甸联邦共和国掸邦第二特区（佤邦）孟波县贺岛区，随即加入当地电信网络诈骗集团。该犯罪集团人员众多，组织架构清晰（主要分为所谓的老板、总监、组长、代理、组员等）、分工明确（分小组、流水化作案）、内部管理严格（集中吃住），主要运用虚拟彩票投注平台实施“杀猪盘”类诈骗，即成员通过多款社交软件、婚恋交友平台寻找“猎物”，培养感情建立信任后，诱导“猎物”在“××彩票”等虚假博彩 App 中进行“投资”。被告人刘某洪与同小组王某川、杨某娟等人（另案处理）负责包装虚假身份、筛选目标受害人、聊天骗取信任等诈骗“前端事务”。

2020 年 11 月，被告人刘某洪与集团其他人于某相配合，共同诱骗被害人于某雯向“××彩票”平台 25 次转账合计人民币 125 万元，刘某洪本人从中分得提成约人民币 8 万元。2021 年 2 月 26 日，被告人刘某洪因非法出入国边境在甲省乙市丁县公安局接受民警盘查时，如实交代了境外诈骗犯罪事实。

二、本案核心问题

本案的争议焦点在于对犯罪嫌疑人跨境犯罪的事实存在管辖权归属问题，以及对辅助人员是否应以共犯论处。

三、法院裁判要旨

电信网络犯罪行为的管辖权范围包括“犯罪行为地”以及“犯罪结果地”，两项之中只要有任何一项发生在我国境内我国就具有管辖权。这是我国刑法理论的基本原则，这一规则并没有违反传统的刑事管辖权规则，也是国际通行规则。本案中，虽然实施犯罪行为、赃款取得、账目划转都是发生在境外或者互联网上，但是被告人、被害人均系我国公民，且基于

---

① 江苏省东海县人民法院（2021）苏 0722 刑初 504 号刑事判决书，载中国裁判文书网，https://wenshu.court.gov.cn/website/wenshu/181107ANFZ0BXSK4/index.html? docId = 20d0010efcd2451bb73fae0e0160c87b，最后访问时间：2022 年 7 月 5 日。

刑法的保护管辖原则和犯罪结果地管辖原则，我国司法机关有法定管辖权，且符合国际通行规则。

四、专家评析

本案对于解决跨境犯罪中管辖权的归属问题以及电信网络诈骗中辅助人员是否应以共犯论处的问题具有积极作用。电信诈骗借助互联网技术的发展，越发呈现出跨地域、团伙作案、难辨认、受害范围广等特点，给人民财产造成了巨大损失，社会危害性极大。按照刑事管辖原则，对犯罪结果发生在我国境内且被害人均系我国公民的案件，我国司法机关拥有司法管辖权。对于犯罪团伙外围的辅助人员，应按照工作性质、作用大小、工作时间等综合判定是否属于共同犯罪，并平等适用我国法律，接受我国司法机关的公正审判，承担与其行为相适应的法律责任。

第四条　【系统治理原则】 反电信网络诈骗工作坚持以人民为中心，统筹发展和安全；坚持系统观念、法治思维，注重源头治理、综合治理；坚持齐抓共管、群防群治，全面落实打防管控各项措施，加强社会宣传教育防范；坚持精准防治，保障正常生产经营活动和群众生活便利。

【条文主旨】

本条是关于电信网络诈骗系统治理原则的规定。

【条文理解】

本条所规定的内容虽然较为宏观，涉及反电信网络诈骗工作的方向，但本条并不是单纯的宣示性条款，而是关于反电信网络诈骗工作基本原则的规定，为打击治理电信网络诈骗工作提供了根本遵循。根据本条，反电信网络诈骗工作的系统治理原则可以概括为“四个坚持”：一是坚持以人民为中心，统筹发展和安全；二是坚持系统观念、法治思维，注重源头治理、综合治理；三是坚持齐抓共管、群防群治，全面落实打防管控各项措施，加强社会宣传教育防范；四是坚持精准防治，保障正常生产经营活动和群众生活便利。

一、坚持以人民为中心，统筹发展和安全

“以人民为中心”是“统筹发展和安全”的根本出发点和落脚点，二者具有内在统一性。

第一，坚持以人民为中心是中国式法治现代化根本立场的法律原则化表达。以人民为中心，是新发展理念和总体国家安全观的根本立场，是坚定不移走中国式法治现代化道路的根本立场。① 除了本法之外，我国现行有效法律之中，还有《中华人民共和国电影产业促进法》《中华人民共和国公共文化服务保障法》《中华人民共和国公共图书馆法》《中华人民共和国基本医疗卫生与健康促进法》《中华人民共和国海南自由贸易港法》《中华人民共和国法律援助法》《中华人民共和国地方各级人民代表大会和地方各级人民政府组织法》等法律中规定有"以人民为中心"的表达。在事关民生、公共服务、公共安全等领域立法之中强调"以人民为中心"等规定，是在立法之中贯彻以人民为中心的新发展理念和总体国家安全观的必要举措。在本法之中明确规定坚持以人民为中心，有利于为反电信网络诈骗工作导航定向，有利于把握数智化时代人民对反电信网络诈骗工作的新需要和新期待，有利于提升反电信网络诈骗工作的针对性和有效性。

第二，统筹发展和安全是坚持以人民为中心的方法论，也是坚持以人民为中心的必然要求。安全是可持续发展的前提，也是最基本的社会公平正义。发展是可持续安全的保障，高质量的发展才是最大的安全。守护群众的财产安全，能够把握好反电信网络诈骗立法的总线索。保持执法和司法的正确方向，能够为实现数智化时代人民的发展利益和安全利益的有机统一提供坚实的法治保障。需要发挥《中华人民共和国网络安全法》《中华人民共和国数据安全法》《中华人民共和国个人信息保护法》在网络与信息法治领域的基础性作用，及时完善新技术、新应用、新业态发展的法律规范体系，划定防范新技术应用风险的底线；也需要发挥企业自律、行业监管、行政监管的协同作用；还需要提升公众的信息化素养，提高反电信网络诈骗的警惕性，从而构建起民行前置、刑法兜底、多元共治的长效治理体系，是反电诈网络诈骗工作之中坚持统筹发展和安全的关键举措。②

二、坚持系统观念、法治思维，注重源头治理、综合治理

坚持系统观念、法治思维，注重源头治理、综合治理，是统筹发展和安全的方法论在反电信网络诈骗工作的具体落实，是对党的十八届三中全

① 公丕祥：《以人民为中心是中国式法治现代化的根本立场》，载《光明日报》2022年6月10日。

② 卢建平、王昕宇：《以现代化治理方略应对电信网络诈骗》，载《检察日报》2021年4月29日。

会以来我国创新社会治理的经验总结以及在反电信网络诈骗工作之中的具体应用。

第一，坚持系统观念、法治思维，建设更高水平的法治中国、平安中国。近年来，电信网络诈骗这类犯罪形式在我国呈现出高发态势，比较猖獗。和其他犯罪形式对比，造成的损失金额也较大。这类犯罪不仅给人民群众财产安全带来了极大的威胁，还在社会上造成了极为恶劣的影响。坚持系统观念、法治思维，有利于总体上以发展的眼光把握数智化时代国内外发展环境的新变化以及违法犯罪的新动态，防范化解数字技术广泛应用所带来的风险，防范电信网络诈骗给人民群众财产安全带来的威胁；坚持反电信网络诈骗工作的法治底线，把安全贯穿到反电信网络诈骗工作各领域和各环节，才能实现数智化时代高质量发展与高水平安全的良性互动，建设更高水平的法治中国、平安中国。

第二，注重源头治理、综合治理，遏制电信网络诈骗犯罪“公司化”“产业化”演变趋势。电信网络诈骗是社会发展的产物，电信网络诈骗的存在和发展必有其汲取营养的土壤。必须明确电信网络诈骗犯罪的成因何在，然后有针对性地进行打击和防范，才能真正做到正本清源，从源头上杜绝该类犯罪，这也是“源头治理”思维所强调的。随着社会的飞速发展，无线通信技术和互联网的广泛应用是21世纪的科技变革之一，也使得人们对科技工具产生了强烈的依赖性，并为犯罪分子提供了便利。而注重源头治理、综合治理是我国反电信网络诈骗工作的重要经验，将其写入本法的原则之中，是对相关工作经验的制度化总结。

三、坚持齐抓共管、群防群治，全面落实打防管控各项措施，加强社会宣传教育防范

齐抓共管、群防群治是指在各级党委、政府领导和专门机关指导下，各行各业各地群众通过多种方式自行组织起来，整合最广泛的社会主体、调动最广泛的社会资源预防和治理违法犯罪活动，维护所在地区或所在单位治安的一种活动，已经成为我国社会治安综合治理长期坚持的一项重要工作原则。

第一，群防群治是整体治理逻辑的延伸，是社会治安综合治理的一项重要经验。统筹发展和安全的方法论，其精髓在于“统筹”，“统筹”意味着“统率”和“运筹”的能力兼备，应当遵循顶层设计和责任担当兼备的总体性领导的整体治理逻辑。这一整体治理逻辑，超越了传统管理逻辑的单向度管控思维，既是我国反电信网络诈骗工作经验的总结，又是对更加广泛治理主体和更加丰富治理资源的体制性整合与重塑。群防群治以其独

特而鲜明的优势在当代中国治安治理体系中发挥了预防犯罪、维护治安的重要作用。① 除了本条规定“坚持齐抓共管、群防群治，全面落实打防管控各项措施，加强社会宣传教育防范”之外，本法第六条还规定电信业务经营者、银行业金融机构和非银行支付机构、互联网服务提供者承担风险防控责任，起到了整合最广泛的社会主体、调动最广泛的社会资源参与反电信网络诈骗工作的作用，这些都属于整体治理逻辑的具体体现方式，也属于立法对反电信网络诈骗工作经验的吸纳和升华。

第二，群防群治有利于高效整合资源，构建共建共治共享的社会治理格局。在数智化时代，电信网络诈骗犯罪防控对治安资源的快速汇聚和反应机制提出了更高要求。坚持齐抓共管、群防群治，有利于延伸和补充专门机关和主管部门的情报收集系统，有效吸纳各类社会力量、市场主体的治安资源，从而对公权力机关的犯罪防控活动形成积极补充，提升国家反电信网络诈骗工作的效率，最终有利于形成共建、共治、共享的社会治理格局。

第三，加强社会宣传教育防范是实现群防群治、全面落实打防管控各项措施的重要基础。电信网络诈骗属于数智化时代网络犯罪的范畴，需要充分利用新社会防卫理论、犯罪预防理论和公众参与理论，尤其需要加强社会宣传教育防范，发挥广大网民的主体作用，实施网络犯罪的群防群治。一方面，要重视宣传手段的多元化。首先，应保持原有传统宣传路径，坚持用好传统媒体传播。所谓“传统媒体”，是指诸如报纸、期刊、广播、电视广告这类传播媒体。其次，应积极转换宣传思维，充分利用现代互联网传播“新媒体”。所谓“新媒体”，则指的近年来在互联网端新兴的各类社交、视频分享媒体，如短视频、微信公众号、微博等，都属于“新媒体”。另一方面，要注重宣传活动的实践性。所谓实践性就是真正能够让人民群众参与进来，而不是单纯的“接收者”，要让宣传部门及其工作人员能与群众互动起来。这充分体现了加强社会宣传教育防范与全面落实打防管控各项措施之间的良性互动关系，切实解决人民群众急难愁盼问题，增强人民群众在反电信网络诈骗工作之中的获得感，有利于双向提升社会宣传教育防范与全面落实打防管控各项措施的工作成效，有利于构建高效有序、良性循环、共建共享的群防群治工作格局。

四、坚持精准防治，保障正常生产经营活动和群众生活便利

电信网络诈骗之所以在非接触的情况下仍然具有较高的“成功率”，

---

① 钟金燕：《当代中国群防群治制度的优势及效能转化》，载《岭南学刊》2022 年第 2 期。

主要是因为其借助互联网、大数据、人工智能等数智化技术进行了诈骗对象的精准化筛选，并通过不断更新“话术”和“剧本”，不断变换信息链、资金链、技术链、人员链等方式，实施“精准诈骗”行为并实施针对性的反侦查措施。这一特性，决定了反电信网络诈骗工作尤其应该注重贯彻精准思维，对电信网络诈骗治理做到精准识别、精准施治、精准管控。精准施策可以分解为“准”“细”“实”三个方面的要求。所谓“准”，就是精准、精确，要求制定正确战略战术，采取有效措施，否则“差之毫厘，谬以千里”。所谓“细”，就是精细、精致，要从细节处着手，追求工作的精致化效果。所谓“实”，就是落实、实效，“一分部署，九分落实”，只有按照既定方案不折不扣地贯彻落实，才能保证各项措施落地见效。[①] 只有做到了“准”“细”“实”三个方面的要求，才能在反电信网络诈骗工作中既不缺位也不越位，既能实现最大化的精准防治效果，又能防止对正常生产经营活动、群众生活便利造成不当影响。

第一，明确精准防治的战略定位，聚焦电信网络诈骗治理的关键问题。在刑法和治安管理处罚法中已经明确规定诈骗分子法律责任、反电信网络诈骗专项行动已经开展的情况下，电信网络诈骗仍然是群众反映强烈的犯罪问题，我国之所以积极推动“小快灵”“小切口”的反电信网络诈骗专门立法，主要是为了按照完善预防性法律制度的要求，针对电信网络诈骗发生的信息链、资金链、技术链、人员链等各环节加强防范性制度措施建设，实现源头治理、综合治理、依法治理，强化前端防范，[②] 从而从根本上遏制此类犯罪多发高发态势，聚焦电信网络诈骗治理的关键问题，即解决广大人民群众对电信网络诈骗防不胜防的“急难愁盼”问题，以精准思维防范化解电信网络诈骗给人民安全带来的风险挑战，从而为建设更高水平的平安中国、法治中国作出新的更大的贡献。

第二，注重精准防治的工作谋划，确保电信网络诈骗治理的科学严密。本法第六条第二款规定，“地方各级人民政府组织领导本行政区域内反电信网络诈骗工作，确定反电信网络诈骗目标任务和工作机制，开展综合治理”，这为地方各级人民政府对本行政区域内电信网络诈骗活动设定了明确的工作职责，也明确了工作任务。为此，需要借助数智化技术感知电信网络诈骗活动发展态势，深入调研、科学分析本行政区域的电信网络

① 张凤莲：《深入把握精准施策的内涵要义》，载《光明日报》2020 年 4 月 22 日。

② 张天培：《针对群众反映最强烈的突出犯罪　对反电信网络诈骗专门立法》，载《人民日报》2021 年 10 月 20 日。

诈骗活动情况，做到对电信网络诈骗活动的精准识别，并注重开展精准防治的工作谋划，制定实施科学严密的电信网络诈骗打击治理方案。

第三，推动精准防治的工作落实，增强电信网络诈骗治理的实际成效。有关部门和单位都属于治理电信网络诈骗工作之中需要精准施策的主体，需要强化精准的问题意识、较强的逻辑思维能力、注重和关注细节的习惯、扎实的精准操作能力，要明确责任，要尽职尽责，还要主动接受群众监督，在联防联控、群防群治的过程中畅通沟通渠道，才能促进相关工作措施、工作机制落实到位，实现电信网络诈骗防范、治理的精细化和高效化。

【适用指南】

法的基本原则是法律制度文本必需的组成部分，基本原则在法律之中发挥着重要的基础性、指导性和统领性作用。本条是反电信网络诈骗工作专门领域执法、司法以及今后完善该领域立法的过程中都应当遵循的一般性、共通性准则，可以为其他相关条文的理解、适用与完善提供指引，为各主体履行反电信网络诈骗具体工作职责、制定实施具体工作方案、落实具体工作任务等提供指南，也可以为相关部门出台相关部门规章、司法机关发出检察建议、司法建议等提供依据。换言之，上述做法都是对基本原则予以适用、予以落实的具体体现。同时，法的基本原则虽"不能为个别或者具体的法律规则所涵盖"，但可以在司法判决中作为"司法推理的权威性起点"。①因此，本条规定的基本原则还能够予以规则性转化，并作为执法机关和司法机关法律适用的依据。

一、"坚持以人民为中心"的适用

坚持以人民为中心及其统筹发展和安全的方法论承载的是本法价值论层面的统领性理念和方法论层面的整体性指引，虽然较为抽象，但是经由法律原则化之后，在本法的诸多条文之中均有具体体现。例如，本法第十八条第一款规定："银行业金融机构、非银行支付机构应当对银行账户、支付账户及支付结算服务加强监测，建立完善符合电信网络诈骗活动特征的异常账户和可疑交易监测机制。"这虽然增加了相关单位合规经营的成本，或许减少了相关单位业务总量，但却是落实人民中心原则、统筹发展和安全必要之举，而且也能从根本上保障金融安全，助力金融行业行稳致

---

① 薛波：《元照英美法词典》，北京大学出版社2017年版，第1091页。

远。又如，本法第三十四条主要规定建立预警劝阻系统，落实预警制度、司法救助制度，这也是落实坚持以人民为中心的具体体现。

坚持以人民为中心还可以为相关责任主体反电信网络诈骗的工作机制创新提供法律依据。例如，电信网络诈骗犯罪发生后，存在后续的资金追损、报案配合等环节的一系列问题，被害人面临巨大的资金压力和社交压力。针对被骗后确实有还款压力的客户，招商银行提供个性化还款方案，结合息费免除协议等措施在维持还款意愿和最低还款能力的基础上，最大程度缓解客户资金压力，同时与警方联动进行诈骗分子打击和诈骗资金追损，最大化减少客户损失和电信诈骗的发生。[①] 这些工作机制的创新，也是主动适用坚持以人民为中心，解决人民群众对防不胜防的电信网络诈骗所涉及的“急难愁盼”问题的切实举措。

二、“坚持系统观念、法治思维，注重源头治理、综合治理”的适用

在反电信网络诈骗法出台之前，我国关于反电信网络诈骗的法律规定比较分散，不够明确，体系化程度不高，缺乏针对电信网络诈骗活动源头管控、综合治理、权利救济等相关法律制度。[②] 本法为落实源头治理、综合治理，在多个条文之中对经营服务主体设置了实名核验义务、并规定了法律责任。如本法第十一条规定：“电信业务经营者对监测识别的涉诈异常电话卡用户应当重新进行实名核验，根据风险等级采取有区别的、相应的核验措施。对未按规定核验或者核验未通过的，电信业务经营者可以限制、暂停有关电话卡功能。”本法也为相关主管部门赋予了身份核验的法定职责，如第十七条第二款规定：“市场主体登记机关应当依法对企业实名登记履行身份信息核验职责；依照规定对登记事项进行监督检查，对可能存在虚假登记、涉诈异常的企业重点监督检查，依法撤销登记的，依照前款的规定及时共享信息；为银行业金融机构、非银行支付机构进行客户尽职调查和依法识别受益所有人提供便利。”

三、“坚持齐抓共管、群防群治”的适用

本法第六条第五款规定，“电信业务经营者、银行业金融机构、非银行支付机构、互联网服务提供者承担风险防控责任，建立反电信网络诈骗内部控制机制和安全责任制度，加强新业务涉诈风险安全评估。”目前，

---

① 王波：《敏锐感知、持续迭代、守护安全、平衡体验——招商银行信用卡支付安全管理实践》，载《中国信用卡》2021 年第 12 期。

② 朱宁宁：《代表建议完善反电信网络诈骗法草案 提高互联网服务提供者违法成本》，载《法治日报》2022 年 6 月 7 日。

仍然存在电信业务经营者、银行业金融机构和非银行支付机构、互联网服务提供者怠于履行监管职责，怠于履行审查义务，放纵非法用户存在；忽视对公民个人信息的安全保障，造成个人信息泄露等情况，为督促经营者服务者履行主体责任，本法进一步在第三十九条、第四十条、第四十一条对电信业务经营者、银行业金融机构、非银行支付机构、互联网服务提供者在未建立反电信网络诈骗内控机制、未履行实名制职责等情况下明确了相应法律责任。依靠治安防控责任的督促机制，可以形成更加稳固化、常态化的反电信网络诈骗工作的群防群治格局，让齐抓共管、群防群治落到实处。

为落实"全面落实打防管控各项措施，加强社会宣传教育防范"的要求，本法第三十条第二款规定："新闻、广播、电视、文化、互联网信息服务等单位，应当面向社会有针对性地开展反电信网络诈骗宣传教育。"这充分发挥了新闻、广播、电视、文化、互联网信息服务等单位的宣传教育作用，为全面落实打防管控各项措施提供了社会宣传层面的制度保障。

四、"坚持精准防治"的适用

电信网络诈骗活动具有非接触性、精准化、跨国性、集团化、链条化、专业化等特点；犯罪手法不断翻新，传统的侦查手段已经无法有效收集电信网络诈骗犯罪的证据；犯罪分子利用"网络无国界、管辖有界限"的现实将诈骗关键环节转移到境外，而目前我国在区际司法协助和国际执法合作领域尚处于发展阶段；犯罪监管链条上涉及的电信、公安、金融等重点部门之间存在信息滞后，无法及时、迅速地针对电信网络诈骗行为采取系统性侦防措施，① 为此，要加大落实精准防治的力度。

第一，强化技术防控措施。大数据分析技术随着数据的增多而增强，从而更有利于电信诈骗的预防、发现和打击。银行、公安机关、电信运营商、科技企业等应当凝聚合力，综合发挥大数据技术作用和平台数据监管能力，让虚假诈骗活动原形毕露、无处可逃。为此，本法第三十二条第一款规定："国家支持电信业务经营者、银行业金融机构、非银行支付机构、互联网服务提供者研究开发有关电信网络诈骗反制技术，用于监测识别、动态封堵和处置涉诈异常信息、活动。"本法第三十二条第二款规定："国务院公安部门、金融管理部门、电信主管部门和国家网信部门等应当统筹负责本行业领域反制技术措施建设，推进涉电信网络诈骗样本信息数据共

---

① 谢玲：《电信网络诈骗犯罪信息调查研究》，载《中国人民公安大学学报（自然科学版）》2020 年第 3 期。

享，加强涉诈用户信息交叉核验，建立有关涉诈异常信息、活动的监测识别、动态封堵和处置机制”。

第二，强化国际执法合作，提高跨境电信网络诈骗犯罪打击治理的精准度。本法第三十七条规定，“国务院公安部门等会同外交部门加强国际执法司法合作，与有关国家、地区、国际组织建立有效合作机制，通过开展国际警务合作等方式，提升在信息交流、调查取证、侦查抓捕、追赃挽损等方面的合作水平，有效打击遏制跨境电信网络诈骗活动。”只有不断完善国际执法合作，才能提高跨境电信网络诈骗犯罪打击治理的精准度。

第三，要强化权利救济渠道，建立健全申诉维权机制。在制定反电信网络诈骗法过程中，十三届全国人大五次会议期间有代表提出，长期冻结涉诈资金对企业经营影响较大，电信网络诈骗权利救济力度有待加强的问题。① 这是理解和适用精准防治尤其应当关注的问题。为此，本法第三十二条第三款规定：“依据本法第十一条、第十二条、第十八条、第二十二条和前款规定，对涉诈异常情形采取限制、暂停服务等处置措施的，应当告知处置原因、救济渠道及需要提交的资料等事项，被处置对象可以向作出决定或者采取措施的部门、单位提出申诉。作出决定的部门、单位应当建立完善申诉渠道，及时受理申诉并核查，核查通过的，应当即时解除有关措施”。本法第二十条第一款规定：“国务院公安部门会同有关部门建立完善电信网络诈骗涉案资金即时查询、紧急止付、快速冻结、及时解冻和资金返还制度，明确有关条件、程序和救济措施”。这些规定还需要相关部门和单位进一步落实精准防治，尽快出台相关制度，对相关申诉核查、紧急止付、快速冻结和资金返还制度予以细化、明确，尤其是明确及时解除有关措施的时限、资金冻结救济途径和程序，防止对正常生产经营活动、群众生活造成不当影响。

第五条　【合法原则与保密义务】 反电信网络诈骗工作应当依法进行，维护公民和组织的合法权益。

有关部门和单位、个人应当对在反电信网络诈骗工作过程中知悉的国家秘密、商业秘密和个人隐私、个人信息予以保密。

---

① 朱宁宁：《代表建议完善反电信网络诈骗法草案 提高互联网服务提供者违法成本》，载《法治日报》2022年6月7日。

【条文主旨】

本条是关于反电信网络诈骗工作应当遵循依法进行、维护公民和组织的合法权益原则以及有关部门和单位、个人的保密义务的规定。

【条文理解】

本条共分为两款。第一款是关于反电信网络诈骗工作原则的规定，反电信网络诈骗的各项工作要依法进行，要注重维护公民和组织的合法权益。第二款是关于有关部门、单位和个人的保密义务的规定，即对在反电信网络诈骗工作中知悉的国家秘密、商业秘密和个人隐私、个人信息应当予以保密。具体来讲，关于本条的理解，应当注意以下几个问题：

一、反电信网络诈骗工作应当依法进行

本条规定的"反电信网络诈骗工作应当依法进行"是对反电信网络诈骗工作者开展反电信网络诈骗工作的合法性要求。合法性要求，是指反电信网络诈骗工作者开展宣传教育、预警劝阻、风险防控、警告处罚、案例办理等工作时，应当严格遵循法律、行政法规等规章制度的规定，采取合法的方式，不得侵犯他人个人信息、不得侵害公民和组织的合法权益。

首先，反电信网络诈骗工作必须有法可依。在本法出台之前，反电信网络诈骗工作依据《中华人民共和国刑法》《中华人民共和国民法典》《中华人民共和国治安管理处罚法》《中华人民共和国个人信息保护法》《中华人民共和国网络安全法》《中华人民共和国数据安全法》《中华人民共和国反洗钱法》等法律法规开展，本法的出台是对反电信网络诈骗工作的系统完善，因此，反电信网络诈骗工作必须严格以本法作为行动指南。

其次，反电信网络诈骗工作必须依法进行。法律是以国家强制力保证实施的、全体社会成员必须遵守的规则，法律的生命力在于实施。合法性原则要求，为了维护公民和组织的合法权益，长效预防、有效打击电信网络诈骗行为，各级人民政府，公安机关，金融、电信、网信、市场监管等有关主管部门，电信业务经营者、银行业金融机构、非银行支付机构、互联网服务提供者等主体应充分履行自身义务、互相密切配合。

最后，反电信网络诈骗工作必须违法必究。从实体上看，本法第四十五条规定："反电信网络诈骗工作有关部门、单位的工作人员滥用职权、玩忽职守、徇私舞弊，或者有其他违反本法规定行为，构成犯罪的，依法追究刑事责任。"因此，若反电信网络诈骗工作人员违反法律法规的规定从事违法行为，则必须对自己的违法行为依法承当相应的法律责任。从程序上看，本法第四十八条规定：“有关单位和个人对依照本法作出的行政处罚和行政强制措施决定不服的，可以依法申请行政复议或者提起行政诉讼。”因此，若当事人对反电信网络诈骗有关单位和个人作出的决定不服的，可以依据本法和相关法律申请程序救济，即做到了在实体上和程序上都保证违法必究。

二、维护公民和组织的合法权益

我国宪法第三十三条第一款规定：“凡具有中华人民共和国国籍的人都是中华人民共和国公民。”与“公民”相关的概念有“自然人”，“自然人”是指具有自然生物属性的人，即包括本国人、外国人和无国籍人。民法典出台以前，民法通则使用的是“公民”概念，后民法典改为使用“自然人”概念，与“法人”相对作为平等民事主体之一。本法规定反电信网络诈骗工作要以维护公民的合法权益为出发点，同时自然也不能侵害外国人、无国籍人的合法权益。本法所称“组织”，既包括法人，也包括非法人组织。前者是指具有民事权利能力和民事行为能力，依法独立享有民事权利和承担民事义务的组织，民法典将法人分为营利法人、非营利法人、特别法人三类；后者是指不具有法人资格但可以自己的名义进行民事活动的组织，民法典将非法人组织分为个人独资企业、合伙企业、专业服务机构等。

公民和组织是社会的参与者、权利的享受者、义务的履行者、责任的承担者，其在政治、经济、文化、生活等各个领域依法享受广泛的权利，必须得到保护。反电信网络诈骗工作在施行过程中，应以维护公民、组织的合法权益为原则，不得滥用权力损害国家利益、社会公共利益或者他人的合法权益。例如，本条第二款规定反电信网络诈骗工作者具有保密义务便是出于对公民隐私权的维护，本法第四十八条规定救济程序便是对救济权的明确；出台本法对电信网络诈骗行为予以专门规制便是出于对公民、组织的财产权及其他合法权益的维护。

三、国家秘密、商业秘密、个人隐私、个人信息

在数字经济的大背景下，重视互联网信息安全的重要性不言自明，本条第二款的规定既充分彰显了对互联网信息安全的重视，又对反电信网络诈骗工作提出了具体指引。

国家秘密、商业秘密、个人隐私的内涵应当结合其他法律法规综合研判。其一，根据《中华人民共和国保守国家秘密法》第二条规定：“国家秘密是关系国家安全和利益，依照法定程序确定，在一定时间内只限一定范围的人员知悉的事项。”国家秘密的密级分为绝密、机密、秘密三级。其二，根据《中华人民共和国反不正当竞争法》第九条第四款规定：“本法所称的商业秘密，是指不为公众所知悉、具有商业价值并经权利人采取相应保密措施的技术信息、经营信息等商业信息。”商业秘密同时也是知识产权的客体之一，其一般应当满足秘密性、价值性和保密性三个构成要件。其三，根据《中华人民共和国民法典》第一千零三十二条第二款规定：“隐私是自然人的私人生活安宁和不愿为他人知晓的私密空间、私密活动、私密信息。”隐私权是公民的基本权利之一，民法典在人格权编设置专章规定隐私权和个人信息，与本法对个人隐私的保护相呼应。

反电信网络诈骗相关部门和单位、个人在适用本条时还应注意区分“个人隐私”与“个人信息”。其一，“个人隐私”是“个人信息”的下位概念。具体来讲，个人隐私是个人信息的一类，个人隐私属于个人信息，但并非所有个人信息均为个人隐私，只有自然人的私人生活安宁和不愿为他人知晓的私密信息才是个人隐私。其二，“个人隐私”与“敏感信息”是交叉关系。民法典与个人信息保护法对个人信息的分类和保护模式不同。民法典将个人信息分为私密信息与非私密信息，个人信息保护法将个人信息分为敏感信息和非敏感信息。敏感信息是因个人信息的泄露或非法使用而损害信息主体的人格尊严、人身及财产安全的信息，即个人隐私强调私密性，敏感信息强调危害性。当然，部分信息既属于敏感信息，又属于个人隐私。值得注意的是，本条在“个人隐私”后又表述了“个人信息”，表明本条既保护个人隐私，又保护个人信息，是周延保护的体现。在适用中，既要结合民法典对隐私的判定综合研判，也可以援引个人信息保护法的规定进行更为全面的保护。另外，反电信网络诈骗相关部门和单位、个人可以结合信息审计、隐私治理、数据安全保护等因素综合考虑国家秘密、商业秘密、个人隐私、个人信息的周延保护问题。

反电信网络诈骗相关部门和单位、个人若在反电信网络诈骗工作过程中知悉国家秘密、商业秘密和个人隐私、个人信息，要严格履行保密义务，若自身有违反规定泄露国家秘密、商业秘密、个人隐私、个人信息行为的，将会被依法追究法律责任，若情节严重构成犯罪，则会被追究刑事责任。具体来讲，根据刑法第三百九十八条第一款的规定，故意泄露国家秘密罪，是指国家机关工作人员违反保守国家秘密法的规定，故意泄露国家秘密，情节严重的行为；根据刑法第二百一十九条规定，有下列侵犯商业秘密行为之一，情节严重的，构成侵犯商业秘密罪：“（一）以盗窃、贿赂、欺诈、胁迫、电子侵入或者其他不正当手段获取权利人的商业秘密的；（二）披露、使用或者允许他人使用以前项手段获取的权利人的商业秘密的；（三）违反保密义务或者违反权利人有关保守商业秘密的要求，披露、使用或者允许他人使用其所掌握的商业秘密的”。根据刑法第二百五十三条之一的规定，侵犯公民个人信息罪是指违反国家有关规定，向他人出售或者提供公民个人信息，情节严重的行为，或者是违反国家有关规定将在履行职责或者提供服务过程中获得的公民个人信息，出售或者提供给他人的行为。

【适用指南】

本条适用中，应注意本条规定的反电信网络诈骗工作要“依法进行”之“法”并非单指《中华人民共和国反电信网络诈骗法》，而是泛指所有法律法规，其范围不仅包括全国人大及其常务委员会制定的法律，还包括行政法规、地方性法规、司法解释、部门规章、地方政府规章等。反电信网络诈骗工作需要依据各类法律规范展开。若各类法规之间出现不一致的规定，应当按照《中华人民共和国立法法》确定的法律适用原则进行调适，即上位法优于下位法、新法优于旧法、特别法优于普通法。一般来讲，因《中华人民共和国反电信网络诈骗法》是反电信网络诈骗领域的基本法，故而在相关工作中相对于其他法律应当优先适用。

此外，公民、组织的人身权益、财产权益或者其他合法权益若在反电信网络诈骗工作中被侵犯，相关主体可以依法行使救济权，即有权以自己名义主张权利或者请求人民法院予以救济。例如，治安管理处罚法规定人身损害赔偿，对公民身体权、健康权、生命权所造成的损害进行经济补偿，民法典规定了精神损害赔偿制度，对自然人人身权利遭受严重精神损害的提供损害赔偿。总之，对于电信网络诈骗犯罪需深入研究，明晰法律适用。要合理把握打击方式与范围，要明晰政策导向，实现政治效果、社会效果、法律效果的充分统一；对于上下游犯罪的打击和治理，要充分重视对相关个人数据隐私信息监管和保护，对违规违法行为进行处理，实现全方位治理。

【相关规定】

《中华人民共和国宪法》第三十三条；《中华人民共和国民法典》第一条、第一千零三十二条、第一千零三十三条、第一千零三十四条；《中华人民共和国刑法》第二百一十九条、第三百九十八条、第二百五十三条之一；《中华人民共和国个人信息保护法》第五条、第十条、第二十八条；《中华人民共和国保守国家秘密法》第二条；《中华人民共和国反不正当竞争法》第九条；《中华人民共和国治安管理处罚法》第四十三条。

【案例评析】

侵犯公民个人信息罪的认定与处罚①

一、案情简介

被告人张某系公安机关辅警，其与胡某、谭某（另案处理）合谋出售身份证号赚钱。自2019年4月起，张某私自偷用同单位民警的证书登陆有关网站，查询、复制、下载居民身份证号等个人信息共计四万余条，并出售给被告人易某某（另案处理），违法所得八万多元。

二、本案核心问题

侵犯公民个人信息罪中加重处罚条件“在履行职责和提供服务过程中获取公民个人信息”在本案中的认定问题。

三、法院裁判要旨

被告人张某多次违反规定从有关网站复制下载公民身份信息然后出售给被告人胡某、谭某共计四万余条，非法所得八万多元，情节特别严重，其行为构成侵犯公民个人信息罪。被告人虽系辅警，但其无直接获取他人身份信息的权利，而是通过私自偷用其他正式民警的查询证书违规获取公民个人信息，故被告人不属于在履行职责和提供服务过程中获取公民个人信息。因此，被告人张某犯侵犯公民个人信息罪，判处有期徒刑三年四个月，并处罚金人民币八万元，与同案胡某、谭某共同支付给公益诉讼起诉人赔偿金80126元并公开赔礼道歉。

四、专家评析

违反国家规定，将在履行职责和提供服务过程中获取的公民个人信息，出售或者提供给他人的属于侵犯公民个人信息的加重处罚条件。首先，违反国家规定是指违反法律、行政法规、部门规章有关公民个人信息保护的规定，本案被告人张某确属违反国家规定，将公民个人信息出售给

① 河北省石家庄市鹿泉区人民法院（2020）冀0110刑初41号刑事判决书，载中国裁判文书网，https：//wenshu. court. gov. cn/website/wenshu/181107ANFZ0BXSK4/index. html? docId = 7773023e825e431b8faaad04009780d7，最后访问时间：2022年8月29日。

他人。其次，根据《最高人民法院、最高人民检察院关于办理侵犯公民个人信息刑事案件适用法律若干问题的解释》① 的规定，公民个人信息是指以电子或者其他方式记录的能单独或者与其他信息结合识别特定自然人身份或者反映特定自然人活动情况的各种信息，包括姓名、身份证件号码、通信通讯联系方式、住址、账号密码、财产状况、行踪轨迹等。本案被告人张某出售的公民个人身份证号等信息确属公民个人信息，满足犯罪对象限制条件。最后，在履行职责和提供服务过程中获取的公民个人信息的判断应结合行为人的工作性质、工作内容、工作权限等内容全面考虑、甄别。应当注意的是，刑法于 2015 年将二百五十三条之一的特殊主体改为一般主体，且将特殊主体作为从重处罚的要件，其立法本意欲打击的“内部人”包括能够接触、收集、掌握个人信息的各类单位从业人员，而是否属于特殊主体，应有证据证明行为人所获得的公民个人信息是因履行职务或者提供服务过程中取得。本案被告人系通过偷用同单位民警的账号而下载获得公民个人信息，并非在履行职务过程中获得，因此不满足加重处罚条件。

第六条　【多部门分工负责原则】国务院建立反电信网络诈骗工作机制，统筹协调打击治理工作。

地方各级人民政府组织领导本行政区域内反电信网络诈骗工作，确定反电信网络诈骗目标任务和工作机制，开展综合治理。

公安机关牵头负责反电信网络诈骗工作，金融、电信、网信、市场监管等有关部门依照职责履行监管主体责任，负责本行业领域反电信网络诈骗工作。

人民法院、人民检察院发挥审判、检察职能作用，依法防范、惩治电信网络诈骗活动。

电信业务经营者、银行业金融机构、非银行支付机构、互联网服务提供者承担风险防控责任，建立反电信网络诈骗内部控制机制和安全责任制度，加强新业务涉诈风险安全评估。

---

① 《最高人民法院、最高人民检察院关于办理侵犯公民个人信息刑事案件适用法律若干问题的解释》，载国家法律法规数据库，https：//flk. npc. gov. cn/detail2. html? NDAyODgxZTQ1ZmZiYmU0MTAxNWZmYmZjMTExYTAzNTA%3D，最后访问时间：2022 年 9 月 10 日。

【条文主旨】

本条是关于多部门分工负责原则的规定。

【条文理解】

本条规定的内容较为抽象，但作为反电信网络诈骗工作的基本原则，本条的内容应当贯穿反电信网络诈骗工作的全过程。本条共有五款，第一款的主要内容是明确由国务院建立打击治理电信网络诈骗工作机制，统筹协调打击治理工作。可以将第一款的内容概括为“国务院统筹协调打击治理工作”。第二款明确地方各级人民政府对本行政区域内反电信网络诈骗工作的组织领导，因此，可以将第二款的内容概括为“各级人民政府组织领导本行政区域内反电信网络诈骗工作”。第三款的主要内容体现为两个方面，第一个方面是确定了由公安机关牵头负责反电信网络诈骗工作，第二个方面是明确了金融、电信、网信、市场监管等有关主管部门对反电信网络诈骗的监管主体责任。因此，可以将第三款的内容总结为“公安机关牵头负责，行业部门履行监管主体责任”。第四款是强调人民法院、人民检察院发挥自身的审判、检察职能，依法防范和惩治电信网络诈骗活动，因此，可以将第四款概括为“依法防范与惩治电信网络诈骗活动”。第五款的主要内容是，指出了电信业务经营者、银行业金融机构和非银行支付机构、互联网服务提供者承担风险防控责任，其意义在于明确反电信网络诈骗工作的安全主体的多样性，并且隐含了多主体之间的分工配合，共同建立反电信网络诈骗内部控制机制和安全责任制度。基于此，可以将第五款的内容归纳为“多主体共同参与”。

一、国务院统筹协调打击治理工作

首先，应当明确的是，国务院只是打击治理工作的统筹协调者，不是具体事务的执行者。国务院是我国最高行政机关，根据《中华人民共和国宪法》第八十九条的规定，国务院的职权中包含了规定各部和各委员会的任务和职责，统一领导各部和各委员会的工作，并且领导不属于各部和各委员会的全国性的行政工作。反电信网络诈骗工作具有跨行业、跨地域性，并非某一个部门或者委员会能够独立完成的工作，因此，该项工作的复杂性与系统性决定了只能由国务院进行统筹协调。本法第六条第二款规定了由地方各级人民政府领导本行政区域内反电信网络诈骗工作，而地方各级人民政府受国务院的领导，在具体工作事宜上，地方各级人民政府确定的本行政区域内反电信网络诈骗的目标任务，应当与国务院制定的全国性、整体性计划相适应，并且地方各级人民政府确定的本行政区域内反电信网络诈骗的工作机制属于国务院建立的打击治理电信网络诈骗工作机制的重要组成部分。本法第六条第三款规定了由公安机关组织协调反电信网络诈骗工作，金融、电信、网信、市场监管等有关主管部门承担监管主体责任，依照职责负责本行业领域反电信网络诈骗工作。公安机关与金融、电信、网信、市场监管等有关主管部门都隶属于国务院，它们既应当积极配合国务院的工作，同时也是具体事务的执行者、落实者。需要注意的是，公安机关只是反电信网络诈骗工作的组织协调者，并非统筹协调者。换句话说，组织、协调者是最主要的执行者，但并非全局性事务的最终决策者，统筹协调者是国务院。

其次，国务院在统筹协调打击治理工作时，应当赋予金融、电信、网信、市场监管等有关部门更多的自主权，这不仅能降低打击治理工作的成本，而且能提高反电信网络诈骗工作的效率，实现双赢。中华人民共和国工业和信息化部、中国人民银行、中国银行保险监督管理委员会、中国证券监督管理委员会等是电信、金融等行业的主管部门，它们对电信网络诈骗的手段最为熟悉，对相关技术的运用也更为专业，让它们在相关领域充分发挥自己的专长，一方面是这些部门的职责所在，另一方面也是降低治理成本、提高治理效果的必然选择。

二、各级人民政府组织领导本行政区域内反电信网络诈骗工作

地方各级人民政府是各级地方行政机关，由地方各级人民政府领导本行政区域内反电信网络诈骗工作，是由行政权的基本特征决定的。与司法权相比较，行政权最显著的特征在于行政管理所具有的主动性。行政权的行使之所以具有主动性的特征，这和社会的发展必然相关的，特别是在当下，一些风险已经悄然潜入了社会生活的各个角落，电信网络诈骗就属于众多的风险之一。在这种背景下，人们希望行政机关能够提供积极、有效的服务，将风险更多地消除在“萌芽”状态，尽可能防止风险现实化。从反电信网络诈骗法的属性来看，其更多的是预防法的性质，惩罚的成分相对较少，因此，坚持由行政机关组织领导反电信网络诈骗工作也是由本法的基本属性决定的。

地方各级人民政府对反电信网络诈骗工作的领导，主要体现在三个方面：一是确定反电信网络诈骗的目标任务；二是确定反电信网络诈骗的工作机制；三是组织开展综合治理工作。

首先，就确定反电信网络诈骗的目标任务而言，不仅要确定长期的目标任务，而且要确定短期的目标任务，“不积跬步无以至千里”。在确定本级人民政府的目标任务的过程中，不仅要结合本行政区域的实际情况，而且还要将本级人民政府的目标任务与上、下级人民政府的目标任务相协调，做到“全国上下一盘棋”。

其次，确定反电信网络诈骗的工作机制是反电信网络诈骗工作中的核心部分。工作机制是指工作程序、规则的有机联系和有效运转，它贯穿于工作的各个环节，是一个融会贯通的整体。反电信网络诈骗工作机制，应当围绕健全、高效、联动这三个方向建立。健全的工作机制指的是工作程序和规则的全面性，不能遗漏某一个或者某几个工作环节，否则反电信网络诈骗工作将达不到预期的效果。高效的工作机制侧重的是由工作机制直接导出的效果，反电信网络诈骗工作的效果不应当局限于法律效果，而应当坚持政治效果、社会效果、法律效果相统一。联动的工作机制强调的是工作机制内部的融贯性与协调性，此处的联动不仅包括行政机关内部的联动，还应当包括立法机关、行政机关、司法机关之间的联动性。正如本法第一条规定的那样，本法的目的是预防、遏制和惩治电信网络诈骗活动，加强反电信网络诈骗工作，保护公民合法权益，维护社会稳定和国家安全，如果不注重各机关之间的联动性，将很难达到预防、遏制和惩治电信网络诈骗活动的目的。

最后，组织开展综合治理工作。所谓的综合治理，主要包括四个方面，即电信治理、金融治理、互联网治理以及其他综合措施，其具体内容分别规定在本法的第二章、第三章、第四章和第五章。

三、公安机关牵头负责，行业部门履行监管主体责任

公安部门牵头负责反电信网络诈骗工作，一方面是坚持人民政府主导原则的必然延伸，另一方面是由公安部门的基本职能决定的。人民政府有诸多的职能部门，公安部门是人民政府重要的组成部分，其具有依法管理社会治安的职能。在人民政府确定了反电信网络诈骗的目标任务和工作机制之后，需要具体的职能部门去执行，首要的就是公安部门。此外，根据本法第二条的规定，本法所称电信网络诈骗，是指以非法占有为目的，利用电信网络技术手段，通过远程、非接触等方式，诈骗公私财物的行为。这是典型的违法犯罪行为，对这类行为的遏制与惩治本就属于公安部门的职责范围。

行业部门履行监管主体责任是综合治理电信网络诈骗活动的当然结果。本法第二章、第三章、第四章和第五章分别规定了电信治理、金融治理、互联网治理与综合措施，这是综合治理的直接体现。金融行业、电信行业和互联网行业是距离电信网络诈骗最近的行业，电信网络诈骗是以电信和互联网为主要手段的，其目的是骗取公私财物，而且随着网络技术的高速发展，传统金融行业的面貌也发生了翻天覆地的变化，其中最为显著的变化是金融与互联网之间的紧密程度越来越高。因此，明确金融、电信、网信、市场监管等有关主管部门承担行业监管主体责任，依照职责负责本行业反电信网络诈骗工作，其意义就在于“让专业的人干专业的事”，从而提高反电信网络诈骗工作的效率。

四、依法防范与惩治电信网络诈骗活动

人民法院与人民检察院是我国的审判机关和检察机关，在反电信网络诈骗活动中，审判机关与检察机关起着重要的作用。本条第四款中“依法防范、惩治电信网络诈骗活动”强调的是检察机关与审判机关应当依法提起公诉、依法裁判，既不能让犯罪分子逍遥法外，又不能降低入罪标准、轻罪重判。需要注意的是，此处的“依法”不仅包括实体法，而且包括程序法。在适用刑事实体法的过程中，要特别注意遵守罪刑法定原则和罪责刑相适应原则。一方面，不能将刑事实体法中没有规定的行为作为犯罪处理；另一方面，刑罚的轻重应当与犯罪分子所犯罪行和承担的刑事责任相适应。在适用刑事程序法的过程中，要严格遵守法定程序原则，充分保障犯罪嫌疑人、被告人和其他诉讼参与人的诉讼权利。

五、多主体共同参与

电信业务经营者、银行业金融机构、非银行支付机构、互联网服务提供者是电信、金融、互联网等行业的具体参与者，他们不仅是行业部门的监管对象，同时也是最早感知电信网络诈骗行为的主体。明确电信业务经营者、银行业金融机构和非银行支付机构、互联网服务提供者承担风险防控责任，建立反电信网络诈骗内部控制机制和安全责任制度，其意义在于：一方面，能够通过设定具体的防范措施将电信网络诈骗活动阻挡在网络之外，限制违法犯罪分子利用电信网络技术手段；另一方面，在特定情况下，防范措施失效之后，能够尽早察觉电信网络诈骗活动，为公安机关的追查提供便利。由于行业不同、技术不同，与技术相对应的规则自然也不同，因此，内部控制机制和安全责任制度的建立，需要上述主体共同参与、分工配合。

【适用指南】

对本条规定的具体适用，实践中应当注意的问题是：

第一，应明确金融、电信、网信、市场监管等有关主管部门各自的具体职责，避免出现因职责不明而导致的监管真空。本条第三款规定，由金融、电信、网信、市场监管等有关部门依照职责履行监管主体责任，负责本行业领域反电信网络诈骗工作。在我国，金融行业的主管部门主要是中国人民银行、中国银行保险监督管理委员会和中国证券监督管理委员会。《中华人民共和国中国人民银行法》第四条规定了中国人民银行的职责；《中华人民共和国证券法》第一百六十九条规定了国务院证券监督管理机构的职责；《中华人民共和国保险法》第一百三十三条至第一百五十七条规定了保险监督管理机构的职责。通信行业的主管部门为中华人民共和国工业和信息化部，具体的监管机构为中华人民共和国工业和信息化部下属的国家无线电管理局（国家无线电办公室）。互联网行业是一个庞大的行业，其主管部门较为多元，《中华人民共和国网络安全法》第八条第一款规定："国家网信部门负责统筹协调网络安全工作和相关监督管理工作。国务院电信主管部门、公安部门和其他有关机关依照本法和有关法律、行政法规的规定，在各自职责范围内负责网络安全保护和监督管理工作。"各行业主管部门在制定本行业的监管规则时，应当相互配合，及时沟通，这也是形成健全、高效、联动的工作机制的必然要求。

第二，明确安全主体的具体范围，防止出现因安全主体缺失而导致的责任落空。本条第五款规定，由电信业务经营者、银行业金融机构和非银行支付机构、互联网服务提供者承担风险防控责任，建立反电信网络诈骗内部控制机制和安全责任制度，加强新业务涉诈风险安全评估。参考《中华人民共和国电信条例》第二条第二款的规定，可以认为电信业务经营者是指经营利用有线、无线的电磁系统或者光电系统，传送、发射或者接收语音、文字、数据、图像以及其他任何形式信息活动的主体。《中华人民共和国银行业监督管理法》第二条第二款规定："本法所称银行业金融机构，是指在中华人民共和国境内设立的商业银行、城市信用合作社、农村信用合作社等吸收公众存款的金融机构以及政策性银行。"虽然相关法律法规尚未对互联网服务提供者的范围进行精准限定，但一般认为互联网服务提供者应当包括网络接入服务提供者、网络平台服务提供者和网络内容及产品服务提供者。

【相关规定】

《中华人民共和国宪法》第八十九条、第一百零七条；《中华人民共和国中国人民银行法》第二条、第四条、第七条；《中华人民共和国证券法》第七条、第一百六十九条；《中华人民共和国保险法》第一百三十三条至

第一百五十七条；《中华人民共和国网络安全法》第八条；《中华人民共和国银行业监督管理法》第二条；《中华人民共和国电信条例》第二条、第三条。

第七条 【多部门密切配合原则】 有关部门、单位在反电信网络诈骗工作中应当密切协作，实现跨行业、跨地域协同配合、快速联动，加强专业队伍建设，有效打击治理电信网络诈骗活动。

【条文主旨】

本条是关于多部门密切配合原则的规定。

【条文理解】

本条主要是强调有关部门、单位应当密切协作，实现跨行业、跨地域协同配合、快速联动，从而实现有效打击治理电信网络诈骗活动的效果。可以将本条内容概括为“多部门密切配合原则”。对本条规定的理解，应当注意以下问题：

一方面，“有关部门、单位在反电信网络诈骗工作中应当密切协作”中的“有关部门、单位”既包括国务院的下属部门、单位，如公安部、工业和信息化部、中国人民银行、中国证券监督管理委员会、中国银行保险监督管理委员会等，也包括国务院下属部门之外的其他部门、单位，例如立法机关、司法机关和民间组织等。

另一方面，民间组织也应当同其他“有关部门、单位”等一样遵循该原则。例如中国互联网协会，其是由中国互联网行业及与互联网相关的企事业单位、社会组织自愿结成的全国性、行业性、非营利性社会组织，它并不受国务院直接领导，而对相关工作也应密切配合。如前所述，本法具有预防法的性质，因此，由行政机关高效地承担统筹协调工作是首选。但是，对电信网络诈骗活动的治理是社会治理的一个环节，它是一个系统性的工程，不仅涉及金融、电信、网信等行业，还包含了个人信息保护、反诈科学技术的进步等具体事务。因此，行政机关之外的立法机关、司法机关和民间组织都应当积极参与反电信网络诈骗工作，密切配合国务院建立的工作机制的运行，实现跨行业、跨地域协同配合、快速联动，有效防范电信网络诈骗活动。

总之，根据本原则的规定，在具体的反电信网络诈骗工作中，立法机关应当积极推进相关立法工作，确保有法可依；公安机关应当保持高度的敏锐性，及时发现电信网络诈骗违法犯罪活动，做到违法必究，不让违法犯罪分子心存任何侥幸心理；民间组织应当充分发挥本行业的专业性，一方面应当积极发展先进的反诈技术，另一方面需要努力提升行业的自觉性，建立健全的内部风险防控机制。

【适用指南】

对本条规定的具体适用，实践中应当注意的问题是：

首先，在进行全面性反电信网络诈骗工作中，应当做到立法先行，保障有法可依。本法是第一部针对电信网络诈骗制定的专门性法律，具有开创性的意义。在本法出台之前，我国打击电信网络诈骗活动主要是依靠事后惩治的方式，然而，单靠严厉的事后打击难以从根本上遏止电信网络诈骗的高发多发态势。制定完备的反电信网络诈骗法律体系应从根源上防范电信网络诈骗活动。在本法出台之后，还应当加快相关法律法规制定和完善。众所周知，个人信息的泄露是导致电信网络诈骗多发的重要原因，那么，如何在现有的保护个人信息法律法规的基础上进一步完善法网，就是接下来需要认真思考的问题。

其次，地方各级人民政府及金融、电信、网信、市场监管等有关主管部门应当根据本行政区域、本行业的电信网络诈骗情况建立适合本行政区域、本行业的工作机制和治理方式。不同类型的诈骗手段在不同的地区出现的数量不同，这也表明，不同地区、不同行业的电信网络诈骗活动的面貌不同。只有对症下药，方能取得实效。此外，地方各级人民政府及金融、电信、网信、市场监管等有关主管部门还应当进一步保障快速联动，实现反电信网络诈骗工作的畅通无阻。

【相关规定】

《中华人民共和国网络安全法》第九条、第十条、第十一条、第十九条；《中华人民共和国银行业监督管理法》第六条、第七条；《中华人民共和国电信条例》第四条、第六条。

第八条　【反诈宣传与具体方式】各级人民政府和有关部门应当加强反电信网络诈骗宣传，普及相关法律和知识，提高公众对各类电信网络诈骗方式的防骗意识和识骗能力。

教育行政、市场监管、民政等有关部门和村民委员会、居民委员会，应当结合电信网络诈骗受害群体的分布等特征，加强对老年人、青少年等群体的宣传教育，增强反电信网络诈骗宣传教育的针对性、精准性，开展反电信网络诈骗宣传教育进学校、进企业、进社区、进农村、进家庭等活动。

各单位应当加强内部防范电信网络诈骗工作，对工作人员开展防范电信网络诈骗教育；个人应当加强电信网络诈骗防范意识。单位、个人应当协助、配合有关部门依照本法规定开展反电信网络诈骗工作。

【条文主旨】

本条是关于反电信网络诈骗宣传职责的责任主体、宣传形式、宣传方法及注意事项的规定。

【条文理解】

本条共分为三款。第一款是关于各级人民政府及其有关部门基于自身职责而提高公众防骗意识和识骗能力的总体性规定。第二款是关于教育行政、市场监管、民政等有关部门和村民委员会、居民委员会基于群体特征而进行重点宣传的具体性规定。第三款是单位、个人就电信网络诈骗防范的配合性规定。

一、如何理解“各级人民政府和有关部门”

各级人民政府和有关部门对反电信网络诈骗的宣传教育是基于自身职责展开，具有总领性、统筹性。政府的职能是国家行政机关依法对国家和社会公共事务进行管理时应承担的职责，电信网络诈骗作为严重危害人民群众利益和社会和谐稳定的违法犯罪行为，必然需要人民政府对此类违法犯罪行为做出回应，因此各级人民政府和有关部门应充分认识反电信网络诈骗宣传工作在服务社会发展、提升人民满意度方面的重要作用。基于自身职责，贯彻落实党中央决策的相关部署、积极推进反电信网络诈骗宣传，重点做好相关法律和知识的宣传教育。

应依照“谁执法谁普法”责任制要求，落实相关部门的普法责任，并纳入年度普法计划实施，通过宣传切实提升人民群众法治意识和防范能力。组织各成员单位开展反电信网络诈骗宣传活动，扩大宣传范围、丰富宣传载体，全力营造全民反诈的良好氛围；建立诈骗手法快速发布、防诈骗及时提醒等常态化宣传防范机制。同时，可由网信部门牵头，组织加强互联网监管，督促互联网企业落实安全管理责任，及时封堵涉诈域名网址，处置违法有害信息，净化网络环境；及时、有效做好舆情监测和应对处置工作。

二、如何理解“教育行政、市场监管、民政等有关部门和村民委员会、居民委员会”

同第一款中普遍性的宣传教育不同，教育行政、市场监管、民政等有关部门和村民委员会、居民委员会则主要基于自身职责所面对、所服务的群体特征，展开针对性、精准性的宣传教育工作。具体而言，可分为进学校、进企业、进社区、进农村、进家庭等活动。

一是进学校。此处应针对青少年群体的身心特点、所处环境，重点向高校、中学、小学展开具有针对性的宣讲，尤其针对校园内多见的诈骗方式，结合实际案例、图文对紧急止付、规避风险等做详细讲解。

二是进企业。通过发放宣传彩页，典型案例警示等方式，向企业负责人和员工详细讲解电信诈骗类型和电信诈骗手法，通过集中宣传各种反诈方式，逐步提升企业整体防诈能力。

三是进社区。此处主要针对老年人群体的身心特点、所处环境，通过向社区发放宣传单、现场讲解等方式向社区群众介绍典型诈骗案件的作案手法、表现形式，同时对典型案例做细致的讲解分析与广泛宣传，最大限度地提高社区群众对诈骗手法的识别能力。尤其针对“保健品骗局”“养老骗局”“旅游骗局”进行针对性、侧重性宣传，揭秘相关骗局手法，提示相关被骗风险等。

四是进农村。重点结合真实案例，详细讲解常见电信网络诈骗犯罪分子惯用的手段、方式以及相关应对、防范的技巧，答疑解惑，提高农村留守人员的辨识力和警惕性。

五是进家庭。结合电信网络诈骗案件特点、受害身份、年龄构成等因素分析总结，通过入户走访，发放便民联系卡，用通俗易懂的语言来以案说法，以身边的案例教育引导群众，结合“网络刷单”、冒充客服等典型案例向辖区家庭宣讲电信网络诈骗的危害及预防知识。

三、如何理解单位、个人的协助、配合工作

本条第三款主要强调社会面上的单位、个人也要加强内部防范和提升防范意识及其相关协助、配合工作。具体而言，单位、个人作为电信网络诈骗的主要对象，单位应当加强内部防范电信网络诈骗工作，如对工作人员开展防范电信网络诈骗教育；个人应当加强电信网络诈骗防范意识，如通过“国家反诈中心”App进行举报、预警、身份核实、风险自查。单位、个人应当积极主动参与相关反电信网络诈骗宣传教育活动，进一步提升自身法律意识，加强对危害网络信息安全违法行为的识别与自我防范能力。同时充分利用好各类新型媒介学习、传播防范反诈相关知识，当好反电信网络诈骗宣传员。同时，若在遭遇电信诈骗时，应积极向公安机关报告相关情况，准确向警方提供转账时间等相关信息。同时保存关键证据，如转账汇款凭证、交易记录、转账截图、聊天记录、联系方式等配合公安机关的侦破工作。

总的来说，各级人民政府及其有关部门要履行自身宣传职责。按照“无死角、全覆盖”的要求，坚持全员发力，形成强大的宣传声势，让人人知反诈、懂防范。教育、市场监管、民政等有关部门和村民委员会、居民委员会要聚焦重点开展宣传工作。加强电信网络诈骗案件分析研判，梳理诈骗手段，筛选易受骗人群，因人因地制定宣传策略，做到精准高效反诈。单位、个人则应在加强自身防范的同时配合、协助前述有关部门完成反电信网络诈骗工作。

第二章　电信治理

第九条　【电话用户实名登记】电信业务经营者应当依法全面落实电话用户真实身份信息登记制度。

基础电信企业和移动通信转售企业应当承担对代理商落实电话用户实名制管理责任，在协议中明确代理商实名制登记的责任和有关违约处置措施。

【条文主旨】

本条是关于电话用户真实身份信息登记及基础电信企业和移动通信转售企业对代理商落实电话实名制登记管理责任的规定。

【条文理解】

电话用户真实身份信息登记制度是遏制电信网络诈骗犯罪强有力的手段之一，本条也是对本法第六条第五款要求的具体化。

一、电话用户真实身份登记制度的发展

我国的电话用户实名登记工作自 2013 年全面开展，并于 2015 年开展了电话“黑卡”治理专项行动，实名登记工作逐步规范，新入网用户基本实现实名登记。[①]

2012 年 12 月 28 日第十一届通过的《全国人民代表大会常务委员会关于加强网络信息保护的决定》规定，“网络服务提供者为用户办理网站接入服务，办理固定电话、移动电话等入网手续，或者为用户提供信息发布

---

① 《三部门联合开展电话“黑卡”治理专项行动》，载中国政府网，http：//www.gov.cn/xinwen/2015－01/06/content_ 2800482.htm，最后访问时间：2022 年 9 月 18 日。

服务，应当在与用户签订协议或者确认提供服务时，要求用户提供真实身份信息。”①

中华人民共和国工业和信息化部发布的于2013年9月1日生效的《电话用户真实身份信息登记规定》规定了电话用户实名登记的相关细则。②

《中华人民共和国反恐怖主义法》第二十一条规定：“电信、互联网、金融、住宿、长途客运、机动车租赁等业务经营者、服务提供者，应当对客户身份进行查验。对身份不明或者拒绝身份查验的，不得提供服务。”

二、关于“电信业务经营者”的释义

（一）电信业务

根据《中华人民共和国电信条例》第二条第二款的规定，电信，是指利用有线、无线的电磁系统或者光电系统，传送、发射或者接收语音、文字、数据、图像以及其他任何形式信息的活动。

电信业务分为基础电信业务与增值电信业务。基础电信业务，是指提供公共网络基础设施、公共数据传送和基本话音通信服务的业务。增值电信业务，是指利用公共网络基础设施提供的电信与信息服务的业务。

（二）电信业务经营者

根据《中华人民共和国电信条例》的规定，国家对电信业务经营按照电信业务分类，实行许可制度。

根据《中华人民共和国电信条例》第九条的规定，“经营基础电信业务，须经国务院信息产业主管部门审查批准，取得《基础电信业务经营许可证》。经营增值电信业务，业务覆盖范围在两个以上省、自治区、直辖市的，须经国务院信息产业主管部门审查批准，取得《跨地区增值电信业务经营许可证》；业务覆盖范围在一个省、自治区、直辖市行政区域内的，须经省、自治区、直辖市电信管理机构审查批准，取得《增值电信业务经营许可证》。运用新技术试办《电信业务分类目录》未列出的新型电信业务的，应当向省、自治区、直辖市电信管理机构备案。”

根据《中华人民共和国电信条例》第十条的规定，“经营基础电信业务，应当具备下列条件：（一）经营者为依法设立的专门从事基础电信业

① 《全国人民代表大会常务委员会关于加强网络信息保护的决定》，载中国人大网，http：//www. npc. gov. cn/zgrdw/huiyi/cwh/1130/2012 - 12/29/content_ 1749752. htm，最后访问时间：2022年9月8日。

② 《电话用户真实身份信息登记规定》，载工业和信息化部网站，https：//wap. miit. gov. cn/ztzl/lszt/dhhkzlzxxd/flfg/art/2015/art_ 31d384b12c474bc8aaf4ccd972833e4b. html，最后访问时间：2022年9月8日。

务的公司，且公司中国有股权或者股份不少于51%；（二）有可行性研究报告和组网技术方案；（三）有与从事经营活动相适应的资金和专业人员；（四）有从事经营活动的场地及相应的资源；（五）有为用户提供长期服务的信誉或者能力；（六）国家规定的其他条件。”

根据《中华人民共和国电信条例》第十三条的规定：“经营增值电信业务，应当具备下列条件：（一）经营者为依法设立的公司；（二）有与开展经营活动相适应的资金和专业人员；（三）有为用户提供长期服务的信誉或者能力；（四）国家规定的其他条件。”

故此，电信业务经营者是指依法从事电信业务经营行为的公司。

三、电话用户真实身份信息登记制度

根据工业和信息化部《电话用户真实身份信息登记规定》[①] 第三条的规定，电话用户真实身份信息登记，是指电信业务经营者为用户办理固定电话、移动电话等入网手续，在与用户签订协议或者确认提供服务时，如实登记用户提供的真实身份信息的活动。入网，是指用户办理固定电话装机、移机、过户，移动电话开户、过户等。

《电话用户真实身份信息登记规定》第七条规定：“个人办理电话用户真实身份信息登记的，可以出示下列有效证件之一：（一）居民身份证、临时居民身份证或者户口簿；（二）中国人民解放军军人身份证件、中国人民武装警察身份证件；（三）港澳居民来往内地通行证、台湾居民来往大陆通行证或者其他有效旅行证件；（四）外国公民护照；（五）法律、行政法规和国家规定的其他有效身份证件。”

《电话用户真实身份信息登记规定》第八条规定：“单位办理电话用户真实身份信息登记的，可以出示下列有效证件之一：（一）组织机构代码证；（二）营业执照；（三）事业单位法人证书或者社会团体法人登记证书；（四）法律、行政法规和国家规定的其他有效证件或者证明文件。单位办理登记的，除出示以上证件之一外，还应当出示经办人的有效证件和单位的授权书。”

在办理入网手续时，不得冒用他人的身份证，不得使用伪造、变造的身份证。

《中华人民共和国居民身份证法》第十七条规定：“有下列行为之一的，由公安机关处二百元以上一千元以下罚款，或者处十日以下拘留，有

① 《电话用户真实身份信息登记规定》，载中国政府网，http://www.gov.cn/gzdt/2013-07/19/content_2451366.htm，最后访问时间：2022年9月10日。

违法所得的，没收违法所得：（一）冒用他人居民身份证或者使用骗领的居民身份证的；（二）购买、出售、使用伪造、变造的居民身份证的。伪造、变造的居民身份证和骗领的居民身份证，由公安机关予以收缴。”

《中华人民共和国居民身份证法》第十八条规定：“伪造、变造居民身份证的，依法追究刑事责任。有本法第十六条、第十七条所列行为之一，从事犯罪活动的，依法追究刑事责任。”

《中华人民共和国刑法》第二百八十条第三款规定：“伪造、变造、买卖居民身份证、护照、社会保障卡、驾驶证等依法可以用于证明身份的证件的，处三年以下有期徒刑、拘役、管制或者剥夺政治权利，并处罚金；情节严重的，处三年以上七年以下有期徒刑，并处罚金。”

《中华人民共和国刑法》第二百八十条之一规定：“在依照国家规定应当提供身份证明的活动中，使用伪造、变造的或者盗用他人的居民身份证、护照、社会保障卡、驾驶证等依法可以用于证明身份的证件，情节严重的，处拘役或者管制，并处或者单处罚金。有前款行为，同时构成其他犯罪的，依照处罚较重的规定定罪处罚。”

四、基础电信企业与移动通信转售企业

（一）基础电信企业

基础电信企业，是指提供公共网络基础设施、公共数据传送和基本话音通信服务的业务的企业。

（二）移动通信转售企业

2013年5月17日，中华人民共和国工业和信息化部发布了《关于开展移动通信转售业务试点工作的通告》，正式启动移动通信转售业务试点工作。① 2018年4月28日，中华人民共和国工业和信息化部发布了《关于移动通信转售业务正式商用的通告》，将移动通信转售业务由试点转为正式商用。②

移动通信转售业务，根据工业和信息化部《关于开展移动通信转售业务试点工作的通告》，是指从拥有移动网络的基础电信业务经营者购买移动通信服务，重新包装成自有品牌并销售给最终用户的移动通信服务。移动通信转售企业不自建无线网、核心网、传输网等移动通信网络基础设

---

① 《关于开展移动通信转售业务试点工作的通告》，载工业和信息化部网站，https：//wap. miit. gov. cn/jgsj/txs/zcbz/sckf/art/2020/art_ 99468c197d504792830e74dcd79b74d5. html，最后访问时间：2022年9月8日。

② 《关于移动通信转售业务正式商用的通告》，载工业和信息化部网站，http：//www. gov. cn/xinwen/2018－05/02/content_ 5287416. htm，最后访问时间：2022年9月8日。

施，必须建立客服系统，可依据需要建立业务管理平台以及计费、营账等业务支撑系统。移动通信转售业务不包括卫星移动通信业务的转售。移动通信转售业务为第二类基础电信业务，比照增值电信业务管理。

移动通信转售企业，是指从事移动通信转售业务的企业。

《关于开展移动通信转售业务试点工作的通告》规定："申请经营移动通信转售业务的企业，应当符合《中华人民共和国电信条例》第十三条、《电信业务经营许可管理办法》第六条的规定。并满足下列要求：

1. 申请者为依法设立的民营公司

本试点中的民营公司是指，申请者为依法设立的公司，其民间资本占公司资本比例不低于50%，且单一最大股东是民间资本的公司（不含外商及台港澳商投资。境内民营企业境外上市的，其外资股权比例应低于10%且单一最大股东为中方投资者）。

2. 有与开展经营活动相适应的专业人员

企业技术负责人应当有8年以上信息技术和通信行业工作经验，并具有信息技术和通信及相关专业高级技术职称或同等专业水平；企业财务负责人应当具有中级以上（含中级）会计职称或同等专业水平；企业管理人员中至少有5人应具有5年以上信息技术和通信行业的工作经验。在省、自治区、直辖市范围内经营的，企业应具有信息技术和通信及管理相关专业初级以上（含初级）职称或者同等专业水平的技术和管理人员不少于30人。在全国或者跨省、自治区、直辖市范围经营的，企业应具有信息技术和通信及管理相关专业初级以上（含初级）职称或者同等专业水平的技术和管理人员不少于50人，并应根据业务发展情况增加相适应的人员。

3. 有为用户提供长期服务的能力

申请者必须设有专门的客服部门和客服人员，建立服务质量管理体系，公布监督电话，受理用户投诉，有服务保证措施和市场退出善后处理方案。

4. 有必要的场地及设施

申请者应有固定的办公地点，有与转售业务相适应的营业场所或营销渠道。必须建立客户服务系统，可依需建立计费管理系统和业务管理系统，能够保障系统运行安全。

5. 具备网络与信息安全保障能力

申请者应成立安全管理部门，明确安全责任人和联系人，建立网络与信息安全管理制度和应急处置机制，按照相关要求和技术标准建立健全网络与信息安全技术保障措施。

6. 具备移动通信转售业务商业合同

申请者应与基础电信业务经营者签订移动通信转售业务商业合同。合同中应包括用于转售的移动通信用户号码资源、双方服务质量保障责任划分、用户权益和用户信息安全保护等内容。”

五、“基础电信企业”与“移动通信转售企业”对代理商的监督管理

电信业务经营者对代理商具有监督、管理义务。

《电话用户真实身份信息登记规定》[①] 第十四条规定：“电信业务经营者委托他人代理电话入网手续、登记电话用户真实身份信息的，应当对代理人的用户真实身份信息登记和保护工作进行监督和管理，不得委托不符合本规定有关用户真实身份信息登记和保护要求的代理人代办相关手续。”

【适用指南】

对电信业务经营者违规不进行电话用户真实身份登记的处罚。电信管理机构发现电信业务经营者违规为用户办理入网手续、未建立健全用户真实身份信息保密管理制度等行为的，有权责令其限期改正，予以警告，可以并处一万元以上三万元以下罚款，向社会公告。

【相关规定】

《全国人民代表大会常务委员会关于加强网络信息保护的决定》[②]；《中华人民共和国反恐怖主义法》第二十一条；《中华人民共和国电信条例》第二条、第八条、第九条、第十条、第十三条；《中华人民共和国居民身份证法》第十七条；《中华人民共和国刑法》第二百八十条第三款、第二百八十条之一；《电话用户真实身份信息登记规定》；《关于开展移动通信转售业务试点工作的通告》；《关于移动通信转售业务正式商用的通告》。

---

① 《电话用户真实身份信息登记规定》，载中国政府网，http：//www. gov. cn/gzdt/2013 -07/19/content_ 2451366. htm，最后访问时间：2022 年 9 月 10 日。

② 《全国人民代表大会常务委员会关于加强网络信息保护的决定》，载国家互联网信息办公室网站，http：//www. cac. gov. cn/2012 - 12/29/c_ 133353262. htm，最后访问时间：2022 年 9 月 10 日。

第十条　【电话卡数量限制】办理电话卡不得超出国家有关规定限制的数量。

对经识别存在异常办卡情形的，电信业务经营者有权加强核查或者拒绝办卡。具体识别办法由国务院电信主管部门制定。

国务院电信主管部门组织建立电话用户开卡数量核验机制和风险信息共享机制，并为用户查询名下电话卡信息提供便捷渠道。

【条文主旨】

本条是关于办理电话卡数量限制、异常办卡情形加强核查或拒绝办卡的规定。

【条文理解】

电信网络诈骗行为作为典型的“非接触式”犯罪，电话卡常被作为重要和普遍的犯罪工具，因此将每一个用户办理电话卡的数量限制在合理的范围内，能够有效遏制电信网络诈骗犯罪。

一、电话卡数量限制

同一用户在同一家基础电信企业或同一移动转售企业可以办理5张电话卡。

2016年9月23日，最高人民法院、最高人民检察院、公安部、工业和信息化部、中国人民银行、中国银行业监督管理委员会发布了《关于防范和打击电信网络诈骗犯罪的通告》，[①] 其中第四条规定：“电信企业立即开展一证多卡用户的清理，对同一用户在同一家基础电信企业或同一移动转售企业办理有效使用的电话卡达到5张的，该企业不得为其开办新的电话卡。电信企业和互联网企业要采取措施阻断改号软件网上发布、搜索、传播、销售渠道，严禁违法网络改号电话的运行、经营。电信企业要严格规范国际通信业务出入口局主叫号码传送，全面实施语音专线规范清理和

---

① 《关于防范和打击电信网络诈骗犯罪的通告》，载中国政府网，http：//www.gov.cn/xinwen/2016－09/23/content_ 5111245.htm，最后访问时间：2022年9月8日。

主叫鉴权，加大网内和网间虚假主叫发现与拦截力度，立即清理规范一号通、商务总机、400 等电话业务，对违规经营的网络电话业务一律依法予以取缔，对违规经营的各级代理商责令限期整改，逾期不改的一律由相关部门吊销执照，并严肃追究民事、行政责任。移动转售企业要依法开展业务，对整治不力、屡次违规的移动转售企业，将依法坚决查处，直至取消相应资质。”

二、电话用户开卡情况信息共享机制和管理平台

全国移动电话卡“一证通查”平台由中华人民共和国工业和信息化部指导，工信部反诈中心（中国信息通信研究院）、中国电信、中国移动、中国联通及移动通信转售企业共同推出的公益性查询服务平台，可以为用户提供本人在各个运营商通过居民身份证办理的所有处于在网状态的移动电话卡数量。①

三、断卡行动

“断卡”行动主要针对“两卡”，即广义上的电话卡和银行卡。电话卡包括手机卡、物联网卡等。银行卡包括个人银行卡、对公账户及结算卡、非银行支付机构账户等。

“断卡”行动的时间进程如下：

1. 2020 年 10 月 10 日，国务院打击治理电信网络新型违法犯罪工作部际联席会议决定在全国范围内开展“断卡”行动。②

2. 2021 年 10 月 11 日，国务院打击治理电信网络新型违法犯罪工作部际联席会议办公室召开全国“断卡”行动推进会（“断卡行动”2.0），总结工作成效，对打击整治非法开办贩卖电话卡银行卡违法犯罪工作进行再部署再推动。会议强调，加大打击力度，强化行业治理和重点整治，坚决打赢“断卡”行动攻坚战，从根源上遏制电信网络诈骗案件高发势头。③

【适用指南】

全国移动电话卡“一证通查”平台，用户可以通过姓名、身份证号码

---

① 《全国移动电话卡“一证通查”使用指南》，载全国移动电话卡“一证通查”网站，https：//getsimnum. caict. ac. cn/#/，最后访问时间：2022 年 9 月 8 日。

② 《国务院打击治理电信网络新型违法犯罪工作部际联席会议决定在全国范围内开展“断卡”行动》，载中国政府网，http：//www. gov. cn/xinwen/2020 – 10/11/content_ 5550326. htm，最后访问时间：2022 年 9 月 8 日。

③ 《全国“断卡”行动推进会召开 部署深入推进打击整治非法开办贩卖电话卡银行卡违法犯罪攻坚战》，载中国政府网，http：//www. gov. cn/xinwen/2021 – 10/12/content_ 5641960. htm，最后访问时间：2022 年 9 月 8 日。

在此平台查询名下的电话卡。“一证通查”网址：https：//getsimnum. caict. ac. cn/#/。

第十一条　【重新实名核验】电信业务经营者对监测识别的涉诈异常电话卡用户应当重新进行实名核验，根据风险等级采取有区别的、相应的核验措施。对未按规定核验或者核验未通过的，电信业务经营者可以限制、暂停有关电话卡功能。

【条文主旨】

本条是关于涉诈异常电话卡用户重新进行实名核验的规定。

【条文理解】

2021 年 6 月，工业和信息化部、公安部发布的《关于依法清理整治涉诈电话卡、物联网卡以及关联互联网账号的通告》规定：“电信企业应建立电话卡‘二次实人认证’工作机制，针对涉诈电话卡、‘一证（身份证）多卡’、‘睡眠卡’、‘静默卡’、境外诈骗高发地卡、频繁触发预警模型等高风险电话卡，提醒用户在 24 小时内通过电信企业营业厅或线上方式进行实名核验，在规定期限内未核验或未通过核验的，暂停电话卡功能，有异议的可进行投诉反映，经核验通过的恢复功能。通过电信企业营业厅认证的，电信企业应要求用户现场签署涉诈风险告知书；采用线上方式认证的，电信企业应要求用户阅读勾选涉诈风险告知书，录制留存用户朗读知晓涉诈法律责任的认证视频。”① “自 2021 年 5 月以来，首批依法关停公安机关通报的涉案电话卡 6055 张，处置涉案关联互联网账号 18552 个，组织对 1536. 17 万张‘睡眠卡’等高风险电话卡进行了二次实人认证和处置。”②

---

① 《工业和信息化部 公安部关于依法清理整治涉诈电话卡、物联网卡以及关联互联网账号的通告》，载工业和信息化部网站，https：//wap. miit. gov. cn/zwgk/zcwj/wjfb/tg/art/2021/art_ 247f451520874ae29c964df562a7a2cb. html，最后访问时间：2022 年 9 月 8 日。

② 《工业和信息化部扎实部署推进“断卡行动”》，载中国政府网，http：//www. gov. cn/xinwen/2021 - 07/06/content_ 5622764. htm，最后访问时间：2022 年 4 月 1 日。

电话用户实名登记、电话卡数量限制等措施有力地阻断了电信网络诈骗犯罪，但仍然存在通过了前述限制措施而进行犯罪活动的情形。例如，行为人明知他人利用信息网络实施犯罪，而为其提供经实名登记、满足电话卡数量限制条件的电话卡，情节严重的，构成帮助信息网络犯罪活动罪。

《中华人民共和国刑法》第二百八十七条之二规定："明知他人利用信息网络实施犯罪，为其犯罪提供互联网接入、服务器托管、网络存储、通讯传输等技术支持，或者提供广告推广、支付结算等帮助，情节严重的，处三年以下有期徒刑或者拘役，并处或者单处罚金。单位犯前款罪的，对单位判处罚金，并对其直接负责的主管人员和其他直接责任人员，依照第一款的规定处罚。有前两款行为，同时构成其他犯罪的，依照处罚较重的规定定罪处罚。"

《最高人民法院、最高人民检察院关于办理非法利用信息网络、帮助信息网络犯罪活动等刑事案件适用法律若干问题的解释》第十二条规定："明知他人利用信息网络实施犯罪，为其犯罪提供帮助，具有下列情形之一的，应当认定为刑法第二百八十七条之二第一款规定的'情节严重'：（一）为三个以上对象提供帮助的；（二）支付结算金额二十万元以上的；（三）以投放广告等方式提供资金五万元以上的；（四）违法所得一万元以上的；（五）二年内曾因非法利用信息网络、帮助信息网络犯罪活动、危害计算机信息系统安全受过行政处罚，又帮助信息网络犯罪活动的；（六）被帮助对象实施的犯罪造成严重后果的；（七）其他情节严重的情形。实施前款规定的行为，确因客观条件限制无法查证被帮助对象是否达到犯罪的程度，但相关数额总计达到前款第二项至第四项规定标准五倍以上，或者造成特别严重后果的，应当以帮助信息网络犯罪活动罪追究行为人的刑事责任。"①

① 《最高人民法院、最高人民检察院关于办理非法利用信息网络、帮助信息网络犯罪活动等刑事案件适用法律若干问题的解释》，载最高人民检察院网站，https：//www.spp.gov.cn/spp/xwfbh/wsfbh/201910/t20191025_436138.shtml，最后访问时间：2022年9月8日。

第十二条　【相关主体销售、使用物联网卡的义务】 电信业务经营者建立物联网卡用户风险评估制度，评估未通过的，不得向其销售物联网卡；严格登记物联网卡用户身份信息；采取有效技术措施限定物联网卡开通功能、使用场景和适用设备。

单位用户从电信业务经营者购买物联网卡再将载有物联网卡的设备销售给其他用户的，应当核验和登记用户身份信息，并将销量、存量及用户实名信息传送给号码归属的电信业务经营者。

电信业务经营者对物联网卡的使用建立监测预警机制。对存在异常使用情形的，应当采取暂停服务、重新核验身份和使用场景或者其他合同约定的处置措施。

【条文主旨】

本条是关于物联网卡销售过程中电信业务经营者、单位用户的法定义务及物联网卡使用过程中电信业务经营者的监测、处置义务的规定。

【条文理解】

本条是本法为电信业务经营者以及购买物联网卡的单位用户所设定的强制义务。具体来讲，关于本条规定的理解，应当注意以下两个问题：

第一个问题是关于物联网卡的出售者、技术服务提供者以及监管者的具体法律责任。本条第一款和第三款规定的是电信业务经营者作为物联网卡的出售者、技术服务提供者以及监管者的具体法律责任。根据本条规定，电信业务经营者在出售物联网卡之前，必须建立物联网卡用户风险评估制度，未经评估或者评估未通过的，不得销售物联网卡；在销售物联网卡之时，必须严格登记物联网卡用户身份信息，同时按购买者要求向其出售限定了功能、使用场景和适用设备的物联网卡。质言之，即不能出售未限定功能、使用场景和适用设备的物联网卡；在销售物联网卡之后，电信业务经营者还必须实时对所出售的物联网卡进行监测预警，看所售物联网卡是否存在被非法利用的风险。只要所出售的物联网卡存在异常情况，则必须采取暂停服务、重新核验身份和使用场景或者其他合同约定的处置措施。

首先是对“物联网卡”的理解。物联网卡，是指电信运营商采用物联网专属号段以及专用网络进行移动通信的业务，可提供短信、语音、流量和 APN 等功能的用户卡。① 在本质上，其用来满足智能硬件的联网、管理，以及集团公司的移动信息化应用需求的 5G/4G/3G/2G 等流量卡。从外观上看，物联网卡跟手机 SIM 卡相似，只是其采用的号段是物联网专用号段，且在功能上有所差异。最早的物联网卡有 11 位号码，是可以语音的一种物联卡，目前已逐步被 13 位卡号所取代。13 位卡号是运营商根据国家万物互联宏伟规划定制的工业级别的企业物联网卡，其虽不能放入手机纯流量上网，但能放入有关智能设备上，主要用于数据传输，但没有语音和短信功能（指没有点对点短信功能，但具有上下行功能，即不能通过这张卡直接发短信给另外的卡，但是能通过平台发送平台短信）。

其次是对“用户风险评估”的理解。工业和信息化部《关于纵深推进防范打击通讯信息诈骗工作的通知》明确提出，“积极防范物联网行业卡诈骗风险，指导和督促电信企业建立物联网卡分级审批制度；强化移动通信转售业务通讯信息诈骗风险防范处置责任落实；紧密跟踪‘互联网 +’等融合类业务涉通讯信息诈骗风险，督促指导相关企业建立完善安全评估制度要求，落实安全保障措施。”② 因此，电信运营商是否合理履行了用户风险评估义务，有必要参考工业和信息化部的相关要求判断。

再次是对“登记物联网卡用户身份信息”的理解。根据《中华人民共和国网络安全法》的规定，网络用户必须进行认证。此外，根据《工业和信息化部、公安部关于依法清理整治涉诈电话卡、物联网卡以及关联互联网账号的通告》中所明确规定，电信企业、互联网企业应按照“谁开卡、谁负责，谁接入、谁负责，谁运营、谁负责”的原则，严格落实网络信息安全主体责任，加强电话卡、物联网卡、互联网账号的实名制管理。③ 该款规定的登记物联网卡用户身份信息，即进行实名认证。用户如果是个人的，需要登记身份证等有效身份证件；用户是企业的，则需要登记营业执

---

① 刘利军、赵蓓、张双：《物联网卡安全监测模型及实践》，载《电信工程技术与标准化》2020 年第 5 期。

② 《关于纵深推进防范打击通讯信息诈骗工作的通知》，载工业和信息化部网站，https：//www. miit. gov. cn/ztzl/rdzt/ffdjtxxxzpxggz/gzdt/art/2020/art_ ee6a33f96eb44d2ea1dd7bfb77db1cad. html，最后访问时间：2022 年 9 月 6 日。

③ 《工业和信息化部、公安部关于依法清理整治涉诈电话卡、物联网卡以及关联互联网账号的通告》，载工业和信息化部网站，https：//www. miit. gov. cn/zwgk/zcwj/wjfb/tg/art/2021/art_ 247f451520874ae29c964df562a7a2cb. html，最后访问时间：2022 年 9 月 6 日。

照等企业身份证明。

最后是对“限定物联网卡开通功能、使用场景和适用设备”的理解。一般而言，电信运营商在出售物联网卡时首先会要求采购单位提供联网卡所使用设备、使用场景、消耗流量以及大致体量等信息，然后运营商再根据用户需要进行定制出售，用户必须根据合同约定，在相应设备按约定用途合法使用。对此，运营商是否履行了相应的义务就得看是否对所出售的物联网卡功能、适用设备等进行了限定。

第二个问题是单位用户再次将物联网卡销售给其他用户时所承担的法律义务。这是本条第二款的规定，在本质上而言，此款扩大了物联网卡购买者的责任，原本该项义务应由电信业务经营者承担，但是从实际情况来看，电信运营商在出售物联网卡时主要是面向企业，而很少有个人用户。对于电信运营商而言，所销售的物联网卡最终流向何处，其可控的仅能停留在企业层面，至于企业用户是否再转售给个人用户，则高度依赖于企业，故法律规定由企业承担所转售的物联网卡个人实名认证义务。当单位用户从电信业务经营者购买物联网卡再进行加工或者直接销售给其他用户时，其不仅要逐一核验和登记购卡用户身份信息并将其传送给号码归属的基础电信企业，同时也要将物联网卡销量、存量信息传送给号码归属的基础电信企业，以便电信业务经营者实时对所售物联网卡进行追踪和管控。

【适用指南】

对本条规定的具体适用，实践中应当注意的问题是：

第一，关于执法方面的注意事项。从实践情况来看，物联网卡的售卖大都采用分级代理的机制，比较大的正规企业可以拿到代理分销的资质（一级代理），再往下的链条，可以产生二级代理甚至三级代理。当然，用卡批量较大的企业终端客户也可以直接找电信运营商开卡使用，且不论是哪一类客户，购买物联网卡都需要实名认证。以往物联网卡的最终去向，运营商和代理商都不好控制，当企业是大代理商时，下游往往是小代理商或终端使用者，但不管是何种角色，仍然只能追溯到企业端，具体到每个物联网卡的使用设备仍然无法追溯，这就为诈骗团伙非法利用提供了可能。为此，电信运营商出台了机卡绑定等措施，完善了物联网卡的追溯机制，即将物联网卡与物联网设备进行绑定，当后台检测到物联网卡用于其他设备时，就进行封卡等操作。在采用机卡绑定的机制后，物联网卡被用在其他设备上的可能性大大减少，但仍避免不了被诈骗团伙利用。有的诈骗团伙通过各种渠道（主要通过小代理商）购买大量不需要个人实名认证的物联网卡后，将其用在不受机卡绑定限制的路由器中，利用路由器因 IP 不断跳动无法被锁定的特性，使用手机连接路由器，通过微信等社交工具进行网络诈骗。除了路由器以外，“猫池”等设备亦是利用物联网卡进行诈骗犯罪的重要工具。可见，在实践中，有的诈骗犯罪分子主要是利用了物联网卡难以严格登记用户身份信息的这一制度漏洞，有的则主要是利用了物联网卡使用场景和适用设备难以进行严格限定的技术漏洞。而这些都是在适用本条时需要特别注意的地方。如果查明电信业务经营者、单位用户违反上述规定，则可以按照本法第六章之规定，承担相应的民事、行政责任。构成犯罪的，依法追究刑事责任（涉及的主要罪名为帮助信息网络犯罪活动罪等）。

第二，关于个人维权方面的注意事项。购买、使用物联网卡必须进行实名认证，这是单位和个人应注意的事项。如若未尽到该义务，则所购买的物联网卡可能存在无法正常使用的风险。

第十三条　【规范主叫号码】电信业务经营者应当规范真实主叫号码传送和电信线路出租，对改号电话进行封堵拦截和溯源核查。

电信业务经营者应当严格规范国际通信业务出入口局主叫号码传送，真实、准确向用户提示来电号码所属国家或者地区，对网内和网间虚假主叫、不规范主叫进行识别、拦截。

【条文主旨】

本条是关于电信业务经营者在规范主叫号码方面相关义务的规定。

【条文理解】

本条是关于电信业务经营者在规范主叫号码方面相关义务的规定。具体来讲，关于本条规定的理解，应当注意以下几个问题：

第一是关于对改号电话的理解。所谓改号电话，又称网络改号，即通过网络电话接入传统电话网，利用网络语音软件交换系统任意设置主叫号码，然后通过自身手机号拨出，改号网页便会将犯罪分子自身手机号码加以隐藏，对方手机上显示的便是犯罪分子设置要显示的号码。① 据了解，改号软件拨出的号码不仅号码可以任意设置，连归属地也可以修改。由此，很多时候人们会不经意地基于“电话号码=真实身份”的普遍认知而陷入诈骗旋涡。实践中，诸如冒充子女被绑架，向父母索要“赎金”，将号码改成与收件人一致骗取快递员的快递，甚至将电话号码伪装成当地公安机关座机致电市民谎称其身份证涉嫌洗钱，要求其转部分资金到“安全账户”中等骗局屡见不鲜。在本质上，改号电话是通过手机和网络共同完成的，故本条明确规定电信业务经营者不仅要规范真实主叫号码传送和电信线路出租，而且要对改号电话进行封堵拦截和溯源核查。

第二是关于对虚假主叫的理解。对此，有业内人士打过比方：如果将打通一次电话的过程比喻为一次网购，那么通信运营商就仿佛是生活中的“快递员”，负责将货物（主叫号码）传递到客户（被叫号码）手中，在这个过程中，身为“快递员”的运营商是不会改变货物本身（主叫号码）的。而不法分子则利用软件私自改变自己的主叫号码，再利用运营商的通信网络，呼叫普通客户开展宣传营销甚至是诈骗活动。② 因而，在本质上，“虚假主叫”同“改号电话”是一个问题的两个方面，其均系非真实主叫。

第三是关于具体义务的规定。本法要求电信业务经营者建立电信网络诈骗反制技术措施，统筹推进跨行业、企业统一监测系统建设，为利用大数据反诈提供制度支持，规范真实主叫号码传送和电信线路出租，真实、准确地向用户提示来电号码所属国家或者地区，对改号电话进行封堵拦截、溯源核查。对于诈骗分子通过改号电话行骗，运营商要对此进行骚扰拦截和技术手段的甄别。如若不履行该义务，则会承担相应的法律责任。

【适用指南】

对该条规定的具体适用，实践中应当注意的问题是：

第一，执法适用方面。与传统犯罪相比，电信网络诈骗是非接触式的，不存在传统意义上的犯罪现场，证据获取、固定本来就很难。再加上银行监控录像、IP 地址等电子数据证据保存时间短，证据较容易灭失，导

---

① 《电话诈骗又出新招 改号软件防不胜防!》，载湖北网警巡查执法网，https://baijiahao.baidu.com/s?id=1605133031453794796&wfr=spider&for=pc，最后访问时间：2022 年 9 月 6 日。

② 《工信部约谈三大运营商，专家称虚假主叫或有串谋》，载中国财经网，http://finance.china.com.cn/consume/xfjs/20150317/3005181.shtml，最后访问时间：2022 年 9 月 6 日。

致指控犯罪难度较大。此外，一些电信网络诈骗犯罪集团是跨境作案，主犯隐匿在境外，遥控指挥他人实施犯罪。一旦案发，主犯非常容易逃跑，不久再次作案，且其一旦得手，被骗资金会被迅速分散转移，分别转入多张银行卡，然后在多地被分别取走，损失往往难以挽回。因而，反诈工作十分需要技术和制度的支持。据报道，中国移动已于2013年建立了虚假主叫监控拦截系统，月均拦截国际改号诈骗电话207万余次、网间虚假主叫电话5100万余次。① 中国移动国内虚假主叫平台可将国内网间来话且主叫号码为中国移动手机号码的呼叫集中，进行主叫判别、拦截，实现对国内虚假主叫呼叫管控。上海移动在相关设备上开启强制显示功能、设置主叫白名单防止伪冒主叫号码等功能，通过技术手段对语音专线话单进行提取和分析，防止错单引起的虚假诈骗电话。国际虚拟改号诈骗电话平台则将主叫号码“00”开头的网间和网内国际来话和触发到该平台进行监控和拦截。中国联通也推出了防欺诈提醒服务覆盖全部联通手机用户，该服务不同于以往基于用户标记的来电提醒，是在大数据分析的基础上，建立与“诈骗场景”相匹配的通信模型，发现正在实施的诈骗行为，主动通过短信、电话方式提醒用户。② 从实际情况来看，运营商的拦截系统可能存在技术漏洞，由于缺乏具体法律责任，也有运营商为了完成经营指标而造成管理执行不到位等问题。③ 本法明确，电信业务经营者应当严格规范国际通信业务出入口局主叫号码传送，对网内和网间虚假主叫及不规范主叫进行识别、拦截。若电信用户因电信业务经营者未履行相应义务而被电信诈骗，可以对运营商进行民事诉讼。在很大程度上，本条规定不仅能促使电信业务经营者积极履行义务，也可以尽可能减少被害人损失。除民事责任外，电信业务经营者还可能根据本法规定承担责令改正、罚款、暂停相关业务，停业整顿、吊销相关业务许可证或者吊销营业执照等行政处罚。触犯刑事法律的，还可能依法承担刑事责任。

第二，个人维权方面。电信业务经营者应当规范真实主叫号码传送和电信线路出租，对改号电话进行封堵拦截和溯源核查，这是其应尽的法律义务。实践中，若个人因接听改号电话等陷入认识错误被诈骗，尽管不能

① 《中国移动回应3·15曝光问题：坚决反对虚假主叫》，载腾讯网，https：//tech. qq. com/a/20150316/007048. htm，最后访问时间：2022年4月10日。

② 叶薇：《虚假主叫或将被迫显形》，载人民网，http：//it. people. com. cn/n1/2018/0112/c1009－29762333. html，最后访问时间：2022年4月10日。

③ 《工信部约谈运营商 专家：虚假主叫不排除有串谋》，载搜狐网，http：//news. sohu. com/20150317/n409885461. shtml，最后访问时间：2022年4月10日。

免除其个人过错责任，但仍可以以典型业务经营者未起到提供真实的主叫号码传送为由，追究电信业务经营者的民事责任。

【案例评析】

重视跨国电信诈骗犯罪风险①

一、案情简介

2011 年 8 月底，被告人戴某某、王某某、周某受雇用参加他人组织的针对中国人的电信诈骗团伙，并持旅游签证出境到老挝人民民主共和国，后被安排在位于万象市某村的一栋别墅内从事电信诈骗活动。三人主要负责接听被害人回拨的电话，并按月领取工资及提成。戴某某等实施诈骗行为的方式为：一名男子每天通过互联网向全国各地发送语音包，内容是对方因涉嫌恶意透支信用卡被法院传唤，需要查询详情的就会给转接人工查询，戴某某等三人便冒充法院工作人员接听电话，并按照话术内容告诉对方恶意透支信用卡未还钱涉嫌刑事犯罪，若对方予以否认，便帮助对方将电话转接给二线人员，由二线人员冒充公安局工作人员继续进行诈骗，诱导被害人向指定账户内转账或汇款，从而骗取被害人钱财。同年 9 月 26 日，戴某某等三人在该别墅内被老挝国家警察局抓获，同年 9 月 30 日被移交我国公安机关。

2011 年 8 月底至 9 月初，被告人黄某某等二十九人相继受上述同一雇主雇用参加他人组织的针对中国人的电信诈骗团伙，并持旅游签证出境到老挝人民民主共和国，在位于万象市的一栋别墅内从事电信诈骗活动。黄某某等二十九人主要负责接听被害人回拨的电话，并按月领取工资及提成。诈骗团伙成员冒充公安局、检察院和法院等司法机关工作人员，按照话术要求，接听被害人回拨的电话，虚构被害人的信用卡因购物等被恶意透支的虚假信息，诱使对方向指定账户内转账或汇款，从而骗取被害人钱财。同年 9 月 16 日，该团伙从被害人马某某处成功骗取人民币 41 万元。后经马某某报案，9 月 26 日，黄某某等二十九人在该别墅内被老挝国家警察局抓获，9 月 30 日被移交我国公安机关。

---

① 《最高人民法院通报电信诈骗犯罪典型案例》，载大庆市萨尔图区法院网，http://dqset.hljcourt.gov.cn/public/detail.php?id=21220，最后访问时间：2022 年 9 月 5 日。

二、本案核心问题

上述案件系被告人人数众多的跨国电信诈骗犯罪。被告人利用在国外的便利，通过拨打电话等电信技术手段对不特定多数人实施诈骗。

三、法院裁判要旨

法院经审理认定，戴某某等三十二名被告人以非法占有为目的，利用拨打电话等电信技术手段对不特定多数人实施诈骗，构成诈骗罪；该诈骗团伙冒充公检法工作人员实施的跨国电信诈骗行为不仅损害司法机关声誉，而且严重干扰了广大群众的正常生活，故对三十二名被告人以诈骗罪分别判处二年六个月至六年不等的有期徒刑，并处罚金。

四、专家点评

本案被告人人数众多，诈骗团伙通过在互联网上发布“招聘信息”招揽人手并将其安置在境外，冒充公检法单位工作人员，通过向境内拨打电话的方式，形成严密的话术体系，从而获得被害人信任，诱使被害人向其汇款，达到诈骗钱款的目的。近年来，电信诈骗借助互联网技术的发展，越发呈现出跨地域、团伙作案、难辨认、受害范围广等特点，给人民财产造成了巨大损失，社会危害性极大。法院通过本案的审理给所有参与诈骗的犯罪分子以法律制裁，有效打击了电信诈骗犯罪，为办理跨国类电信诈骗案件积累了宝贵的经验。

第十四条　【非法设备、软件的禁止】 任何单位和个人不得非法制造、买卖、提供或者使用下列设备、软件：

（一）电话卡批量插入设备；

（二）具有改变主叫号码、虚拟拨号、互联网电话违规接入公用电信网络等功能的设备、软件；

（三）批量账号、网络地址自动切换系统，批量接收提供短信验证、语音验证的平台；

（四）其他用于实施电信网络诈骗等违法犯罪的设备、软件。

电信业务经营者、互联网服务提供者应当采取技术措施，及时识别、阻断前款规定的非法设备、软件接入网络，并向公安机关和相关行业主管部门报告。

【条文主旨】

本条是关于禁止非法制造、买卖、提供、使用涉实施电信网络诈骗违法犯罪的设备、软件的规定。

【条文理解】

本条是关于禁止非法制造、买卖、提供、使用涉实施电信网络诈骗违法犯罪的设备、软件的规定。第一款基于源头治理的思路，要求任何单位和个人不得非法制造、买卖、提供或者使用涉电信网络诈骗的设备、软件。第二款基于综合治理的理念，规定了电信业务经营者、互联网服务提供者对于非法设备、软件的识别、阻断、报告的义务，进一步明确了电信业务经营者、互联网服务提供者在打击电信网络诈骗等违法犯罪工作中的责任。具体来讲，关于本条规定的理解，应当注意以下几个问题：

第一，明确了被规制的行为类型。根据本条规定，四类行为被禁止，即非法制造、非法买卖、非法提供、非法使用行为。需要特别强调的，是这里的“非法”二字。对于本条第一款所列举的前三类设备或软件，即“（一）电话卡批量插入功能；（二）具有改变主叫号码、虚拟拨号、互联网电话违规接入公用电信网络等功能的设备、软件；（三）批量账号、网络地址自动切换系统，批量接收提供短信验证、语音验证的平台”，并非制造、买卖、提供、使用就违法，而是必须是在非法的情况下才受本法规制。也就是说，只要有相关部门的授权或者批准，在法律允许的范围内，移动电话卡批量插入设备、虚拟拨号、网络地址自动切换系统等是可以使用的。比如像移动电话卡批量插入设备，也就是我们俗称的“猫池”。这是一种可同时支持多张手机卡的通信设备，用户将手机卡插入卡槽之后，可以通过电脑进行批量操作。可以说，“猫池”类似于一个“多卡多待”的手机。“猫池”广泛应用于大量具有多用户远程联网需求的单位或需要向多用户提供电话拨号联网服务的单位。如邮电局、税务局、海关、银行、证券公司、各类交易所、期货经纪公司、各类信息呼叫中心等，这些机构、单位的使用是正当的、合法。只有当“猫池”被滥用，一些人利用“猫池”可批量操控手机卡的功能，用于诈骗、群发垃圾短信、拨打骚扰电话时，才是非法使用。

第二，厘定被禁止的设备、软件的范围。首先是具有电话卡批量插入功能的设备。具有电话卡批量插入功能的设备，俗称“猫池”。这是一种插上手机卡就可以模拟手机进行收发短信、接打电话、连接上网等功能的电子设备，在正规行业中也有广泛的应用，如邮政、金融、证券以及各类信息呼叫中心等。“猫池”设备可以实现对多张手机卡的集中管理，用户将手机卡插入卡槽之后，可以通过电脑进行批量操作，从而实现自动读取、接发手机短信电话等功能。很多黑灰产业务，都离不开手机号的大量供应，因为手机号可以注册互联网上的大部分账号，可以说手机号是互联网上绝大部分黑灰产账号的基础，成为电信网络诈骗犯罪分子的重要工具。① 可以说，“猫池”是目前很多电信网络诈骗违法犯罪的关键设备，没有它，手机“黑卡”以及由此注册的账号均无法实现批量、自动操控，相关黑灰产业也将难以为继，一定程度上就斩断了电信网络诈骗的犯罪链条。

其次是改变主叫号码、虚拟拨号、互联网电话违规接入公用电信网络等功能的设备、软件。改变主叫号码，俗称“透传”，是部分运营商的中继计费用户利用修改显号功能，使主叫方拨打他人电话时不再按标准显号，实现主叫号码“任意显号”。② 该功能起初由部分运营商向有特殊业务需求的客户进行授权，用于广告宣传、电话调查等，但是在发展过程中却几乎处于无人监管的状态，最终被不法分子利用实施诈骗。近年来，利用“改号软件”实施诈骗的案件愈演愈烈，更有犯罪嫌疑人将号码改成110、119、银行客服电话等特殊号码，令普通群众防不胜防，社会危害巨大。“改号”服务商将号码提供给客户而不对客户使用情况进行有效监管、不对境外网络改号电话进行干预拦截，在一定程度上纵容了电信网络诈骗犯罪。而虚拟拨号、互联网电话违规接入公用电信网络的相关设备，目前常见的主要是GOIP设备。这是网络通信的一种硬件设备，支持手机卡接入，能将传统电话信号转化为网络信号。一台设备可供上百张手机SIM卡同时运作，还可以远程控制异地的SIM卡和GOIP设备拨打电话、收发短信，实现了人与SIM卡的分离，达到隐藏身份、逃避打击的目的。同时，它可以虚拟拨号，能任意切换手机号码拨打受害人电话，公安机关对其反制拦截和信号溯源难度极大，因此逐渐成为诈骗分子的新手段。

再次是批量账号、网络地址自动切换系统，批量接收提供短信验证、

① 高丽琼、邵伟：《“手机黑卡”非法产业链及防控策略探索》，载《上海公安高等专科学校学报》2018年第6期。

② 《警惕利用网络电话“任意显号”功能实施不法行为》，载中国政府网，http：//www.gov.cn/gzdt/2008－11/07/content_1142224.htm，最后访问时间：2022年9月7日。

语音验证的平台。批量账号的自动切换功能，是对非法注册账号进行批量操作的基础功能。行为人通过利用非法获得的身份信息，突破互联网公司的安全防护，有目的地进行账号注册，并在注册之后通过自动化程序工具对这些账号进行“养护”（通过被注册的账号发布动态以避免被封号）、使用，这里的自动化程序工具必然整合了批量账号的自动切换功能。这里规制的是出于违法犯罪目的的非法制造、销售、提供、使用行为。

最后是其他用于实施电信网络诈骗等违法犯罪的设备、软件。这部分的设备软件，因系专门或者主要用于实施电信网络诈骗等违法犯罪，故具有天然的非法性，主要有“伪基站”“黑广播”等。以“伪基站”为例，它是一种实施电信诈骗的高技术仪器，由主机和笔记本电脑或手机组成，可以搜寻以其为中心、一定半径内的手机卡信息，并任意冒用他人手机号码强行向用户手机发送各种诈骗、广告推销等讯息。电信网络诈骗行为人正是利用这种非法的技术手段将虚假信息直接发送给被害人，与被害人产生直接联系，这一技术操作是电信网络诈骗前的重要准备手段。同时，使用这种技术设备还会造成用户手机信号被强行占用而无法连接至公共网络，一般会暂时脱网 8～12 秒才能重新联网，还会造成区域内出现网络拥塞现象，严重扰乱无线电通信秩序。①

第三，明确电信业务经营者、互联网服务提供者对于非法设备、软件的识别、阻断、报告的义务。当前反电信网络诈骗工作实践反映出当前综合治理方面制度措施不够充分，特别是通信、互联网等行业治理存在薄弱环节等问题，需要进一步明确各方责任、义务，完善相关机制制度。本法在制定过程中，坚持系统观念、法治思维，注重源头治理、综合治理，加强了协同联动工作机制的建设，规定由国务院建立打击治理电信网络诈骗工作机制，统筹协调打击治理工作；有关部门应当密切配合，实现跨行业、跨地域协同配合、快速联动。同时，对地方各级人民政府、公安部门、各行业主管部门、各企业等在反电信网络诈骗工作中的职责作出规定。通信、互联网主管部门要落实行业监管主体责任，填补监管漏洞，提升防控能力；电信企业、互联网企业更是反电信网络诈骗工作中不可或缺的重要主体，要坚持服务和安全并重，切实履行社会责任，有效防范相关

---

① 《网络（通讯）骗术又变花样》，载峨边彝族自治县人民政府网站，http：//www. eb. gov. cn/ebyzzzx/ebyjgl/201910/27f89fdd1e5248d98c1d41ca165029fb. shtml，最后访问时间：2022 年 9 月 7 日。

产品、服务被大量用于电信网络诈骗活动。[①] 电信业务经营者、互联网服务提供者应充分利用人工智能、区块链等先进技术手段进行提前防控，为保障全社会应对黑色产业犯罪提供技术支持。通过技术手段检测平台数据异常表现，搭建自动识别平台，感知数据异常时主动发布预警信息的系统指令。要充分发挥企业大数据优势，协助警方进行数据分析、数据调查、数据匹配和线索固定，实现预防黑色产业犯罪前置化，由消极应对转变为积极预防。治理黑色产业需要发挥“组合拳”的作用，充分吸纳社会力量，形成各方参与治理的新态势，实现社会共同治理。治理黑色产业犯罪已逐步成为广大人民群众共同的任务，网络安全是保障国家安全的重要组成部分，需要联合政府部门、科研人员、企业以及广大人民群众的力量。相关企业要积极主动配合公安机关，实现“企业＋公安”的双元治理体系。

【适用指南】

本条的适用，需要注意以下几点：

第一是本条所规制设备、软件应区别两种情形：第一种情形是设备、软件本身非法，即第一款第四项规定的“用于实施电信网络诈骗等违法犯罪的设备、软件”，制造、销售、提供或者使用该类设备软件，即构成违反本条规定；第二种情形是设备、软件本身并非非法，只有在被非法制造、非法销售、非法提供或者非法使用的情况下，才违反本条规定。

第二是违反本条规定的，相应主体的法律责任问题。电信业务经营者、互联网服务提供者除了根据本法及其他相关法律规定，承担相应行政及刑事责任以外，本法还特别规定了应承担民事责任的情形，即本法第三十六条。针对电信业务经营者、互联网服务提供者相应民事责任的规定，将有力促使相关企业积极履行监测、识别、处置职责，也有利于电信网络诈骗受害者通过民事救济途径挽回经济损失。

---

① 陆茜坤：《霹雳手段治顽疾：反电信网络诈骗法草案初审》，载《人民法院报》2021年10月26日。

第三章　金融治理

第十五条　【银行业金融机构、非银行支付机构开户尽职调查制度】银行业金融机构、非银行支付机构为客户开立银行账户、支付账户及提供支付结算服务，和与客户业务关系存续期间，应当建立客户尽职调查制度，依法识别受益所有人，采取相应风险管理措施，防范银行账户、支付账户等被用于电信网络诈骗活动。

【条文主旨】

本条是关于银行业金融机构、非银行支付机构在为客户开立银行账户、支付账户及提供支付结算服务时的尽职调查制度和风险应对机制的规定。

【条文理解】

本条是关于银行业金融机构、非银行支付机构在为客户开立银行账户、支付账户及提供支付结算服务时，应建立客户尽职调查制度和风险应对机制的规定。具体来讲，关于本款规定的理解，应当注意以下几个问题：

第一，本条所规定的主体是银行业金融管理机构与非银行支付机构。根据《中华人民共和国银行业监督管理法》第二条第二款、第三款规定："本法所称银行业金融机构，是指在中华人民共和国境内设立的商业银行、城市信用合作社、农村信用合作社等吸收公众存款的金融机构以及政策性银行。对在中华人民共和国境内设立的金融资产管理公司、信托投资公司、财务公司、金融租赁公司以及经国务院银行业监督管理机构批准设立的其他金融机构的监督管理，适用本法对银行业金融机构监督管理的规定。”与此同时，根据中国人民银行制定的《非金融机构支付服务管理办法》[①]《非银行支付机构网络支付业务管理办法》[②] 等文件规定，非银行支付机构是指依法取得《支付业务许可证》，获准办理互联网支付、移动电话支付、固定电话支付、数字电视支付等支付业务的非银行机构。

第二，本条所规定的尽职调查制度适用的时间为客户开立银行账户、支付账户及提供支付服务时和与客户业务关系存续期间。一方面，在电信网络诈骗行为治理的过程中，对开户环节进行治理时应坚持源头治理理念。在为客户开立银行账户、支付账户时对客户信息等进行尽职调查，有助于深入了解客户身份、风险状况等信息，为后续业务办理提供充分的数据支撑。在网络时代下，应当注意利用大数据技术对开户风险等进行研判，尤其是要注重收集客户的违法犯罪记录信息、信用信息等，避免为电信网络诈骗活动提供可乘之机。另一方面，应当在与客户关系存续期间持续关注并进行客户尽职调查，依法识别受益所有人。具体而言，需要对客户状况及交易情况进行全过程关注，尤其需要甄别客户开户时与开户后的情况变化，以及其交易记录中是否有可疑状况，如是否存在与可疑账户进行交易的情形，并据此判断客户利用账户洗钱的风险。依法识别受益所有人是出于对电信网络诈骗活动所形成的黑灰产业链进行整体打击的需要。在进行充分的风险评估、怀疑有洗钱风险后，应当对相关行为的目标账号、账号背后的主体进行锁定，形成清晰的资金流动脉络，为有效打击电信网络诈骗黑灰产业链打下基础。需要厘清的是，这里采用了“列举＋概括”的形式对开立银行账户、支付账户及提供支付服务进行了规定，意在扩大相关主体的尽职调查范围，敦促银行业金融机构、非银行支付机构积极履行职责，有效参与电信网络诈骗活动的治理。

第三，本款规定的尽职调查制度具体包括三个方面的内容，均为银行业金融机构、非银行支付机构所需承担的义务。

一是识别并核实客户身份。一方面，银行业金融机构、非银行支付机构需要在为客户开立银行账户、支付账户及提供支付服务时识别客户的真实身份。银行业金融机构、非银行支付机构需要采用输入信息识别、人脸

---

① 《非金融机构支付服务管理办法》，载中国政府网，http：//www.gov.cn/zhengce/2016－05/24/content_ 5076138.htm，最后访问时间：2022 年 9 月 6 日。

② 《非银行支付机构网络支付业务管理办法》，载中国政府网，http：//www.gov.cn/gongbao/content/2016/content_ 5061699.htm，最后访问时间：2022 年 9 月 6 日。

识别、指纹识别、关联账户识别等方式，准确识别客户身份。另一方面，银行业金融机构、非银行支付机构在识别客户身份后，还需要对客户身份进行核对，以确定客户的真实身份。具体来说，银行业金融机构、非银行支付机构可以综合运用上述识别方法，以用于身份识别之外的其他识别方法作为核实客户身份的措施。为了保证客户身份识别的准确率，还可以通过一定比例的人工抽检方式进行。

二是了解申请支付工具或支付服务目的和风险状况，此为银行业金融机构、非银行支付机构的风险研判义务。从主客观相统一的层面来看，客户申请开立银行账户、支付账户或获取支付服务目的为判断其是否可能从事电信网络诈骗服务提供了动机材料，而通过客观数据、过往记录等形成的风险评估报告则为判断提供了客观支撑。因此，一方面，应当在申请银行账户、支付账户或支付服务的注册信息中添加目的一栏，要求客户重点填写并加强对该栏的审核。另一方面，应当综合现有的关于该客户的信息，结合客户的申请银行账户、支付账户或支付服务的目的，对账户风险进行综合、量化判断，只有结果为低风险才准予开户或者提供支付服务。

三是持续审查并进行风险防范。在对客户的身份进行核实，并对申请支付工具或支付服务目的、风险状况进行研判后，银行业金融机构、非银行支付机构应当根据风险状况与风险级别，采取相应的风险管理措施予以应对。银行业金融机构、非银行支付机构应当对客户风险进行全面分析，梳理造成风险的原因。对于风险系数高的客户，应当拒绝为其提供开户或其他支付服务，待其整改自身违法、违约行为，降低风险级别后，再予以开立银行账户、支付账户或提供支付服务。对于风险系数为中等的客户，应当通过补强材料等方式提高开户门槛或者通过限制功能等方式避免发生不利后果。在注册环节之后，应当对客户情况进行持续审查，当发现相关主体有涉嫌参与电信网络诈骗活动的风险时，需要全面、深入地对风险产生的原因进行分析，构建完善的风险预警机制。风险管理措施的设置，则需要根据风险状况、尽职调查结果来进行，应当采取具体问题具体分析的策略，设置强有力的、个别化的风险管理措施。

【适用指南】

对该条规定的具体适用，实践中应当注意本条可能触犯帮助信息网络犯罪活动罪和相关犯罪的共犯之间关系的问题。《中华人民共和国刑法修正案（九）》增设了帮助信息网络犯罪活动罪，关于该罪与相关犯罪共犯之间关系的问题，理论上存在争议，一种观点认为该罪是预防性刑法观在网络犯罪治理领域的体现，是帮助犯正犯化的表现；另一种观点认为该罪并没有将帮助犯正犯化，只是为帮助犯设立了单独的法定刑，属于量刑规则。[①] 应当认为，帮助犯正犯化的观点更具合理性，理由在于以下两个方面，一方面，帮助犯正犯化的观点体现了本罪增设的理念，即预防性刑法观，意指在网络犯罪治理时应当采取前置化的思维，实现源头治理，以预防风险。另一方面，本罪不仅规定了独立的法定刑，也设立了单独的罪状和构成要件，本罪的构成要件是独立的，并不能为其他犯罪构成要件所包括，换言之，本罪的定罪、量刑均具有独立性，并非单纯的量刑规则，应当视为帮助犯正犯化。

【相关规定】

《中华人民共和国刑法》第一百六十八条、第一百七十七条、第一百八十六条、第一百八十八条、第一百八十九条、第一百九十一条、第二百八十六条、第二百八十七条、第三百一十二条、第三百九十七条、第四百一十七条；《最高人民法院、最高人民检察院、公安部关于办理电信网络诈骗等刑事案件适用法律若干问题的意见》[②] 第三条第八款、第四条第三款；《最高人民法院、最高人民检察院、公安部关于办理电信网络诈骗等刑事案件适用法律若干问题的意见（二）》[③] 第二条、第七条、第八条、第九条。

---

① 张明楷：《论帮助信息网络犯罪活动罪》，载《政治与法律》2016 年第 2 期。

② 《最高人民法院、最高人民检察院、公安部关于办理电信网络诈骗等刑事案件适用法律若干问题的意见》，载最高人民检察院网站，https：//www. spp. gov. cn/gjgb/201711/t20171124_ 205410. shtml，最后访问时间：2022 年 9 月 6 日。

③ 《最高人民法院、最高人民检察院、公安部关于办理电信网络诈骗等刑事案件适用法律若干问题的意见（二）》，载最高人民检察院网站，https：//www. spp. gov. cn/spp/xwfbh/wsfbt/202106/t20210622_ 522041. shtml#1，最后访问时间：2022 年 9 月 6 日。

第十六条　【异常开户与跨机构开户数量核验和风险共享机制】开立银行账户、支付账户不得超出国家有关规定限制的数量。

对经识别存在异常开户情形的，银行业金融机构、非银行支付机构有权加强核查或者拒绝开户。

中国人民银行、国务院银行业监督管理机构组织有关清算机构建立跨机构开户数量核验机制和风险信息共享机制，并为客户提供查询名下银行账户、支付账户的便捷渠道。银行业金融机构、非银行支付机构应当按照国家有关规定提供开户情况和有关风险信息。相关信息不得用于反电信网络诈骗以外的其他用途。

【条文主旨】

本条是关于异常开户情形，银行业金融机构、非银行支付机构异常开户管理措施，以及跨机构开户数量核验和风险共享机制的规定。

【条文理解】

本条共分为三款。第一款是对异常开户情形的规定。本款所规定的异常开户，是指超过国家有关规定限制的数量开立银行账户、支付账户的行为。在此需要注意两点，一是异常开户的标准是开立银行账户、支付账户的数量，具体要参照其他法律法规的规定。开立账户的数量与行为人开立账户的用途息息相关，国家根据市场情况规定了开立账户的合理数量，为开立账户的行为制定了严格的规范。例如，《人民币银行结算账户管理办法》第四条规定，单位银行结算账户的存款人只能在银行开立一个基本存款账户。[①] 又如，《跨国公司跨境资金集中运营管理规定》第二十八条规定，国内资金主账户可以是多币种（含人民币）账户，开户数量不予限

---

① 《人民币银行结算账户管理办法》，载中国政府网，http：//www. gov. cn/govweb/gongbao/content/2003/content_ 62368. htm，最后访问时间：2022 年 9 月 17 日。

制，但应符合审慎监管要求。① 再如，中国证券监督管理委员会在《首发业务若干问题解答》也明确指出，保荐机构和申报会计师在资金流水核查中，应结合重要性原则和支持核查结论需要，重点核查报告期内是否存在发行人银行开户数量等与业务需要不符的情况。② 当行为人开立银行账户、支付账户的数量超过规定数量时，银行业金融机构、非银行支付机构可将其识别为异常开户行为，对其适用加强核查或者拒绝开户的措施。在此期间，应当对行为人、行为人账户进行监测，准确评估风险。

第二款是关于银行业金融机构、非银行支付机构异常开户管理措施的规定。根据本款规定，银行业金融机构、非银行支付机构对异常开户情形具有准确识别、妥当处理的义务。具体来讲，关于本款规定的理解，应当注意以下几个问题：

第一，对经识别存在异常开户情形的，银行业金融机构、非银行支付机构有权加强核查或者拒绝开户。这是关于对异常开户情形进行处理的规定，需要注意两点。一是条文中规定的“有权”，代表法律赋予银行业金融机构、非银行支付机构权力应对异常开户的情形，是权力宣示条款，不代表对异常开户情形就必须采取加强核查或者拒绝开户的措施。二是条文中规定了银行业金融机构、非银行支付机构可以采取加强核查或者拒绝开户的措施，似乎代表两种措施可以择一适用。但在实践中，为了促进社会主义市场经济有序发展，除非存在特殊异常情形，如行为人存在申请开立银行账户、支付账户数量巨大、信用不良、曾有相关违法犯罪记录等情况，否则不宜直接采取拒绝开户的措施。对此，应当优先采取加强核查的措施，在此期间，应当要求行为人说明理由，并对该理由进行严格审核，符合开户要求的，应当予以办理，不符合开户要求的，应当拒绝开户。

该条第三款是关于跨机构开户数量核验和风险共享机制的规定。根据本款规定，中国人民银行、国务院银行业监督管理机构组织有关清算机构建立跨机构开户数量核验机制和风险共享机制。对此，应当注意以下几点：

其一，本款规定的主体是中国人民银行、国务院银行业监督管理机构，即对跨机构开户数量核验机制和风险共享机制的主管部门、牵头部门

---

① 《跨国公司跨境资金集中运营管理规定》，载国家外汇管理局网站，https：//www.safe.gov.cn/safe/2019/0318/12717.html，最后访问时间：2022 年 9 月 17 日。

② 《首发业务若干问题解答》，载中国证券监督管理委员会网站，http：//www.csrc.gov.cn/csrc/c100107/c1447185/content.shtml，最后访问时间：2022 年 9 月 17 日。

进行了规定。电信网络诈骗违法犯罪涉及的不仅是银行业金融机构、非银行支付机构，还涉及公安部门、网信部门等诸多机构，倘若没有构建有效的协同管理机制，难免会出现“多头管理”的情况，影响打击效能。在大数据时代，各部门、机构都掌握着部分电信网络诈骗违法犯罪的数据。在此前提下，数据共享是提高电信网络诈骗违法犯罪治理水平，推动国家治理体系和治理能力现代化的有效举措。一方面，各部门应当畅通数据共享的渠道，通过选派联络员、设立议事机构等方式，对数据进行日常共享。另一方面，应当设计数据共享的程序，对数据收集、数据使用、数据保存、数据消除等多环节的审批权力进行细化，确保数据在合理合法的状态下运行，防止数据泄露等情况，保障数据利益人的合法权益。

其二，本款规定的跨机构机制包括开户数量核验机制和风险共享机制。风险防范职责并不是单一部门足以承担的，而是应当多部门协作予以应对。具体到本条规定中，开户核验机制与前款的异常开户情形识别、处理规定相对应。本款规定的跨机构开户数量核验机制和风险信息共享机制的参与机构包括清算机构、银行业金融机构、非银行支付机构，但不限于此，如公安部门、工商部门，以及网信部门等都有可能参与该机制的构建中。清算机构在其中起到的是组织者的作用，旨在为客户提供查询名下银行账户、支付账户的便捷渠道。

银行业金融机构、非银行支付机构则应当按照国家有关规定提供开户情况和有关风险信息。银行业金融机构、非银行支付机构在初步认定行为人可能存在异常开户或者其他具有风险的情形时，假如通过自身掌握数据难以对异常情况进行核验的，则需要通过跨机构开户数量核验机制，通过数据共享、核验协同的形式进行认定。

此外，银行业金融机构、非银行支付机构需要将自身收集的开户情况和有关风险信息进行提供，以完善跨机构风险共享机制。此处的跨机构风险共享机制主要包括风险预警、风险预防以及风险应对三个层面的内容。具体而言，首先，当某一机构检测到可能出现电信网络诈骗风险时，应当及时预警，并将相关信息进行共享。其次，在风险信息共享之后，多部门应当对风险信息进行研判，共同制定风险预防策略。最后，各部门应当分工协作，将共同制定的风险预防策略落实，避免风险转化为现实损害。

其三，通过跨机构开户数量核验机制和风险信息共享机制获得的相关信息不得用于反电信网络诈骗以外的其他用途。这是基于相关机构依法履行职责和用户个人信息保护的需要。一方面，相关机构履行开户数量核验和风险信息共享等职责时，应当以法律所规定的目的、手段，以及限度为限，不得滥用权力处理用户的个人信息，侵害用户的合法权益。尤其要注意的是，这里的用途需要严格限定为反电信网络诈骗活动。另一方面，在网络时代，用户兼有客户和弱势方的身份，应当采取相关措施加强对用户个人信息的保护，使本法与个人信息保护法有效衔接。

【适用指南】

对该条规定的具体适用，实践中应当注意的问题是：

第一，关于异常开户情形的认定标准问题。根据本条的规定，异常开户是指违背国家规定，超过规定数量开立银行账户或者支付账户的情形。在实践中，对于超过规定数量开立银行账户或者支付账户的行为，毋庸置疑可以认定为异常开户。但对于未超过规定数量进行开户行为性质的认定，要以行为人开立账户的数量为主要标准，但不能落入唯数量论的窠臼。这需要从以下两个方面进行分析，一方面，行为人开立银行账户或者支付账户的数量一定程度上与资金流量、资金流出地数量、资金流动频率等呈正相关，当行为人难以以合理理由解释其开户原因时，应当认定其存在异常开户情形。另一方面，认定行为人是否存在异常开户情形时，不能单纯依靠开户数量进行判断，这是由实践中错综复杂的情节决定的。在实践中，异常开户的情形并不只有超数量开户这一种，包括频繁开户、密集开户、异地开户，以及异行开户等多种情形，应当综合分析，做出判断。

第二，关于跨机构开户数量核验和风险共享机制的构建问题。本条虽然规定了应当构建跨机构开户核验和风险共享机制，但规定比较概括。应当认为，构建跨机构开户数量核验和风险共享机制应当从以下三个方面着力，一是充分发挥中国人民银行、国务院银行业监督管理机构的牵头作用，在部门协作的过程中，需要使各部门积极参与。其中，牵头部门的协调工作是关键。本条明文规定了中国人民银行、国务院银行业监督管理机构为跨架构开户数量核验和风险共享机制的牵头部门，该两部门需要充分发挥主观能动性，与其他部门积极联络，开拓跨机构协作的良好局面。二是建立多部门协同的议事机构和一站式服务平台，多部门协作需要搭建合作的桥梁，而议事机构则是适合的方案，应当从多部门选派分管领导与具体办公人员作为议事机构成员。在此前提下，各部门代表一方面可以提供自身享有的数据，经程序开放权限，另一方面可以对讨论事项进行表态，与此同时，应当建立一站式服务平台，避免个人、企业在进行开户时，遭遇过于繁琐的核验程序，不当降低民商事活动的效率。三是应当通过签订备忘录的形式，将开户核验程序、风险现状，以及风险控制措施等进行记载，并依法公开相关信息，以保障社会大众的知情权。

【相关规定】

《中华人民共和国刑法》第一百六十八条、第一百九十一条、第二百八十六条、第二百八十七条、第三百一十二条、第三百九十七条、第四百一十七条；《最高人民法院、最高人民检察院、公安部关于办理电信网络诈骗等刑事案件适用法律若干问题的意见》第三条第八款、第四条第三款；《最高人民法院、最高人民检察院、公安部关于办理电信网络诈骗等刑事案件适用法律若干问题的意见（二）》第二条、第七条、第八条、第九条、第十一条。

【案例评析】

为异常开户提供帮助触犯帮助信息网络犯罪活动罪①

一、案情简介

2021 年 3 月，某银行内部系统预警，有两家公司的账户近千万元的资金频繁快进快出，却未见客户反馈账户异常，而负责运营的银行工作人员也无法联系公司法人及财务及时对账，为避免风险，银行方面立即止付相关账户。经排查系统又发现多个雷同账户——办公地址高度雷同、注册名生僻、经营业务相似但申请法人的资质却不太符合开户条件，而这些账户的经办人都是同一名客户经理顾某……同时期的其他几家银行也出现单位账户未及时对账、法人失联等现象，排查核实后发现开办这些账户的介绍人都是朱某和季某，银行方面快速反应，立即止付并冻结相关账户。

与此同时，公安机关在侦办张某某贩卖银行卡一案中，顺藤摸瓜，发现其上线中介人王某、银行开户介绍人朱某、季某等人串通作案，四处收购身份证，以虚假的身份、申请材料及办公场所，诈欺银行实地核查流程，注册、买卖对公账户转手获利。在委托银行协助调查时，牵出顾某这一银行“内鬼”，任职客户经理的顾某在老同学朱某的介绍下帮助朱某等人处理申请人开户资质审核困难，几处疑点多线汇合，民警了然，这起

---

① 《用对公账户帮诈骗犯走流水 1 亿元，银行“内鬼”被判刑！检察官建议……》，载光明网，https：//m. gmw. cn/baijia/2021－12/10/1302715621. html，最后访问时间：2022 年 9 月 6 日。

“里应外合”的帮助信息网络犯罪团伙相继被抓。

经查，2020年11月至2021年4月，犯罪嫌疑人朱某、季某在明知他人开立对公账户可能会用于收购、出租、出售的情况下，为牟取不法利益，拉拢、哄骗银行工作人员顾某等人，为不符合条件的个人开通对公账户，促成非法交易，致使多套虚假对公账户流入他人手中并被用于犯罪。经查证，涉案14套对公账户帮助支付结算诈骗犯罪金额2000余万元，总流水1亿余元。朱某从中获利3万余元，季某获利1万余元，银行工作人员顾某获利2万元。

二、本案核心问题

被告人是否构成帮助信息网络犯罪活动罪，该如何进行处理?

三、法院裁判要旨

法院最终以帮助信息网络犯罪活动罪判处朱某等人有期徒刑一年六个月至六个月不等，并处罚金四万元至二千元不等；以帮助信息网络犯罪活动罪判处顾某有期徒刑六个月，并处罚金五千元。对顾某依法宣告职业禁止，禁止刑罚执行完毕三年内从事银行工作。

四、专家评析

根据我国刑法第二百八十七条之二的规定：“明知他人利用信息网络实施犯罪，为其犯罪提供互联网接入、服务器托管、网络存储、通讯传输等技术支持，或者提供广告推广、支付结算等帮助，情节严重的，处三年以下有期徒刑或者拘役，并处或者单处罚金。单位犯前款罪的，对单位判处罚金，并对其直接负责的主管人员和其他直接责任人员，依照第一款的规定处罚。有前两款行为，同时构成其他犯罪的，依照处罚较重的规定定罪处罚。”在本案中，银行工作人员顾某利用自身职务便利，在老同学朱某的介绍下，帮助朱某等人处理申请人开户资质审核困难，已经符合帮助信息网络犯罪活动罪的构成要件。具体而言，从犯罪客体层面来看，顾某没有充分履行开户核验、风险防控的义务，违背了银行业金融机构的管理秩序，侵害了社会管理秩序，符合本罪客体要件；从犯罪客观方面层面来看，顾某的行为实质上起到了为贩卖银行卡、诈骗等违法犯罪行为提供帮助的作用，属于明知他人利用信息网络实施犯罪，为其提供帮助的情形，而且最终“涉案14套对公账户帮助支付结算诈骗犯罪金额2000余万元，总流水1亿余元。朱某从中获利3万余元，季某获利1万余元，银行工作人员顾某获利2万元”的结果符合情节严重的要求，故而顾某的行为符合本罪的客观方面要件；从犯罪主体层面来说，顾某已满十六周岁，不存在患有精神疾病等特殊情形，辨认能力和控制能力正常，犯罪主体适格，符合本罪的主体要件；从犯罪主观方面来说，顾某明知张某等人利用信息网络实施犯罪，依旧为其解决银行开户问题，属于明知自己的行为会发生危害社会的结果，并且希望或者放任这种结果发生的情形，符合本罪的主观方面要件。综上所述，顾某的行为齐备帮助信息网络犯罪活动罪的构成要件，以帮助信息网络犯罪活动罪对其进行评价定罪科学。

从量刑结果来看，法院对顾某判处有期徒刑六个月，并处罚金五千元。一方面，本罪属于典型的帮助行为正犯化情形，是以预防性刑法观在网络犯罪治理领域的体现，原本对于其他信息网络犯罪的帮助犯，属于从犯，应当从轻、减轻或者免除处罚，而当帮助行为正犯化后，就应当适用本罪的法定刑，不再适用刑法总则关于从犯的规定。另一方面，本罪一定程度上侵犯了社会主义市场经济秩序，且诈骗行为主要侵害的是财产法益，故而本罪具有经济性、贪利性犯罪的属性，对犯罪人适用罚金这一财产刑是全面评价本罪侵犯法益，充分发挥刑事责任承担机制效果的体现。此外，应当注意到，本案中法院对顾某判处了“职业禁止”措施，依据是刑法第三十七条之一的规定，即“因利用职业便利实施犯罪，或者实施违背职业要求的特定义务的犯罪被判处刑罚的，人民法院可以根据犯罪情况和预防再犯罪的需要，禁止其自刑罚执行完毕之日或者假释之日起从事相关职业，期限为三年至五年……”本案中，顾某作为银行工作人员，利用职业便利、违背职业要求，实施了帮助信息网络犯罪活动的行为，对其适用职业禁止的规定，有助于防止其再次利用专业优势、职业便利实施犯罪，同时也保障了银行队伍的纯净性。

第十七条　【企业账户异常情形风险防控机制与监督检查职责】银行业金融机构、非银行支付机构应当建立开立企业账户异常情形的风险防控机制。金融、电信、市场监管、税务等有关部门建立开立企业账户相关信息共享查询系统，提供联网核查服务。

市场主体登记机关应当依法对企业实名登记履行身份信息核验职责；依照规定对登记事项进行监督检查，对可能存在虚假登记、涉诈异常的企业重点监督检查，依法撤销登记的，依照前款的规定及时共享信息；为银行业金融机构、非银行支付机构进行客户尽职调查和依法识别受益所有人提供便利。

【条文主旨】

本条是关于银行业金融机构、非银行支付机构企业账户异常情形风险防控机制及市场主体登记机关监督检查职责的规定。

【条文理解】

本条共分为两款。第一款是关于银行业金融机构、非银行支付机构企业账户异常情形风险防控机制的规定，要求银行业金融机构、非银行支付机构建立开立企业账户异常情形的风险防控机制，并要求其他主管部门开立企业账户相关信息共享查询系统，提供联网核查服务。具体来讲，关于本款规定的理解，应当注意以下两个问题：

第一，本款所规定的异常情形风险防控机制是针对企业账户而非个人账户。相较于个人账户，企业账户资金流动量大、涉及利益人多、影响深远广泛，应当给予更多重视。因此，银行业金融机构、非银行支付机构应当建立企业账户异常情形的风险防控机制，以应对企业账户异常可能带来的风险。在此，条文对企业账户异常情形风险防控机制的规定比较概括，需要结合其他法律法规、实践通行做法、市场运行情况进行构建。具体而言，企业账户异常情形风险防控机制应当由风险预防和风险控制两个部分组成。就风险预防而言，需要分为风险预警和风险防范两部分，对前者应当结合大数据手段设定风险参数，对超过临界值的账户，予以警示亮码，对后者应当通过持续动态监测、异常原因分析、异常因素消解等方式予以预防，防止风险扩散。

第二，与电信网络诈骗行为治理的有关主管机关应当通力协作、共享信息，打造信息共享查询系统。具体而言，金融、通信、市场监管、税务等有关主管部门建立开立企业账户相关信息共享查询系统，提供联网核查服务。就信息共享主体而言，条文对信息共享的主体采用的是"列举＋概括"的方式进行规定，对于已经列举出的主体，即金融部门、通信部门、市场监管部门、税务部门是信息共享的当然主体，应当按照规定参与构建企业账户相关信息共享查询系统。对于本条未曾直接列出但可能持有企业相关账户信息的部门，也应当将其持有的信息录入企业账户相关信息共享查询系统，即此处主体的认定采取的是是否持有"企业账户相关信息"的标准。

就相关部门在企业账户异常情形风险防控机制中的作用而言，主要在于两个方面，一方面，相关部门应当秉持信息共享、综合治理的理念，打造企业账户相关信息共享查询系统，并提供畅通的查询渠道。另一方面，参与构建企业账户相关信息共享查询系统的部门应当提供联网核查服务，联网核查服务的对象不仅是参与构建企业账户相关信息共享查询系统的部门，还包括社会公众，尤其是投资人。在提供联网核查服务时，相关部门对不影响国家、企业、个人利益的信息，应当进行公示，供其他部门、个人查询，以便甄别风险、及时查证。

本条第二款是关于市场主体登记机关监督检查职责的内容。具体包括实名登记、身份核验、监督检查登记事项、信息共享以及为相关主体提供便利等。具体如下：

其一，市场主体登记机关应当对企业实名登记履行身份核验职责。这规定了市场主体登记机关的身份核验职责，企业登记是其进入市场的必备条件，由市场主体登记机关进行管理。一方面，企业登记信息正确与否影响着后续法律行为的效力及法律后果的演化，作为这一环节的主管部门，市场主体登记机关应当把好入口关，在登记时对企业身份进行仔细核验，尤其是要核验企业的名称、出资情况、经营范围等。另一方面，对于企业变更登记内容的，市场主体登记机关也应当对变更的内容进行仔细审核，将变更的信息及时通报给相关部门并向社会公众进行公示。

其二，市场主体登记机关应当依照规定对登记事项进行监督检查，确定重点监督检查的对象，对依法撤销登记的，需要及时共享信息。在反诈工作中，市场主体登记机关的身份信息核验职责应当是全面而重点突出的。一是市场主体登记机关应当依照规定对所有企业进行身份信息核验。企业身份信息登记是其参与正常市场经营的基础，也是国家对其进行有效管理的重要依据。因此，市场主体登记机关应当秉持全面核查的原则，认真履行监督检查职责。二是市场主体登记机关应当确定重点监督检查对象，即可能存在虚假登记、涉诈异常的企业。市场主体登记机关在履行身份信息核验职责时，要在全面监督的基础上，注意资源的分配，集中资源审查异常企业。这里的“可能存在虚假登记”和“涉诈异常”应当通过企业实名登记的情况、企业及其主要负责人的日常经营情况，尤其是是否存在诈骗前科等情况进行综合判断。三是市场主体登记机关对依法撤销登记的企业，应当及时共享信息。市场主体登记机关应当将其依法撤销登记的企业情况进行公开，为反诈行动提供数据基础。由于电信网络诈骗案件的线索时效性较强，这种信息公开应当秉持及时性的原则。需要注意的是，市场主体登记机关在履行身份核验职责时应当依照法律法规的规定，不得对企业行为进行过多的限制，以免损伤市场活力。

其三，市场主体登记机关的身份核验行为应当为银行业金融机构、非银行支付机构进行客户尽职调查和依法识别受益所有人提供便利。这规定了市场主体登记机关身份核验职责的目的，即为银行业金融机构、非银行支付机构进行客户尽职调查和依法识别受益所有人提供便利。在网络时代下，虽然数据共享机制已趋于成熟，但由于网络违法犯罪治理是一项系统工程，尤其是电信网络诈骗案件的处理，涉及社会生活的方方面面，单靠银行业金融机构、非银行支付机构是难以解决的。因此，这是电信网络诈骗违法犯罪协同治理机制的重要组成部分。具体而言，市场主体登记机关掌握着企业的基本信息，包括初始登记信息、变更登记信息、日常经营状况、是否存在违规、违法记录等，这些可以为银行业金融机构、非银行支付机构进行客户尽职调查提供充分的信息，并可将相关信息进行核实、比对，识别并确定受益所有人，预判可能出现的风险并寻找治理方案。除了提供信息之外，在异常企业管理方面，市场主体登记机关由于长期从事企业监管工作，有着丰富的规制经验和有效的规制手段，也可以为银行业金融机构、非银行支付机构提供便利。

【适用指南】

对本条规定的具体适用，实践中应当注意的问题是：

第一，关于违反本条文可能构成何种犯罪的问题。在电信网络诈骗违法犯罪治理过程中，对于企业账户，银行业金融机构、非银行支付机构、市场监管部门等机关工作人员故意不履行身份核验、信息共享、风险防控等义务的，致使公共财产、国家和人民利益遭受重大损失的，可能构成刑法第三百九十七条所规定的滥用职权罪或第一百六十八条所规定的国有公司、企业、事业单位人员滥用职权罪。倘若行为人没有持故意心态而是过失，则可能构成刑法第三百九十七条所规定的玩忽职守罪或第一百六十八条所规定的国有公司、企业、事业单位人员失职罪。相关工作人员还可能触独刑法第一百九十一条所规定的洗钱罪、第二百八十六条之一所规定的拒不履行信息网络安全管理义务罪、第二百八十七条之二所规定的帮助信息网络犯罪活动罪、第三百一十二条所规定的掩饰、隐瞒犯罪所得、犯罪所得收益罪以及第四百一十七条所规定的帮助犯罪分子逃避处罚罪。

第二，关于构成犯罪标准问题。触犯本条规定的，情节较轻的，以行政处罚或者行政处分的方式处理即可，具备严重社会危害性、触犯刑法的，应当将其作为犯罪，适用刑法进行处理。在认定本罪时，需要考虑到企业账户的特点，即涉及资金的数量大。因此，一方面，需要相较于犯罪对象为个人账户的犯罪设置更高的入罪数额，以坚持罪责刑相适应原则。另一方面，不宜设置唯数额论的单一构罪标准，而是应当构建以数额为基础的多元构罪标准，以达到科学定罪、妥当处罚的目的。

【相关规定】

《中华人民共和国刑法》第一百六十八条、第一百九十一条、第二百八十六条、第二百八十七条、第三百一十二条、第三百九十七条、第四百一十七条；《最高人民法院、最高人民检察院、公安部关于办理电信网络诈骗等刑事案件适用法律若干问题的意见》第三条第八款、第四条第三款；《最高人民法院、最高人民检察院、公安部关于办理电信网络诈骗等刑事案件适用法律若干问题的意见（二）》第二条、第七条、第八条、第九条、第十一条。

第十八条　【银行业金融机构、非银行支付机构防范措施】银行业金融机构、非银行支付机构应当对银行账户、支付账户及支付结算服务加强监测，建立完善符合电信网络诈骗活动特征的异常账户和可疑交易监测机制。

中国人民银行统筹建立跨银行业金融机构、非银行支付机构的反洗钱统一监测系统，会同国务院公安部门完善与电信网络诈骗犯罪资金流转特点相适应的反洗钱可疑交易报告制度。

对监测识别的异常账户和可疑交易，银行业金融机构、非银行支付机构应当根据风险情况，采取核实交易情况、重新核验身份、延迟支付结算、限制或者中止有关业务等必要的防范措施。

银行业金融机构、非银行支付机构依照第一款规定开展异常账户和可疑交易监测时，可以收集异常客户互联网协议地址、网卡地址、支付受理终端信息等必要的交易信息、设备位置信息。上述信息未经客户授权，不得用于反电信网络诈骗以外的其他用途。

【条文主旨】

本条是关于银行业金融机构、非银行支付机构加强自身金融监管、异常监测、洗钱报告等防范措施的规定。

【条文理解】

本条共分为四款。第一款是银行业金融机构、非银行金融机构加强对电信网络诈骗活动的监测，建立健全异常账户和可疑交易监测机制的义务性规定。具体来讲，关于本款规定的理解，应当注意以下几个问题：

第一，应当明确银行业金融机构的类别。根据《中华人民共和国银行业监督管理法》第二条第二款规定，银行业金融机构是指在中华人民共和国境内设立的商业银行、城市信用合作社、农村信用合作社等吸收公众存款的金融机构以及政策性银行。结合法秩序统一原则来看，本法中所提到的银行业金融机构应与《中华人民共和国银行业监督管理法》中银行业金融机构的概念相同。根据通说理解，非银行支付机构是指在中华人民共和国境内依法设立并取得支付业务许可证，从事部分或者全部支付业务的有限责任公司或者股份有限公司，其业务类型主要包括储值账户运营和支付交易处理。其中，储值账户运营是指通过开立支付账户或者提供预付价值，根据收款人或者付款人提交的电子支付指令，转移货币资金的行为（法人机构发行且仅在其内部使用的预付价值除外）。支付交易处理是指在不开立支付账户或者不提供预付价值的情况下，根据收款人或者付款人提交的电子支付指令，转移货币资金的行为。

第二，建立健全涉电信网络诈骗特征的异常账户监测模型。异常账户是指资金流动的时间、地点、频率、流向、净额等与普通账户不同的账户。一般而言，资金账户的交易流水在交易时间、频率、金额、流向等方面具有规律性和稳定性。但涉及电信诈骗的账户，其收付款的时间、地点、频率等与普通账户存在差异，其交易性质的特殊性导致了账户交易流水异常。所谓异常账户监测模型，是通过实时或定期采集支付系统交易数据并管理账户系统相关字段，开展基于大数据技术的账户监测分析，通过选取参数，设置合理阈值，准确监测到可疑账户并预警提示。[①] 实践中，异常账户监测模型应当包括以下两个方面：其一，基于账户系统的异常监

① 周猛：《基于大数据的账户风险监测模型研究》，载《吉林金融研究》2020 年第 8 期。

测。从绑定账户数量验证交易数量、频率、时间等多个方面进行监测，根据账户名称、个人账户绑定验证有关数据分析，在一定程度上，能够避免银行卡、支付账户买卖情况的出现。其二，基于支付系统的异常监测。基于支付系统交易数据的监测，主要从账户资金交易的资金来源、金额、性质、频率、流向等方面监测异常。实践中，基于账户资金交易判断的异常可能包括：同一账户资金交易频繁，日交易笔数大于25笔；同一账户交易金额巨大，如日交易金额累计超过千万元；资金集中转入，分散转出或分散转入，集中转出；资金快进快出；个人账户跨地区交易频繁；本外币账户之间交易流动频繁；同一个人账户大量、频繁收到不同单位付款；同一单位账户大量、频繁收到不同个人付款；个人转单位或单位转个人定期、大金额资金；户名相对固定，但收款账号经常变更。①

结合中国人民银行发布的《金融机构大额交易和可疑交易报告管理办法》② 来看，银行业金融机构、非银行支付机构应当对通过交易监测标准筛选出的异常账户进行人工分析、识别，并记录分析过程；不作为可疑交易报告的，应当记录分析排除的合理理由；确认为可疑交易的，应当在可疑交易报告理由中完整记录对客户身份特征、交易特征或行为特征的分析过程。在确认为可疑交易后，及时以电子方式提交可疑交易报告。

第三，建立跨银行业金融机构和非银行支付机构的反洗钱统一交易监测系统。可疑交易与异常账户相伴相生。《金融机构大额交易和可疑交易报告管理办法》第十二条提到，金融机构应当制定本机构的交易监测标准并对其有效性负责，交易监测标准包括但不限于资金的来源、金额、频率、流向、性质等存在异常的情况。应认为，金融机构在制定交易本机构交易监测标准时应当重点考虑以下几个方面：第一，资金流量。结合规定来看，可疑交易的资金流量一般是：（1）当日单笔或者累计交易人民币5万元以上（含5万元）、外币等值1万美元以上（含1万美元）的现金缴存、现金支取、现金结售汇、现钞兑换、现金汇款、现金票据解付及其他形式的现金收支。（2）非自然人客户银行账户与其他的银行账户发生当日单笔或者累计交易人民币200万元以上（含200万元）、外币等值20万美元以上（含20万美元）的款项划转。（3）自然人客户银行账户与其他的

① 周猛：《基于大数据的账户风险监测模型研究》，载《吉林金融研究》2020年第8期。

② 《金融机构大额交易和可疑交易报告管理办法》，载中国人民银行网站，http：//www. pbc. gov. cn/tiaofasi/144941/144957/3631415/2018091916273063902. pdf，最后访问时间：2022年9月5日。

银行账户发生当日单笔或者累计交易人民币 50 万元以上（含 50 万元）、外币等值 10 万美元以上（含 10 万美元）的境内款项划转。（4）自然人客户银行账户与其他的银行账户发生当日单笔或者累计交易人民币 20 万元以上（含 20 万元）、外币等值 1 万美元以上（含 1 万美元）的跨境款项划转。① 对于出现大额资金流量异常的账户，金融机构应当着重观察，发现异常及时出具可疑报告。第二，资金异常流动强度。资金异常流动强度主要是指资金在流转过程中所表现出与正常资金流动不同的流速特征。对于资金异常流动应当关注资金流量的变化率以及交易次数的变化率。资金流量变化率是指账户资金流量与平常资金流量相比产生的差异。[此处可以采用（月账户资金流量 - 上月账户资金流量）/上月资金账户流量]，所产生的数额即能反映该账户的资金流量变化率。资金流量变化率出现异常往往表现为与该账户平常的资金流量水平相比，某一时期资金原因不明的突然增大流量，出现爆发型资金流动，此时该账户需要予以重点关注。账户交易次数变化率是指与账户资金流动次数与平常资金流动次数的差异。资金交易次数变化异常是指某账户节点资金流动加快，与以往相比资金流速明显增加，出现频繁型资金流动。对于出现爆发型资金流动和频繁型资金流动的账户，金融机构应当重点关注，及时报告。第三，与经营业务明显不符的资金流。企业、个人账户的规模、资金流动特点能够反映出企业的性质。若某企业在实践当中出现明显不符合该企业账户的性质特点，则可以对该企业的合法性提出疑问，并将其列为可疑交易甄别范围内。②

本条第二款是建立跨银行业金融机构、非银行支付机构的反洗钱统一监测系统和反洗钱可疑交易报告制度的义务性规定。可疑交易汇报是指银行业金融机构，非银行支付机构对资金流转进行监测时，一经发现可能涉及电信网络诈骗犯罪的账户应即刻报告的制度。当可疑交易涉及电信网络诈骗犯罪时，银行业金融机构、非银行支付机构应当及时向中国反洗钱监测中心提交可疑交易报告并向其所在地中国人民银行或其分支机构报告，并配合反洗钱调查。电信网络诈骗较之传统诈骗，在资金的流转方向、落地特征两个方面有较大不同。在当前互联网络技术飞速发展的背景下，互联网金融支付、兑换构成的“无现金社会”中，电信诈骗有了新的形态。

---

① 参见《金融机构大额交易和可疑交易报告管理办法》第五条，载中国人民银行网站 http：//www. pbc. gov. cn/tiaofasi/144941/144957/3631415/2018091916273063902. pdf，最后访问时间：2022 年 9 月 5 日。

② 秦学志、李静：《基于大数据样本的银行异常账户监测方法》，载《系统管理学报》2016 年第 5 期。

为了达到在线骗取钱财的目的，目前电信网络诈骗大多采取银行卡支付、第三方支付和聚合支付的形式，实现现金豁免，具有跨行、跨地区、跨境的交易特征。① 电信网络诈骗资金流转的起点是被害人使用银行卡或绑定银行卡的第三方支付，将资金转入诈骗团伙指定的接受账户。该接受账户可称为“一级银行账户”，接受一级银行账户资金转移的下一级账户为“二级银行账户”，再往下延伸的被骗资金接受账户称为三级、四级账户等。诈骗团伙通常诱骗被害人进行“银行卡对银行卡”之间的转账，然后再取现反存实现对被骗资金的控制。电信网络诈骗团伙从上游供应链获取的大量银行卡账号、网银账号、第三方支付账号和重要邮箱账号等公民个人账户信息②，通过“卡对卡”的转账模式，设置多级“人头账户”疏通诈骗资金专业路径。诈骗团伙在手机银行将被骗资金“化整为零”分流至多级银行卡直至提款账户。在此过程中，所有的银行卡账户都是资金的中转平台，账户的所谓“权利人”也并非账户实际控制人。在经历化零为整、化整为零的一系列操作后，诈骗团伙最终实现资金转移。因此，金融业银行机构和非金融支付机构应当特别关注个别账户出现“资金集中转入，分散转出；资金分散转入，集中转出；频繁、大额、跨地区、跨行转账”这三种情况，及时向中国人民银行报告可疑交易信息，并由中国反洗钱监测分析中心对可疑交易信息进行分析决定是否要对涉及可疑交易的账户采取冻结措施。

完善反洗钱可疑交易报告制度，可以从以下三个方面进行。其一，精细化可疑交易报告。银行业金融机构、非银行支付机构在填报可疑交易时应当注重可疑交易报送理由、交易特征重要内容，必须有足够确证该可疑交易有涉及电信网络诈骗犯罪的嫌疑，并给出相应分析，形成完整的可疑交易分析报告。可疑交易报告中身份信息缺失、可疑交易特征不明显以及无分析过程的报告，中国反洗钱监测分析中心可拒绝通过，以增加可疑交易报送成本，促使银行业金融机构、非银行支付机构尽职调查，杜绝可疑交易滥报的情况出现。其二，以惩罚制度兜底促进可疑交易报告制度落实。对银行业金融机构、非银行支付机构因工作疏漏、经验不足等造成的漏报行为，可视情况采取罚款、通报等形式，以警示银行业金融机构、非

---

①　谢玲：《电信网络诈骗犯罪资金流查控研究》，载《中国人民公安大学学报（自然科学版）》2021 年第 3 期。

②　谢玲：《电信网络诈骗犯罪资金流查控研究》，载《中国人民公安大学学报（自然科学版）》2021 年第 3 期。

银行金融机构，敦促其提升可疑交易分析水平。其三，银行业金融机构和非银行支付机构应当设立反洗钱专门机构或者指定内设机构负责反洗钱工作，根据经营规模和洗钱风险状况配备相应的人力资源，按照要求开展反洗钱培训和宣传工作。[①] 银行业金融机构和非银行支付机构应当通过内部审计或者独立审计等方式，监督检查反洗钱内部控制制度的有效实施，金融机构的负责人对反洗钱内部控制制度的有效实施负责。

本条第三款是关于银行业金融机构、非银行支付机构根据风险情况，采取必要的防范措施以防范电信网络诈骗犯罪的义务性规定。具体来讲，对于本条的理解，应当注意：完善可疑交易上报后的后续资金管理制度。银行业金融机构和非银行支付机构应当依照规定建立健全涉电信网络诈骗可疑交易汇报制度与风险防范措施，评估机构涉电信诈骗风险状况并制定相应的风险管理措施。结合《中华人民共和国反洗钱法》《金融机构反洗钱规定》第二十一条至第二十三条以及《中国人民银行关于加强开户管理及可疑交易报告后续控制措施的通知》[②] 来看，中国人民银行或者其省一级分支机构发现可疑交易活动需要调查核实的，可以向金融机构调查可疑交易活动涉及的客户账户信息、交易记录和其他有关资料，金融机构及其工作人员应当予以配合。对于通过可疑监测标准筛选出的异常交易，各金融机构和支付机构应当注重挖掘客户身份资料和交易记录价值，发挥客户尽职调查的重要作用，采取有效措施进行人工分析、识别。这些措施包括但不限于：（1）重新识别、调查客户身份，包括客户的职业、年龄、收入等信息。（2）采取合理措施核实客户实际控制人或交易实际受益人，了解法人客户的股权或控制权结构。（3）调查分析客户交易背景、交易目的及其合理性，包括客户经营状况和收入来源、关联客户基本信息和交易情况、开户或交易动机等。（4）整体分析与客户的业务关系，对客户全部开户及交易情况进行详细审查，判断客户交易与客户及其业务、风险状况、资金来源等是否相符。（5）涉嫌利用他人账户实施犯罪活动的，与账户所有人核实交易情况。各金融机构和支付机构应当遵循“风险为本”和“审慎均衡”原则，合理评估可疑交易的可疑程度和风险状况，审慎处理账户（或资金）管控与金融消费者权益保护之间的关系，在报送可疑交易报告

---

① 陈瑞华：《论企业合规在行政监管机制中的地位》，载《上海政法学院学报（法治论丛）》2021 年第 6 期。

② 《中国人民银行关于加强开户管理及可疑交易报告后续控制措施的通知》，载中国人民银行网站，http：//www. pbc. gov. cn/goutongjiaoliu/113456/113469/3314668/index. html，最后访问时间：2022 年 9 月 18 日。

后，对可疑交易报告所涉客户、账户（或资金）和金融业务及时采取适当的后续控制措施，充分减轻本机构被洗钱、恐怖融资及其他违法犯罪活动利用的风险。这些后续控制措施包括但不限于：（1）对可疑交易报告所涉客户及交易开展持续监控，若可疑交易活动持续发生，则定期（如每3个月）或额外提交报告。（2）提升客户风险等级，并根据《金融机构洗钱和恐怖融资风险评估及客户分类管理指引》及相关内控制度规定采取相应的控制措施。（3）经机构高层审批后采取措施限制客户或账户的交易方式、规模、频率等，特别是客户通过非柜面方式办理业务的金额、次数和业务类型。（4）经机构高层审批后拒绝提供金融服务乃至终止业务关系。（5）向相关金融监管部门报告。（6）向相关侦查机关报案。

本条的第四款是关于银行业金融机构、非银行支付机构收集必要信息的规定。具体来讲，关于本款的理解，应当注意以下几个方面：其一，银行业金融机构、非银行支付机构，只有在依照本条规定开展对异常账户和可疑交易的监测时，才可以收集异常客户的互联网协议地址、网卡地址、支付受理终端信息等必要的交易信息。换言之，只有在进行异常账户和可疑交易监测时收集客户的必要信息才是被允许的。其二，银行业金融机构、非银行支付机构收集的必要信息，应当与互联网协议地址、网卡地址、支付受理终端信息同类，用于迅速确定用户定位、及时拦截被诈骗资金的有关信息。互联网协议地址，又称IP地址（Internet Protocol Address），是IP协议提供的一种统一的地址格式，它为互联网上的每一个网络和每一台主机分配一个逻辑地址，以此来屏蔽物理地址的差异，每一台计算机或其他设备都有一个唯一的IP地址，由于有这种唯一的地址，才保证了用户在联网的计算机上操作时，能够高效而且方便地从千千万万台计算机中选出自己所需的对象来。网卡地址即MAC（Media Access Control或者Medium Access Control）地址，意译为媒体访问控制，或称为物理地址、硬件地址，用来定义网络设备的位置。在OSI模型中，第三层网络层负责IP地址，第二层数据链路层则负责MAC地址。因此一个主机会有一个MAC地址，而每个网络位置会有一个专属于它的IP地址。[①] MAC地址是由网卡决定的，是固定的，也是唯一的，MAC地址就如同身份证上的身份证号码，具有全球唯一性。支付受理终端主要指的是线下支付工具，如银行卡受理终端、条码支付受理终端及创新支付受理终端，POS机、扫码支付、刷脸支付机具等均属此类。原本支付受理终端是为了给消费者创造方

---

① 柳鑫瑶：《网络监听的防范措施》，载《电子制作》2017年第20期。

便快捷的支付环境，但是随着支付业务的发展和市场环境的变化，支付受理终端及相关业务风险隐患正在逐步暴露，特别是移动受理终端、收款条码正在被跨境赌博等黑灰产业犯罪分子用以转移资金。中国人民银行已经召开了打击治理跨境赌博“资金链”工作会议[①]，明确全力推进打击治理跨境赌博金融监管工作、坚决斩断跨境赌博资金链。加大涉赌账户、涉赌资金活动惩处力度，继续按照“谁开户（卡）谁负责”“谁的用户（商户）谁负责”“谁的合作客户谁负责”原则，严肃问责持牌支付服务主体责任。在此背景下，根据《中国人民银行关于加强支付受理终端及相关业务管理的通知》[②]，中国人民银行针对终端生产厂商、收单机构入网、退出等多个环节提出更为严格的要求。如针对条码支付终端管理，中国人民银行明确了条码支付受理终端分类管理要求。对具备采集付款人条码、交易金额等支付信息，且能参与发起支付指令的条码支付受理终端，要求收单机构、清算机构参照银行卡受理终端相关规定建立健全相关管理规则。特别是采用密码识别等防篡改技术受理终端，应当建立受理终端号与五项信息唯一绑定关系，实现有效打击市场上信用卡“套现”“套码”等乱象，堵住行业漏洞，进一步斩断黑灰产业资金链条。[③] 其三，银行业金融机构、非银行支付机构所收集的信息，仅限于打击电信网络诈骗过程中所必要的信息，不得收集无关信息。其中，用户的互联网协议地址、网卡地址属于必要位置信息，可用于确定资金流转方向；支付受理终端信息是必要的交易信息，通过收集支付受理终端信息可帮助打击电信网络诈骗后犯罪嫌疑人通过“跑分平台”等形式将普通自己分散化，实现电信网络诈骗资金“洗白”。其四，本条第四款强调银行业金融机构、非银行支付机构对信息的保密义务，客户互联网地址、网卡地址、支付受理终端信息属于客户个人信息，经授权后有关单位可以收集，但不可泄露、转卖或用于防范电信网络诈骗风险以外的其他用途。

---

① 《人民银行召开打击治理跨境赌博“资金链”工作会议》，载中国政府网，http：//www. gov. cn/xinwen/2021－04/23/content_ 5601755. htm，最后访问时间：2022 年 9 月 11 日。

② 《中国人民银行关于加强支付受理终端及相关业务管理的通知》，载中国人民银行网站，http：//www. pbc. gov. cn/zhengwugongkai/4081330/4081344/4081395/4081686/4415283/index. html，最后访问时间：2022 年 9 月 5 日。

③ 《中国人民银行关于加强支付受理终端及相关业务管理的通知》，载中国人民银行网站，http：//www. pbc. gov. cn/zhengwugongkai/4081330/4081344/4081395/4081686/4415283/index. html，最后访问时间：2022 年 9 月 5 日。

【相关规定】

《中华人民共和国反洗钱法》第三十九条至第四十四条；《金融机构大额交易和可疑交易报告管理办法》第五条、第十一条至第二十三条；《中华人民共和国银行业监督管理法》第二条。

第十九条　【确保交易信息真实义务】银行业金融机构、非银行支付机构应当按照国家有关规定，完整、准确传输直接提供商品或者服务的商户名称、收付款客户名称及账号等交易信息，保证交易信息的真实、完整和支付全流程中的一致性。

【条文主旨】

本条是关于银行业金融机构、非银行支付机构确保直接提供商品或者服务的商户名称、收付款客户名称及账号等交易信息真实、完整且与支付全流程中一致义务的规定。

【条文理解】

随着互联网经济的快速发展，电信网络诈骗活动中不断有新兴科技被利用，数字货币、大数据核查、贸易对冲也成为犯罪分子的工具，洗钱形式多样、转账速度快、身份隐匿性强，为侦查机关追踪查控、追缴赃款带来了新的难度。打击电信网络诈骗活动需要重视全环节，其中，“资金链”是重要的一环。本条明确银行业金融机构、非银行支付机构应当确保直接提供商品或者服务的商户名称、收付款客户名称及账号等交易信息真实、完整且与支付全流程中一致，有利于防止多元化的金融账户成为电信网络诈骗犯罪洗钱的通道，及时识别涉案资金的转移轨迹，为侦查机关查控犯罪、追赃挽损提供法律保障。具体来讲，关于本条的理解，应当注意以下几个问题：

《中华人民共和国中国人民银行法》第五十二条规定：“本法所称银行业金融机构，是指在中华人民共和国境内设立的商业银行、城市信用合作社、农村信用合作社等吸收公众存款的金融机构以及政策性银行。在中华人民共和国境内设立的金融资产管理公司、信托投资公司、财务公司、金融租赁公司以及经国务院银行业监督管理机构批准设立的其他金融机构，适用本法对银行业金融机构的规定。”

随着移动支付使用频率越来越高，银行业金融机构、非银行支付机构面临的洗钱风险也越来越大。首先，生物识别信息的可模仿性使得交易信息的真实性难以得到保证。如今，人脸识别、指纹识别等生物识别技术广泛应用于移动支付业务，但生物识别信息具有被伪造、冒用风险大的特征。例如，用照片冒充人脸、复制指纹痕迹冒充指纹、相似长相解锁人脸识别系统等现象在实践中真实存在。而且，人脸识别等技术在支付领域之外也被广泛应用，庞大的生物识别信息库被过多收集、存储，这也为客户身份信息被盗、被伪造提供了可乘之机。其次，交易链条的人为切断使得交易信息的完整性难以得到保证。移动支付以快速、便捷为核心特征，行为人可以人为地将交易信息分散、间断出现在不同的银行业金融机构和非银行业支付机构之间，导致交易链条被切断，各金融机构只能掌握部分交易信息，无法掌握完整的资金链条和往来面貌，这对核实资金来源和去向造成了较大的困难。最后，第三方的介入使得交易信息的一致性难以得到保证。例如，在非法出租、出借、买卖银行卡等情况之下，银行卡开户人和账户使用人不相一致；辗转多个账户混合、分散资金实施洗钱行为，交易的表面流向和内在走向也不相一致。因此，完整、准确传输直接提供商品或者服务的商户名称、收付款客户名称及账号等交易信息，保证交易信息的真实、完整和支付全流程中的一致性非常有必要。

【适用指南】

银行金融机构、非银行支付机构应当完善反洗钱机制，对每一笔具有洗钱嫌疑的交易进行实时监控。具体来讲，首先，应完善客户身份验证措施，加强尽职调查方式，通过建立数据库、核实动态验证码等方式来完善客户身份认证程序，建立更加完备的交易信息保存机制提升追踪资料来源与流向效率。其次，应完善防控洗钱预警机制，依托大数据收集归纳风险数值，将高风险客户、高风险数值、高风险项目等特征具体化、系统化，通过量化指标数值，定期检查、复核，时刻掌握风险系数。最后，全方位完善应对措施，当预警机制显示存在洗钱风险时，要层层上报可疑交易，留存账户使用痕迹，与公安机关建立合作机制以便及时反馈，同时，及时控制可疑资金，以最快的速度阻碍可疑资金的拆分流转以便定缺止损。

监督机关应当恪尽职守，加大检查统筹力度，发挥监管导向作用。

《中华人民共和国反洗钱法》第四条规定："国务院反洗钱行政主管部门负责全国的反洗钱监督管理工作。国务院有关部门、机构在各自的职责范围内履行反洗钱监督管理职责。国务院反洗钱行政主管部门、国务院有关部门、机构和司法机关在反洗钱工作中应当相互配合。"因此，银行业金融机构、非银行支付机构的内部监督机关、上级监督机关以及专门的监督机关都应当搭建全流程、全方位、立体式的监管模式，面对不同业务规范和风险状况的机构，需对症下药地采取适配的监管措施，加强沟通交流与经验分享，加强对风险评估工作的指导力度，研究涉及反洗钱监督框架和制度，形成具有普适意义的监管体系。同时，严格市场准入，落实监管责任在反电信网络诈骗工作中也至关重要。完善预防和打击电信诈骗犯罪监管体系，需要完善案件协查协作机制建设，发挥各方力量，各环节协同监管、打击，需要从严格落实开户实名制、健全交易记录保存制度、规范电信设备管理等具体措施出发，提高网络运营商、虚拟运营商的市场准入资格并加强监管力度，杜绝公司化运作、链条式作案机制的大肆扩张。

公民应当积极履行反洗钱义务，配合银行业金融机构、非银行支付机构，按照国家有关规定，完整、准确提供收付款名称、账号等交易信息，主动保证交易信息的真实、完整和支付全流程中的一致性。具体来讲，首先，公民应当选择安全、可靠的金融机构保证自身的资金和个人信息安全。其次，在办理业务时，公民应当配合银行业金融机构、非银行支付机构完全身份核验、关系确认等工作，若个人信息发生变动，也应及时与相关机构展开更新与告知工作。再次，公民不可出租、出借自己的居民身份证等可以证明个人身份的各类证件，不得出租、出借、买卖银行卡、支付账户等用于金融交易的工具；不得随意用自己账户为他人办理提现、转账等业务，要积极配合国家开展反洗钱调查工作。最后，公民应当培养社会责任感，若发现有洗钱违法犯罪、电信网络诈骗犯罪活动或线索，应积极举报，共同与洗钱犯罪做斗争，维护社会秩序与公平正义。

司法机关工作人员应当丰富金融、审计等相关专业知识，加强对电子数据的审查能力，深入研究电信网络诈骗案件的特点，积极开展证据侦查、法律对策研究。反电信网络诈骗工作需要建立专业团队，提高研判能力。具体来讲，可以建立专业技术人员、有相关专门知识的人参与电信网络诈骗及关联犯罪案件办理制度，积极探索运用大数据、云计算、人工智能等信息技术辅助办案，提高电信网络诈骗及关联犯罪案件办理的专业化水平。

【相关规定】

《中华人民共和国刑法》第一百九十一条、第二百八十七条；《中华人民共和国行政处罚法》第三十五条；《中华人民共和国反洗钱法》第二条至第五条、第十五条至二十二条、第三十四条；《最高人民法院关于审理洗钱等刑事案件具体应用法律若干问题的解释》第一条。

【案例评析】

洗钱罪及其罪数认定需严谨①

一、案情简介

被告人李某为谋取非法利益，在明知银行卡不得出售、出借的情况下将自己的银行卡交给他人使用，并帮助境外人员从事收款、转账的洗钱活动。2020 年 10 月，李某乙联系被告人李某，要求李某将银行卡给其使用，并答应支付报酬。李某便将自己办理的 3 张银行卡交给李某乙使用，获利 1000 元。经统计，3 张银行卡总计进账金额 1007050. 33 元。李某明知李某乙在缅甸从事电信网络诈骗活动，且涉及收买信用卡信息犯罪，仍然用自己的银行卡帮助李某乙进行收款、转账，获取好处费 800 元。经查，自 2020 年 6 月 1 日至 2021 年 1 月 8 日，李某用其本人的银行卡帮助李某乙转账金额共计 302698 元，其中已查明涉嫌电信网络诈骗资金 3 笔，共计人民币 24099 元。

二、本案核心问题

洗钱罪的犯罪构成认定以及洗钱罪与掩饰、隐瞒犯罪所得、犯罪所得收益罪，帮助信息网络犯罪活动罪的罪数问题。

三、法院裁判要旨

被告人李某明知他人利用信息网络实施犯罪，仍出售银行卡，为他人犯罪提供支付结算等帮助行为，情节严重，其行为构成帮助信息网络犯罪活动罪；李某为掩饰、隐瞒破坏金融管理秩序犯罪的所得及其产生的收益的来源和性质而通过转账转移资金，其行为构成洗钱罪。李某在判决宣告

---

① 湖南省新邵县人民法院（2021）湘 0522 刑初 505 号刑事判决书，载中国裁判文书网，https：//wenshu. court. gov. cn/website/wenshu/181107ANFZ0BXSK4/index. html？ docId = ad7a02680ac54a94826cae4f00874951，最后访问时间：2022 年 8 月 29 日。

前一人犯数罪，应当数罪并罚，决定合并执行有期徒刑十一个月，并处罚金人民币四千元。

四、专家评析

电信网络诈骗行为往往与洗钱行为互相关联，反电信网络诈骗需要重视全链条，若电信网络诈骗下游行为人的行为满足以下条件，则应该用洗钱罪予以规制。首先，洗钱罪最显著的特征便是对上游犯罪种类的限制，即犯罪对象须为毒品犯罪、黑社会性质的组织犯罪、恐怖活动犯罪、走私犯罪、贪污贿赂犯罪、破坏金融管理秩序犯罪、金融诈骗犯罪的所得及其产生的收益。电信网络诈骗仅为一种行为种类，并非独立罪名，其罪名还需结合电信网络诈骗的具体行为方式予以认定，若行为定罪为破坏金融管理秩序犯罪或金融诈骗犯罪一类，则满足洗钱罪对上游犯罪的要求。其次，在客观上行为人必须实施掩饰、隐瞒电信网络诈骗犯罪收入来源和性质的行为。值得注意的是，《中华人民共和国刑法修正案（十一）》删除了“明知”“协助”等表述，已经将“自洗钱”行为纳入到刑事惩治的范围之内。但洗钱罪的本质仍然在于为特定的上游犯罪消灭线索和证据，为非法所得披上合法外衣，即行为人要以窝藏、转移、转换、收购等方法实施掩盖自己或者他人实施的特定犯罪的所得及其产生的收益的行为。最后，在主观上行为人还必须有为上游犯罪掩饰、隐瞒犯罪所得及其收益的主观目的，行为人的主观心理可以通过行为人的认知能力、对上游犯罪的掌握情况、行为人的意志能力等因素综合考虑。

另外，关于洗钱罪的罪数问题。其一，洗钱罪与掩饰、隐瞒犯罪所得、犯罪所得收益罪是法条竞合的关系。两罪的区别表现在侵犯的客体不同、行为对象不同、行为主体不同、量刑标准不同等方面，其中，最典型的区别在于洗钱罪的上游犯罪特指毒品犯罪、黑社会性质的组织犯罪、恐怖活动犯罪、走私犯罪、贪污贿赂犯罪、破坏金融管理秩序犯罪、金融诈骗犯罪几类犯罪，但掩饰、隐瞒犯罪所得、犯罪所得收益罪上游犯罪泛指一切犯罪；洗钱罪的行为主体包括实施上游犯罪的犯罪人本人，即包含“自洗钱”行为，但掩饰、隐瞒犯罪所得、犯罪所得收益罪的主体不包含上游犯罪的犯罪人本人，若上游犯罪的犯罪人本人实施掩饰、隐瞒犯罪所得、犯罪所得收益的行为，一般属于“事后不可罚”行为。总之，若行为人的行为同时满足洗钱罪和掩饰、隐瞒犯罪所得、犯罪所得收益罪，因二者属于法条竞合的关系，一般应按照特别法优于普通法的原则以洗钱罪定罪处罚。其二，洗钱罪与帮助信息网络犯罪活动罪是位于不同阶段但有可能相互连接的两个独立犯罪。具体来讲，洗钱罪与帮助信息网络犯罪活动罪在行为所处阶段、侵犯的客体、行为对象、量刑标准等方面都存在不同。其中，最关键的区别在于洗钱罪一般适用于上游犯罪完成之后，规制事后的掩饰、隐瞒行为，而帮助信息网络犯罪活动罪是规制针对网络犯罪实施的帮助行为，位于洗钱罪上游犯罪实行行为施行完毕之前。因此，若行为人既在上游犯罪实施过程中实施了互联网接入、帮助支付结算等帮助行为，满足了帮助信息网络犯罪活动罪的构成要件，又在上游犯罪完成之后，实施了转移资金等掩饰、隐瞒犯罪所得及其收益的行为，满足了洗钱罪的构成要件，则应当以数罪处理。因为即使两个行为的性质在一定程度上具有相似性，但因其处在不同的阶段，侵犯了不同的法益，仍然应该数罪并罚。

第二十条　【资金紧急止付、快速冻结及资金返还程序】 国务院公安部门会同有关部门建立完善电信网络诈骗涉案资金即时查询、紧急止付、快速冻结、及时解冻和资金返还制度，明确有关条件、程序和救济措施。

公安机关依法决定采取上述措施的，银行业金融机构、非银行支付机构应当予以配合。

【条文主旨】

本条是关于完善电信网络诈骗涉案资金及时查询、紧急止付、快速冻结、及时解冻和资金返还制度的义务性规定。

【条文理解】

本条主要内容是倡导公安机关等有关部门尽快解决涉电信网络诈骗资金的后续处理问题，明确涉案资金即时查询、紧急止付、快速冻结、及时解冻、资金返还的适用条件、程序和救济措施，完善电信诈骗金融治理模式。具体来讲，关于本条规定的理解，应当注意以下几个问题：

其一，应当明确涉案资金即时查询、紧急止付、快速冻结、及时解冻和资金返还的具体含义。涉案资金即时查询是指当被害人发现某笔款项可能已经遭受电信诈骗时，银行业金融机构、非银行支付机构立即为受害人提供账户款项流转查询的服务。紧急止付是指当金融业金融机构、非银行支付机构发现某笔款项、某个账户可能涉及电信网络诈骗时，及时采取紧急阻断资金流转、停止转账的措施，将电信网络诈骗损失降到最低。涉案资金快速冻结是指在银行业金融机构、非银行支付机构中断资金流转后，无法完成客户身份认证、确认资金流转性质的前提下，快速冻结资金流转双方账户，并向中国人民银行、地方反诈中心及时报告的反诈措施。涉案资金及时解冻是指经过调查发现账户不存在被电信诈骗的风险时，经账户持有人申请及时为该账户解冻的服务。涉案资金返还包括两种情况。其一，在反诈中心向公安机关报告，经查实该账户不涉及电信网络诈骗时，及时解除对该账户的控制措施，保证资金流通。其二，经查实，该账户确实涉嫌电信网络诈骗，顺延资金流向查清电信网络诈骗犯罪团伙后，及时将已经转入涉案账户的资金返还到受害人账户。实践当中，公安机关应当会同金融监管、通信管理部门建立健全快速查询、冻结、止付的联动机制，完善预警劝阻和诈骗电话拦截封堵等机制，依法打击利用电信、网络等方式实施的诈骗及其他违法犯罪行为。

其二，紧急止付的条件及程序。根据《中国人民银行关于进一步加强支付结算管理防范电信网络新型违法犯罪有关事项的通知》① 规定，自2019年6月1日起，银行业金融机构和非银行支付机构在受理公安机关通过电信网络新型违法犯罪交易风险事件管理平台发起的查询业务时，应当执行下列规定："1. 对于支付机构发起涉及银行账户的网络支付业务，银行应当按照管理平台要求，准确提供该笔业务对应的由清算机构发送的交易流水号。2. 支付机构应当支持根据清算机构发送的交易流水号查询对应业务的相关信息，并按照管理平台要求反馈。"此外，银行业金融机构、非银行支付机构在对交易进行监测过程中，如发现某一交易或某一账户可能有涉及上条解读中提到的资金流量异常、资金流动强度异常时，应综合采取如下措施进行处理，以及时发现风险，避免更大损失：（1）向商户索取单据及相关凭证；首先，电信企业、金融机构、互联网企业应当加强电信网络诈骗风险监测和反诈骗宣传教育，发现涉嫌电信网络诈骗的，应当及时向客户作出风险提示，告知其可能存在涉嫌电信网络诈骗犯罪的嫌疑，并向客户索取单据及相关凭证以备查验；（2）中断交易，扣留结算资金；经调查发现账户存在违规迹象，涉嫌电信网络诈骗时，银行业金融机

---

① 《中国人民银行关于进一步加强支付结算管理防范电信网络新型违法犯罪有关事项的通知》，载中国人民银行网站，http：//www. pbc. gov. cn/tiaofasi/144941/3581332/3804753/2019040914275063601. pdf，最后访问时间：2022 年 9 月 5 日。

构、非银行支付机构应立即中断交易，防止电信网络诈骗损失扩大。(3) 对有嫌疑账户实施初步调查。银行业金融机构以及非银行支付机构应当按照规定建立健全和执行客户身份资料和交易记录保存制度，妥善保存客户身份资料和交易记录，确保能重现该项交易，以提供监测分析交易情况、调查可疑交易活动和查处洗钱案件所需的信息。银行业金融机构、非银行支付机构应当在符合审查条件的基础上，对可能涉嫌电信网络诈骗的交易进行审核。

其三，快速冻结账户的条件和程序。根据《中国人民银行关于进一步加强支付结算管理防范电信网络新型违法犯罪有关事项的通知》①，对于公安机关通过管理平台发起的涉案账户查询、止付和冻结业务，符合法律法规和相关规定的，银行和支付机构应当立即办理并及时反馈。

其四，涉案财产的处理。根据《关于办理电信网络诈骗等刑事案件适用法律若干问题的意见》② 规定，公安机关侦办电信网络诈骗案件，应当随案移送涉案赃款赃物，并附清单。人民检察院提起公诉时，应一并移交受理案件的人民法院，同时就涉案赃款赃物的处理提出意见。对于涉案银行账户或者涉案第三方支付账户内的款项，若属于权属明确的被害人的合法财产，应当及时返还。确因客观原因无法查实全部被害人，但有证据证明该账户系用于电信网络诈骗犯罪，且被告人无法说明款项合法来源的，根据刑法第六十四条的规定，应认定为违法所得，予以追缴。被告人已将诈骗财物用于清偿债务或者转让给他人，具有下列情形之一的，应当依法追缴：(1) 对方明知是诈骗财物而收取的；(2) 对方无偿取得诈骗财物的；(3) 对方以明显低于市场的价格取得诈骗财物的；(4) 对方取得诈骗财物系源于非法债务或者违法犯罪活动的。他人善意取得诈骗财物的，不予追缴。查封、扣押、冻结、处置涉案财物，应当严格依照法定条件和程序进行，依法保护公民和组织的合法财产权益，严格区分违法所得与合法财产、本人财产与其家属的财产。不得查封、扣押、冻结与案件无关的财物。经查明确实与案件无关的财物，应当在三日以内解除查封、扣押、冻

---

① 《中国人民银行关于进一步加强支付结算管理防范电信网络新型违法犯罪有关事项的通知》，载中国人民银行网站，http：//www.pbc.gov.cn/tiaofasi/144941/3581332/3804753/2019040914275063601.pdf，最后访问时间：2022 年 9 月 5 日。

② 《关于办理电信网络诈骗等刑事案件适用法律若干问题的意见》，载公安部网站，https：//www.mps.gov.cn/n6557558/c5580478/content.html，最后访问时间：2022 年 9 月 5 日。

结，予以退还。对被害人的合法财产，应当及时返还。[①]

涉案财产应在案件生效后立即启动财产处置程序，刑事审判庭经办人员应当根据判决确定的处理事项提出对涉案财产的处理意见，并移交执行局处置。

【相关规定】

《中华人民共和国刑事诉讼法》第一百七十一条；《中华人民共和国反洗钱法》第二十六条；《支付机构互联网支付业务风险防范指引》；《银行业金融机构反洗钱和反恐怖融资管理办法》第三十八条；《最高人民法院、最高人民检察院、公安部关于办理电信网络诈骗等刑事案件适用法律若干问题的意见》第七条。

① 参见《人民检察院刑事诉讼规则》第二百一十五条，载最高人民检察院网站，https：//www.spp.gov.cn/spp/xwfbh/wsfbh/201912/t20191230_451490.shtml#3，最后访问时间：2022年9月19日。

第四章　互联网治理

第二十一条　【电信业务经营者、互联网服务提供者的服务限制】电信业务经营者、互联网服务提供者为用户提供下列服务，在与用户签订协议或者确认提供服务时，应当依法要求用户提供真实身份信息，用户不提供真实身份信息的，不得提供服务：

（一）提供互联网接入服务；

（二）提供网络代理等网络地址转换服务；

（三）提供互联网域名注册、服务器托管、空间租用、云服务、内容分发服务；

（四）提供信息、软件发布服务，或者提供即时通讯、网络交易、网络游戏、网络直播发布、广告推广服务。

【条文主旨】

本条是关于互联网服务提供者在无法确认用户真实身份时，禁止其提供互联网服务的义务性规定。

【条文理解】

本条旨在规范电信业务经营者、互联网服务提供者的行为，禁止其为缺乏真实信息的用户提供互联网接入、网络地址转换、互联网域名注册、网络直播发布、广告推广等服务，一方面有利于电信网络诈骗的查证，另一方面也从源头消除了实施匿名电信网络诈骗的可能。具体来讲，关于本款规定的理解，应当注意以下几个问题：

第一，本条的主旨。随着科学技术的日益进步，网络服务逐渐生活化、综合化、移动化，网络服务提供者作为我们对外交流的中介平台，主观状态是一个动态变化的过程。在有些情况下，平台方是存在主观上严重的放任故意的。但实质上，网络服务者对于任何网络的接入、转出都是基于网络的工具性，具有一定的中立性。中立帮助行为具有两个特性：一是帮助行为的日常性，即帮助行为是平时生活中常见的一般行为；二是帮助人主观心态的模糊性，即帮助行为人的主观心态难以准确把握。平台责任的核心在于没有履行应当履行的管理义务。至于在平台上所产生的违法犯罪后果，是平台管理者或提供者怠于履行监管义务所产生的结果——其并非由平台管理者或提供者实施。因此，平台的责任不在于平台之上出现了违法犯罪事实，而在于平台提供者或管理者疏于监管致使违法犯罪事实出现。因此，电信业务经营者、网络服务提供者所承担的平台责任，并非基于“他人的行为”，归根结底在于自身的怠于行使监管责任的行为，符合罪责自负原则。① 从客观意义上讲，为用户提供电信、互联网接入服务供用户使用的行为就是一个不区分对象和用途的整体性帮助行为，但主观上电信业务经营者、平台服务商对其帮助行为有着潜在的意识。为了避免电信业务经营者、网络服务提供者因提供网络服务带来的刑事风险，尤其是在电信网络诈骗犯罪中，应当明确电信业务经营者、网络服务提供者的义务，赋予其确认并保留客户真实身份的义务，以佐证其主观上对电信网络诈骗不知情的事实。虽然帮助信息网络犯罪活动罪在主观上要求网络服务提供者明知用户是在实行犯罪活动，仍然为其提供帮助，但是如果网络服务提供者没有履行确认用户真实身份的义务，则无法进一步证明其对犯罪事实并不知情。

第二，义务主体——电信业务经营者、互联网服务提供者的内涵和外延。根据《中华人民共和国电信条例》②，电信业务经营者指获得电信业务经营许可的单位，经营电信业务，应当依法取得电信管理机构颁发的经营许可证。其中，电信业务经营许可证包括基础电信业务经营许可证和增值电信业务经营许可证。从事基础电信业务经营的公司需要经营者为依法设立的专门从事基础电信业务的公司，并且公司的国有股权或者股份不少于51%，在省、自治区、直辖市范围内经营的，注册资本最低限额为1亿元

① 齐文远：《网络平台提供者的刑法规制》，载《法律科学（西北政法大学学报）》2017年第3期。

② 《中华人民共和国电信条例》，载中国政府网，http：//www. gov. cn/zhengce/2020-12/26/content_ 5574368. htm，最后访问时间：2022年9月5日。

人民币；在全国或者跨省、自治区、直辖市范围经营的，注册资本最低限额为10亿元人民币。从事增值电信业务经营的公司则仅需要公司依法设立且在省、自治区、直辖市范围内经营的，注册资本最低限额为100万元人民币；在全国或者跨省、自治区、直辖市范围经营的，注册资本最低限额为1000万元人民币。传统意义上的互联网服务提供者（Internet Service Provider，ISP）又称互联网服务供应商，是指专门从事互联网接入服务和相关技术支持及咨询服务的公司或企业，是广大的个人用户和规模有限的公司用户进入互联网的桥梁。在刑法中，互联网提供者的业务提供范围相对受限，根据《最高人民法院、最高人民检察院关于办理非法利用信息网络、帮助信息网络犯罪活动等刑事案件适用法律若干问题的解释》① 第一条，刑法中的网络服务提供者应当包括提供以下服务的单位和个人：（1）网络接入、域名注册解析等信息网络接入、计算、存储、传输服务；（2）信息发布、搜索引擎、即时通讯、网络支付、网络预约、网络购物、网络游戏、网络直播、网站建设、安全防护、广告推广、应用商店等信息网络应用服务；（3）利用信息网络提供的电子政务、通信、能源、交通、水利、金融、教育、医疗等公共服务。具体而言，互联网服务提供者主要为用户提供互联网网络接入、互联网信息服务、域名注册和解析等服务。

第三，互联网服务提供者包括单位和个人。这里的单位应当作最广义的理解，涵盖政府单位、事业单位、企业单位三类，其中企业单位又可以涵盖国有、民营、私营、股份制、外资、合资等多种类型。因而，本款规定的单位既可以包括国家机关，也可以包括企、事业单位；既可以包括公有制经济主体，也可以包括民营企业；既可以包括互联网服务提供者，也可以包括互联网服务管理者、互联网服务使用者等。总之，不论单位的具体性质，只要是单位，均需要遵守并履行该款义务性规定。而对于个人，则严格以《中华人民共和国民法典》为依据，应当涵盖所有具有民事行为能力的自然人，包括限制民事行为能力人。

第四，真实身份信息的验证方式。《中华人民共和国网络安全法》第二十四条提到，网络运营者为用户办理网络接入、域名注册服务，办理固定电话、移动电话等入网手续，或者为用户提供信息发布、即时通讯等服务，在与用户签订协议或者确认提供服务时，应当要求用户提供真实身份

---

① 《最高人民法院、最高人民检察院关于办理非法利用信息网络、帮助信息网络犯罪活动等刑事案件适用法律若干问题的解释》，载最高人民法院网站，https：//www.court.gov.cn/fabu-xiangqing-193711.html，最后访问时间：2022年9月5日。

信息。用户不提供真实身份信息的，网络运营者不得为其提供相关服务。目前来看，提供真实身份信息可以作广义的理解。即只要互联网服务提供者能够验证用户的真实身份即可，途径可以不限。如现阶段互联网提供者通过与其他网站关联验证用户的真实身份，通过人脸识别、语音识别、动作识别等新型技术手段确认用户身份，不需要用户单独提供身份证明。这也符合当下国家实施网络可信身份战略，支持研究开发安全、方便的电子身份认证技术，推动不同电子身份认证之间的互认。

同时，本条作为典型的义务性规定，主要包括以下四种具体表现形式：

其一，禁止为特定用户提供互联网接入服务。从信息资源的角度来看，互联网是一个集各部门、各领域的信息资源为一体的，供网络用户共享的信息资源网。互联网接入服务是指利用接入服务器和相应的软硬件资源建立业务节点，利用公用电信基础设施将业务节点与互联网骨干网相连接，为各类用户提供接入因特网的服务。用户可以利用公用电话网或其他接入手段连接到其业务节点，并通过该节点接入互联网。互联网接入服务业务主要有两种应用：一是为互联网信息服务业务经营者等利用互联网从事信息内容提供、网上交易、在线应用等提供接入互联网的服务；二是为普通上网用户等需要上网获得相关服务的用户提供接入互联网的服务。

其二，禁止为特定用户提供网络代理等网络地址转换服务。首先，网络代理是指在网络管理中能够对被管理对象执行管理操作并且能够代表被管理对象向网络管理者发出通知的功能单元。网络代理是用来实现局域网内的多台计算机通过一个实际的 IP 地址连接到网络的一种方法：在局域网与互联网间增加一个代理服务器，仅给代理服务器申请一个真实的 IP 地址，局域网内部的客户机由代理服务器分配一个虚拟的内部 IP 即可。局域网内的客户机向互联网发送数据时，先将数据发送给代理服务器，然后再由代理服务器转发出去。① 实质上，无论是虚拟专用网络还是网络代理，都是网络地址转换的一种形式。实践当中，电信网络诈骗团伙已经具有明显的职业化特征，诈骗的各个环节呈现出越来越强的专业化趋势，即搭建诈骗网络电话平台、拨打诈骗语音电话、到银行开户卖卡、提取转移诈骗赃款等各个环节都有人专门负责，形成一整条的地下产业链。犯罪分子可以在 A 地设立网络电信指挥终端服务器基地，B 地拨打电话、发送网络短

---

① 马凯、黄曙等：《网络代理在新兴运动装置中的应用》，载《计算机工程与设计》2013 年第 12 期。

信、电子邮件等网络消息，C 地设立虚假网络将 IP 地址转移到 D 地，E 地实施电信诈骗犯罪行为，F 地转款转账，G 地取款套现等。网络地址转换的存在，导致实践当中对电信网络诈骗团伙的查处变得极为困难。顺着电信网络诈骗团伙留下的 IP 地址去找寻犯罪行为人也极为困难。网络地址转换为实践当中打击电信网络诈骗犯罪增加了更大的阻力。因此，对虚拟专用网络用户进行实名登记是必要的，也是必然的。

其三，禁止为用户提供互联网域名注册、服务器托管、空间租用、云服务、内容分发服务。电信网络诈骗过程中，作案成员往往借助计算机网络及电话等工具，通过互联网服务器，使用任意显号软件等技术手段，分号码段对各地区进行“扫荡式”群发消息、电子邮件或群拨网络电话。而互联网域名注册可能是电信网络诈骗进行第一步即招揽资源的手段。服务器托管、空间租用、云服务、内容分发服务能够减少电信网络诈骗团伙进行设备维护的成本，如域名是指互联网上识别和定位计算机的层次结构式的字符标识，与该计算机的 IP 地址相对应。① 云服务指通过网络以按需、易扩展的方式获得所需服务。云服务的特点是使数据分布在大量的分布式计算机上，而非本地计算机或远程服务器中，数据中心的运行将与互联网更相似。这使得数据中心能够将资源切换到需要的应用上，根据需求访问计算机和存储系统。② 上述服务能够有效加快电信网络诈骗团伙的网络速度，有效提升电信网络诈骗对外联络的效率。因此，有必要对上述服务的用户进行实名登记，以便于后期电信网络诈骗的侦查。

其四，禁止为用户提供信息、软件发布服务，或者提供即时通讯、网络交易、网络游戏、网络直播发布、广告推广服务。其中，信息服务是指利用信息资源提供服务。信息服务的范围相当广泛，如情报搜集、检索、整理，图书档案，咨询业务都属于信息服务。信息服务是信息管理活动的出发点和归宿，信息服务活动将有价值的信息传递给用户，最终帮助用户解决问题。从这一意义上看，信息服务实际上是传播信息、交流信息，实现信息增值的一项活动。软件服务是一种把管理软件和实施服务一体化打包的软件服务模式，它包括提供成熟的软件产品、优质的实施培训服务、企业管理咨询服务、后期持续提升服务的项目等。即时通讯允许两人或多

---

① 《互联网域名管理办法》，载工业和信息化部网站，https://www.miit.gov.cn/zwgk/zcwj/flfg/art/2017/art_43ec3819b2d04a31ad2c1c81c3f6100b.html，最后访问时间：2022 年 9 月 5 日。

② 张海辉：《基于云服务的行业应用网关架构演进研究》，载《中国新通信》2020 年第 15 期。

人使用网络实时传递文字消息、文件、语音与视频交流。网络交易指企业之间、企业和消费者之间以及个人与个人之间在信息网络中通过网络通信手段缔结交易。它利用计算机技术、网络技术和远程通信技术，实现整个商务过程中的电子化、数字化和网络化。网络游戏指以互联网为传输媒介，以游戏运营商服务器和用户计算机为处理终端，以游戏客户端软件为信息交互窗口的旨在实现娱乐、休闲、交流和取得虚拟成就的具有可持续性的个体性多人在线游戏。“网络直播”大致分为两类，一类是在网上提供电视信号的观看，如各类体育比赛和文艺活动的直播，这类直播原理是将电视信号通过采集，转换为数字信号输入电脑，实时上传网站供人观看，相当于“网络电视”；另一类是人们所了解的“网络直播”：在现场架设独立的信号采集设备（音频 + 视频）导入导播端（导播设备或平台），再通过网络上传至服务器，发布至网址供人观看。网络推广服务是互联网服务提供者以企业产品或服务为核心内容，建立网站、App、小程序、H5等，然后将它们通过各种免费或收费渠道展现给网民的一种广告方式。

事实上，信息、应用、软件的发布活动以及网络游戏、网络直播发布、广告推广等都可能涉及电信网络诈骗的前半段程序，电信网络诈骗团伙可能会利用互联网服务者提供的免费信息发布、应用推广、软件发布等活动创造电信网络诈骗陷阱，吸引受害人。即时通讯主要涉及电信网络诈骗的中间链条部分。电信网络诈骗行为人往往利用实时通讯工具与受害人进行交流，为受害人制造陷阱，使受害人陷入错误认识。而网络支付、网络交易则涉及电信网络诈骗链条的后半部分，在受害人因电信网络诈骗行为人的行为和言辞陷入错误认识，并基于错误认识将要处分自己财物之时，电信网络诈骗团伙会利用网络支付、网络交易等网络服务，实施诈骗行为。因此，对提供信息、应用和软件发布服务，或者提供即时通讯、网络支付、网络交易、网络游戏、网络直播发布、广告推广服务的用户，要求其进行实名认证，是必要的。

【相关规定】

《最高人民法院、最高人民检察院关于办理非法利用信息网络、帮助信息网络犯罪活动等刑事案件适用法律若干问题的解释》；《中华人民共和国网络安全法》第二十四条；《中华人民共和国电信条例》第七条至第十四条；《互联网信息服务管理办法》第八条至第十条；《互联网域名管理办法》第二十三条至第四十条。

第二十二条　【核验处置义务】互联网服务提供者对监测识别的涉诈异常账号应当重新核验，根据国家有关规定采取限制功能、暂停服务等处置措施。

互联网服务提供者应当根据公安机关、电信主管部门要求，对涉案电话卡、涉诈异常电话卡所关联注册的有关互联网账号进行核验，根据风险情况，采取限期改正、限制功能、暂停使用、关闭账号、禁止重新注册等处置措施。

【条文主旨】

本条是关于互联网服务提供者对异常账号、涉案账号和高风险账号采取处置措施责任的规定。

【条文理解】

本条是关于互联网服务提供者的账号处置责任的规定。具体来讲，关于本条规定的理解，应当注意以下问题：

一、互联网服务提供者的主动处置义务

本条第一款规定的是互联网服务提供者对于涉诈异常账号主动采取一定处置措施的义务。互联网服务提供者指的是通过信息网络向公众提供信息或者为获取网络信息等目的提供服务的机构，包括网络上的一切提供设施、信息和中介、接入等技术服务的个人用户、网络服务商以及非营利组织。例如，网页服务运营商、电脑应用程序运营商、手机应用程序（App）运营商都属于本条所规定的互联网服务提供者。

当互联网服务提供者监测到涉诈异常账号后，应当采取重新核验的措施。重新核验互联网用户个人身份信息是本条规定的互联网服务提供者在法定情形下的法定义务。根据个人信息保护法第十三条第一款第三项的规定，互联网服务提供者在采取重新核验措施过程中对个人信息的使用属于为履行法定职责或者法定义务所必需，不需要取得个人同意，即可基于本法进行审核查验。在具体实践中，互联网服务提供者可以对相关账号在注册时使用的身份证信息、电话号码信息等进行重新核验，以确保这些用于识别个人身份的信息之真实性和有效性。

以下两种处置措施是本法明确规定的互联网服务提供者对监测识别过

程中发现的涉诈异常账号应当主动采取的措施，由互联网服务提供者依据监测的结果主动采取，不需要有关主体授权或要求。互联网服务提供者也可以采取两种处置措施之外的适当的处置措施，具体方式以及实施规范有待实践过程中逐步探索和提炼。

一是“限制功能”的处置措施。限制功能是指互联网服务提供者对监测识别的涉诈异常账号相关功能的使用进行限制的一种主动措施，也是法定义务。互联网服务提供者可以根据不同异常情况，根据国家相关规定，依据相关标准采取此类限制，在功能限制时间、功能限制范围、功能限制强度、解除限制要求等方面设定不同层次的实施方法。

二是“暂停服务”的处置措施。暂停服务是指互联网服务提供者暂停对监测识别的涉诈异常账号的相关功能进行暂时性停止服务的一种主动措施。互联网服务提供者可以根据不同异常情况，依据相关标准采取此类暂停服务的措施，在暂停服务时间、暂停服务范围、重新提供服务要求等方面设定不同层次的实施方法。

二、互联网服务提供者遵照执行行政主体要求的义务

本条第二款规定的是互联网服务提供者遵照公安机关、电信主管部门相关要求的遵照执行的义务。

一方面是关于互联网服务提供者的核验义务的理解。互联网服务提供者的核验义务，指的是在有关异常情况发生后，互联网服务提供者依照公安机关、电信主管部门的要求指示来对涉案电话卡、涉诈异常电话卡所关联注册的有关互联网账号进行核验的一种法定义务。该义务具有法律强制性，违反此义务的互联网服务提供主体可能会因此承担相应的法律责任，如被相关行政执法部门处罚等。互联网服务提供者在此情况下的核验应当是具有实质性内容的核验，主要目的就是通过互联网服务提供者的核验来评估相关涉案电话卡、涉诈异常电话卡所关联注册的有关互联网账号的风险程度。

对相关涉案电话卡、涉诈异常电话卡所关联注册的有关互联网账号进行风险程度评估，是互联网服务提供者进一步依法采取处置措施的前提性条件。若互联网服务提供者未经核验进行风险程度评估即对相关账号采取处置措施，便是违反法律规定的一种处置，可能会承担由此产生的不利后果，如需要对因此错误处置而造成的损失承担相应的民事责任等。

另一方面是关于互联网服务提供者处置措施的理解。所谓“限期改正”，是指互联网服务提供者根据涉案电话卡、涉诈异常电话卡所关联注册的有关互联网账号的具体风险情况，对不符合法律法规及其他国家有关规定的事项进行限定期限的改正措施，具体的改正期限应当由公安机关、电信主管部门决定。所谓“限制功能”，应当与本条第一款中的“限制功能”作相同解释，在此不再重复。所谓“暂停使用”，应当与本条第一款中的“暂停服务”作相同解释，在此不再重复。所谓“关闭账号”，也被称为关停，是指互联网服务提供者对涉案电话卡、涉诈高风险电话卡所关联注册的有关互联网账号的全部功能进行关闭、完全停止服务的一种措施。关闭账号措施不同于前述的措施，其只能依据公安机关、电信主管部门要求而启动，不能依据本条第一款规定由互联网服务提供者自主决定启动。这是因为关闭账号属于互联网服务提供者拒绝向相关账号主体提供服务的一种行为，属于最为严厉的处置措施之一，一旦采用便会使相关账号主体对相关账号的使用受到巨大影响，不能随意启动。所以其启动应当以本款中的风险情况为依据，在风险程度较为严重的情况下才可以采取本措施。所谓“禁止重新注册”，指的是禁止有关涉案电话卡、涉诈高风险电话卡所关联注册的有关互联网账号主体在账号被关闭之后再次申请新的账号的一种处置措施。本措施的采取应当以采取“关闭账号”措施为前提，通常应当在采取“关闭账号”措施的同时作出或在采取“关闭账号”措施后续补充作出。本处置措施主要目的就是，对于那些风险程度特别严重或已经被采取措施后风险程度仍然没有切实降低的账号主体予以永久性管制，以永久性排除其再次注册并使用相关账号用于电信网络诈骗活动的可能性。

需要注意的是，本款关于互联网服务提供者依法执行有权主体相关要求的规定中，“采取限期改正、限制功能、暂停使用、关闭账号、禁止重新注册等处置措施”表明相关处置措施的种类不仅限于已经列明的五类，即互联网服务提供者同样有依据有权主体的要求而采取其他处置措施的义务，互联网服务提供者不得因为相关处置措施不是本款列明的五类措施而拒绝执行。

【适用指南】

一、关于互联网服务提供者对涉诈异常账号的处置

（一）互联网服务提供者对于涉诈异常账号进行重新核验的法定义务

本款在要求互联网服务提供者对于涉诈异常账号采取重新核验的措施时，使用了“应当”而非“可以”。因此，对涉诈异常账号进行重新核验便是互联网服务提供者的义务而非权利。若互联网服务提供者在发现存在涉诈异常账号而未依法进行重新核验，则违反了法律规定，可能因此承担

相应法律后果。

（二）互联网服务提供者根据国家有关规定采取其他处置措施

虽然本款仅明确规定了重新核验、限制功能、暂停服务这三类处置措施，但同时使用了“等”字，这表明互联网服务提供者可以根据异常情况的不同采取上述三类处置措施以外的其他处置措施。此外，在国家互联网信息办公室发布的《互联网跟帖评论服务管理规定》第八条①、《互联网用户公众账号信息服务管理规定》第十三条②等也规定了跟帖评论服务提供者、互联网用户公众账号信息服务提供者对相关互联网账号可以采取的处置措施，而这些处置措施与本款规定的处置措施相比内容更为丰富，如其规定了警示整改、关闭账号等处置措施。因此，根据异常情况的差异，互联网服务提供者可以采取重新核验、限制功能、暂停服务以外的其他处置措施。

（三）监测识别过程中应当注意相关监测数据等整理和收集

在监测识别过程中，互联网服务提供者应当注意相关监测数据等证据线索的整理和收集，在发现涉诈异常账号或发现违法犯罪行为线索时，要注意相关数据的记录和留存，并依法将发现的涉诈信息移送有关部门。互联网服务提供者的此类义务源自本法的第二十三条规定，互联网服务提供者在依照本法规定对互联网账号异常使用监测、涉诈产业监测、涉诈信息、活动监测中发现的可疑犯罪线索、风险信息等，应当依照规定移送公安、网信、工信等部门。因此，对于监测识别的异常账号，互联网服务提供者不仅应采取相应的处置措施，还应将发现的涉诈信息、线索移送有关部门。

二、关于互联网服务提供者应要求进行处置的义务

（一）互联网服务提供者执行公安机关、电信主管部门相关要求的法定义务

对于公安机关、电信主管部门要求采取的处置措施，互联网服务提供者必须执行。本款在要求互联网服务提供者根据有关机关要求采取相应的处置措施时，同样使用了“应当”而非“可以”。因此，按照有关机关要求采取相应的处置措施同样属于互联网服务提供者的义务。

---

① 《互联网跟帖评论服务管理规定》，载国家互联网信息办公室网站，http：//www.cac.gov.cn/2017－08/25/c_1121541842.htm，最后访问时间：2022年9月7日。

② 《互联网用户公众账号信息服务管理规定》，载国家互联网信息办公室网站，http：//www.cac.gov.cn/2021－01/22/c_1612887880656609.htm，最后访问时间：2022年9月7日。

（二）公安机关、电信主管部门要求采取处置措施的范围

公安机关、电信主管部门可以要求互联网服务提供者采取本款明示的五项措施以外的其他处置措施。虽然本款仅明示规定了五种处置措施，但在用词上同样使用了“等”字。因此，公安机关、电信主管部门可以根据异常情况的不同要求互联网服务提供者采取其他处置措施。

【相关规定】

《中华人民共和国个人信息保护法》第十三条；《互联网跟帖评论服务管理规定》第八条；《互联网用户公众账号信息服务管理规定》第十三条；《区块链信息服务管理规定》第十六条；《网络信息内容生态治理管理规定》第三十四条。

【案例评析】

依法依规关停手机号码系正当的电信诈骗防控措施①

一、案情简介

原告姬生某系手机号码153××××××××的持有人。根据涉案号码的业务登记单显示，原告持有的涉案号码订购的套餐为星卡（39元）套餐。该订单后附《关于中国××股份有限公司北京分公司电话业务信息安全承诺书》：用户同意被告因用户利用被告网络从事复制、发布、传播违法信息从事违法活动；实施或协助他人实施危害被告网络安全和信息安全的行为；被政府管理部门通报或被举报用户存在恶意外呼、设置或拨打含骚扰、诈骗等违法内容彩铃、电话及其他使用电信服务进行骚扰、诈骗、推销、散布违规信息的行为等，被告中国××股份有限公司北京分公司有权暂停或限制向用户提供电信服务，直至终止电信服务，且被告不承担责任作出承诺。

2021年6月10日，原告乘坐高铁期间，于下午3时收到被告发送的短信，主要内容为根据国家防范治理电信网络诈骗的相关法律法规，由于您的号码进入目前诈骗违法活动的高危地区，为确保您和广大人民群众的

---

① 北京市第二中级人民法院（2021）京02民终17348号民事判决书，载中国裁判文书网，https://wenshu.court.gov.cn/website/wenshu/181107ANFZ0BXSK4/index.html?docId=bc9c70b0b9f440afbe954c3d502e0730，最后访问时间：2022年8月20日。

利益，对号码暂停通信服务。请您使用 Wi－Fi 在手机的应用商城下载“实人核验平台”App，进行在线复机。此后，原告按照上述提示进行复机，但因“请求位置不匹配”“票据信息不匹配”等原因未通过初审。当日下午 5 时 30 分，原告通过被告公众号进行申诉，被告于次日 11 时 52 分通知原告审核仍未通过。庭审中，原告提交了被告向原告发送审核结果通知的短信截图，被告予以认可，表示点击“查看详情”就可以看出未通过的原因系要求原告提交火车票，但原告未提供。

一审法院审理后判决解除原告姬生某与被告公司之间的电信服务合同关系，被告公司于本判决生效后七日内向原告赔偿停机期间的月租金 116 元。

原告姬生某不服一审判决，提出上诉。二审法院判决驳回上诉，维持原判。

二、本案核心问题

被告公司关停原告姬生某手机号码行为的法律认定问题。

三、法院裁判要旨

法院认为，原告使用被告提供的手机号码，并向被告交纳费用，双方之间存在电信服务合同关系。被告作为通信运营商，应当为用户提供迅速、准确、安全、方便和价格合理的电信服务。目前，电信网络诈骗是困扰人们正常生活的顽疾，治理不良垃圾信息、打击电信网络诈骗需要多方参与，需要从制度制定、技术手段、举报渠道等方面多措并举。被告作为运营商，根据相关部门要求协助相关机关对嫌疑号码进行监控、排查、查验和关停处置也是打击涉嫌诈骗行为的重要环节。原告使用涉案号码期间，被告向原告发送短信，告知涉案号码被采取保护性限制措施及其原因，并告知其复机方式，但原告拒绝按照被告告知的方式进行复机操作及提供相应材料。证据显示被告出于防止网络诈骗社会治理的目的，维护社会公共利益，对其针对涉案号码采取保护性限制措施进行了解释和告知，现有证据无法认定被告存在侵害原告个人权利的主观故意。

四、专家评析

近年来，电信网络诈骗犯罪呈现高发态势，对社会危害极大，我国相继出台各类法规对电信网络诈骗潜在风险进行防控，力求最大限度避免案件发生、减少社会危害。电信网络诈骗依托现代化电信技术以及互联网技术，借助技术平台实现虚构事实、隐瞒事实真相进而骗取受害者钱财的目的，电信平台与互联网平台是此类犯罪治理中的重点环节。本案中，被告公司作为通讯技术服务的提供者，其根据工信部印发的《关于运用大数据推进防范治理电信网络诈骗长效机制建设工作方案》[①] 等文件的要求，对高危号码、IP 地址、域名等及时清理整顿，提早防范化解涉诈风险，依法依规对原告的手机号码进行了关停处理，此类措施即属于对电信网络诈骗风险的防控措施。

本案中，原告电话因被反诈骗大数据模型识别而被关停，该模型系被告按照公安部及工信部要求设立，这与本法条中的有关互联网服务提供者的规定具有相似性，本法在适用中可能也会出现本案中出现的情形。笔者认为，在对用户相关账号采取限制乃至关停的措施之后，互联网服务提供者应当及时并清晰地向用户指明被误认、误判后的解封流程操作，相关核验与解封处置应当快速精准，在提升电信网络诈骗预防效果的同时不应大幅度影响用户的基本互联网使用体验，应当最大限度地控制不利影响，在遵守合法性的基础上增强合理性，达到相关手段措施实效的最大化。这就需要互联网服务提供者认真承担主体责任，在流程设计上不断细化和完善，与我国国家治理现代化的要求形成同步。

第二十三条　【对移动互联网应用程序的核验监测】 设立移动互联网应用程序应当按照国家有关规定向电信主管部门办理许可或者备案手续。

为应用程序提供封装、分发服务的，应当登记并核验应用程序开发运营者的真实身份信息，核验应用程序的功能、用途。

公安、电信、网信等部门和电信业务经营者、互联网服务提供者应当加强对分发平台以外途径下载传播的涉诈应用程序重点监测、及时处置。

【条文主旨】

本条是关于互联网应用程序主体的备案义务及行政机关、电信业务经营者、互联网服务提供者等主体对移动互联网应用程序核验监测责任的规定。

---

① 《工信部印发〈关于运用大数据推进防范治理电信网络诈骗长效机制建设工作方案〉》，载工业和信息化部网站，https：//www. miit. gov. cn/jgsj/waj/gzdt/art/2020/art_ aef8beee928a4bd9ba5aec0b93f936c3. html，最后访问时间：2022 年 9 月 7 日。

【条文理解】

本条是关于移动互联网应用程序的核验监测的规定。具体来讲，关于本条规定的理解，应当注意以下几个问题：

第一，本条第一款规定的是移动互联网应用程序主体向电信主管部门办理许可或者备案手续的义务。本款中电信主管部门指的是工业和信息化部及各省（自治区、直辖市）通信管理局。该款的义务主体是移动互联网应用程序主体，未履行该法定义务的移动互联网应用程序主体可能因此承担法律责任，如行政处罚、吊销相应资质、应用程序下架等。同时，国家相关部门应当建立并健全移动互联网应用程序备案机制，备案制度可以使在移动互联网应用程序供公众使用前掌握应用程序研发、管理等相关主体情况，有利于预防违法犯罪行为的发生，也有利于后续对应用程序的监管。

第二，本条第二款规定的是应用程序封装主体和分发主体的登记核验责任。该款规定中的主体是为应用程序提供封装、分发服务的有关主体，也属于互联网服务提供者，如手机应用市场等。本款要求互联网服务提供者为应用程序提供封装、分发服务时核验应用程序的功能、用途，防止其运用于违法犯罪活动。与此同时，互联网服务提供者必须登记并核验应用程序开发运营者的真实身份信息，这既有助于预防其实施违法犯罪活动，也有助于在其实施违法犯罪活动后的追责。实现对封装、分发的全程溯源则有助于保存涉及相关身份信息的证据。

第三，本条第三款规定的是对分发平台以外途径下载传播的涉诈应用程序的检测和处置。本款涉及的主体有公安、电信、网信等部门，电信业务经营者、互联网服务提供者。公安部门是指公安部及各级公安机关；电信主管部门指的是工业和信息化部及各省（自治区、直辖市）通信管理局；网信部门是指国家互联网信息办公室及各级互联网信息办公室；电信业务经营者是指取得电信经营许可证，从事电信业务经营活动的组织或个人；互联网服务提供者是指通过互联网向公众提供信息或者为获取互联网信息等目的提供服务的机构，包括互联网上的一切提供设施、信息和中介、接入等技术服务的个人用户、网络服务商以及非营利组织。互联网服务提供者涵盖面十分广，具体可以分为互联网接入服务提供者、互联网平台服务提供者、互联网内容及产品服务提供者。因此，为应用程序提供封装、分发服务者也属于互联网服务提供者，包括手机应用市场等平台。

本条第三款规定了公安部门、电信部门、网信部门等行政主体和电信业务经营者、互联网服务提供者对分发平台以外途径下载传播的涉诈应用程序的监测处置义务。该款的主体包括国家相关职能部门以及电信业务经营者、互联网服务提供者。本款要求加强对分发平台以外途径下载传播涉嫌诈骗活动的应用程序的重点监测、及时处置，与前一款有所区分。前一款是针对经分发平台传播的移动互联网应用程序的核验监管，第三款则是对分发平台以外途径传播的移动互联网应用程序的监测、处理。从实践出发，对于未经分发平台下载传播的应用程序，是需要重点关注的，因为涉嫌诈骗活动的应用程序往往为了逃避平台的核验，而通过平台以外的途径传播。此时，对于这些应用程序的监管，需要公安、网信、工信等部门及电信业务经营者、互联网服务提供者共同努力。

【适用指南】

一、关于移动互联网应用程序主体的备案义务

本条第一款规定的是移动互联网应用程序主体向电信主管部门办理许可或者备案手续的义务。电信主管部门指的是工业和信息化部及各省（自治区、直辖市）通信管理局。移动互联网应用程序面向不特定公众提供下载、安装服务，如果没有事前的备案、筛查等环节，一旦出现相关犯罪行为，而涉案主体又并未事先在相关部门留有信息可供调查，公安机关的侦查打击便会出现一定困难或障碍，这不利于我国电信网络诈骗的犯罪进行打击。设立移动互联网应用程序主体获取许可、备案的法定义务，建立健全移动互联网应用程序备案机制，将有助于这一问题的解决。

二、为应用程序提供封装、分发服务主体的登记核验义务

第二款中要注重考虑涉及诈骗活动的应用程序是否经分发平台的途径传播，因为只有经分发平台途径传播才存在第二款的登记、核验程序。与此同时，为应用程序提供封装、分发服务的互联网服务提供者是否履行登记并核验应用程序开发运营者的真实身份信息的义务非常重要，一旦违反该义务，则有可能因违反本法规定而受到处罚。本法第四十一条规定："电信业务经营者、互联网服务提供者违反本法规定，有下列情形之一的，由有关主管部门责令改正，情节较轻的，给予警告、通报批评，或者处五万元以上五十万元以下罚款；情节严重的，处五十万元以上五百万元以下罚款，并可以由有关主管部门责令暂停相关业务、停业整顿、关闭网站或者应用程序、吊销相关业务许可证或者吊销营业执照，对其直接负责的主管人员和其他直接责任人员，处一万元以上二十万元以下罚款……（四）未登记核验移动互联网应用程序开发运营者的真实身份信息或者未核验应用程序的功能、用途，为其提供应用程序封装、分发服务的……”与此同时，实践过程中，为应用程序提供封装、分发服务的互联网服务提供者是否核验应用程序的功能、用途也十分重要。对于涉移动互联网应用程序诈骗导致财产损失的案件，被害人可能将互联网服务提供者作为被告之一。此时，法院需要通过考察互联网服务提供者是否履行以上义务来认定其是否存在监督过失。

三、关于涉诈应用程序重点监测、及时处置

第三款针对的是分发平台以外途径传播的移动互联网应用程序。对于这些应用程序，电信业务经营者、互联网服务提供者需要加强监督，在发现存在从事涉嫌诈骗活动的应用程序后，需要及时处置。如果互联网服务提供者未建立应用程序的监测、识别和处置机制，则有可能因违反本法规定而受到处罚。本法第四十一条规定：“电信业务经营者、互联网服务提供者违反本法规定，有下列情形之一的，由有关主管部门责令改正，情节较轻的，给予警告、通报批评，或者处五万元以上五十万元以下罚款；情节严重的，处五十万元以上五百万元以下罚款，并可以由有关主管部门责令暂停相关业务、停业整顿、关闭网站或者应用程序、吊销相关业务许可证或者吊销营业执照，对其直接负责的主管人员和其他直接责任人员，处一万元以上二十万元以下罚款……（五）未履行对涉诈互联网账号和应用程序，以及其他电信网络诈骗信息、活动的监测识别和处置义务的；……”与此同时，在实践过程中，对于分发平台以外途径传播的移动互联网应用程序诈骗案件，被害人可能将互联网服务提供者作为被告，此时法院需要考察该互联网服务提供者在本案中是否建立应用程序的监测、识别和处置机制，是否加强对涉嫌诈骗活动的应用程序的监管及处置，以此认定其是否存在监督过失。

【相关规定】

《中华人民共和国网络安全法》第十条、第十二条、第十五条。

【案例评析】

加强对移动互联网应用程序的核验监测①

一、案情简介

2018年6月16日，王燕某在迪信某公司位于甲市某商场一楼某通信营业厅参加斐某数据通信技术有限公司生产净化器、音箱等产品“0元购”返现活动，经某通信营业厅店员介绍，王燕某于同日通过某搜索网站（其运营公司为某公司）下载华夏万某金融服务外包有限公司（以下简称“华夏万某公司”）的手机App，以供“0元购”活动返现操作使用。2018年6月19日、20日和21日，王燕某自行通过华夏万某公司手机App进行理财活动，共计投入理财款项76000元。因理财款到期后无法取出，2018年9月11日，王燕某将迪信某公司及华夏万某公司诉至法院，要求两被告返还投资款并支付利息。2019年4月1日，法院作出民事裁定书，因被告华夏万某公司存在利用App涉嫌诈骗嫌疑，济南市公安局天桥分局已立案侦查，故裁定驳回王燕某起诉。王燕某认为迪信某公司及某公司存在侵权行为，致使其财产受到损失，各方形成纠纷，王燕某将迪信某公司及某公司诉至法院。

二、本案核心问题

迪信某公司、某公司在诈骗钱财过程中是否具有过错以及该过错与王燕某的损害后果是否具有因果关系。

三、法院裁判要旨

第一，关于迪信某公司是否应当承担赔偿责任。2018年6月16日，王燕某参加了迪信某公司“0元购”返现活动，并通过某搜索网站下载华夏万某公司手机App操作返现，其已经获得了相应的产品，且迪信某公司在王燕某支付的货款无法实现返还的时候，已经垫付了“0元购”活动的返现货款5896元，迪信某公司作为产品的销售方，与王燕某之间的买卖合同已经履行完毕。即便是王燕某通过“0元购”活动下载了华夏万某App，但后续王燕某通过华夏万某App购买理财产品的行为，系其在参加“0元

① 山东省高级人民法院（2021）鲁民再38号民事判决书，载中国裁判文书网，https：//wenshu. court. gov. cn/website/wenshu/181107ANFZ0BXSK4/index. html? docId = c746990f4f354697b3a2ae04017f7215，最后访问时间：2022年3月15日。

购”活动后基于理财产品可能带来的经济利益而自主实施的行为，并非“0 元购”活动的延续，亦非参加华夏万某的“0 元购”活动的前提，即王燕某购买理财产品的行为与华夏万某的“0 元购”活动不具有关联性。且王燕某并未提供任何证据证明迪信某公司向其推销华夏万某 App 的理财业务或者对于华夏万某 App 的理财收益作出任何承诺。王燕某作为成年人，在未对相关网络理财产品的真实性、安全性进行审查的情况下，对网络理财风险认识不足，因其自身原因导致了理财损失，其对损害后果的发生存在过错。因此，王燕某通过华夏万某 App 购买理财所产生的损失系由华夏万某 App 公司的相关行为以及自身对于网络理财风险认识不足所致，与迪信某公司之间不存在因果关系，其要求迪信某公司对其理财损失承担责任的再审理由，缺乏事实及法律依据，不予支持。

第二，关于某公司是否应当承担赔偿责任。王燕某虽提交了相关新闻报道，拟证实某公司应对用户的财产损失无条件先行赔偿。但根据某公司提交的 2015 年《网民权益保障计划》，该计划对先行赔付机制的适用条件有明确规定，并且某公司已经在相关网站对网民权益保障信息进行了充分公开，王燕某并不符合先行赔付的适用条件。另外，本案中，某公司仅作为搜索引擎网络服务提供者，王燕某并未提交证据证实某公司在其本次损害中存在过错。对于王燕某要求某公司对其损失进行赔付的主张，亦不予支持。

四、专家评析

本案中，涉案的华夏万某 App 是通过搜索网站下载到手机上的，属于经分发平台以外途径传播，因此主要关注本案涉及的互联网服务提供者是否建立对互联网账号、应用程序、涉诈产业，或者其他电信网络诈骗信息、活动的监测、识别和处置机制，还有相关电信业务经营者、互联网服务提供者是否加强对分发平台以外途径下载传播的涉诈应用程序重点监测、及时处置的问题。本案中的某公司属于互联网服务提供者，也即主要考察某公司对以上义务的履行情况。

本案发生时相关规范并未对上述事项作出规定和要求，裁判文书中也并没有明确某公司是否已经建立这类应用程序的监测、识别和处置机制，同样也未明确其是否对涉嫌诈骗活动的应用程序进行重点监测、及时处置。本法生效后，相应的监测和处置机制属于相关主体的法定义务，相关主体应当遵照执行。可以想见，对相关移动互联网应用程序采取现代化技术予以监测并对异常情况加以及时处置后，我国以移动互联网应用程序为诈骗犯罪工具载体的犯罪行为将更加难以隐匿和实现，有利于对电信网络诈骗犯罪分子实施有效的震慑和遏制。

第二十四条 【域名服务提供者责任】 提供域名解析、域名跳转、网址链接转换服务的，应当按照国家有关规定，核验域名注册、解析信息和互联网协议地址的真实性、准确性，规范域名跳转，记录并留存所提供相应服务的日志信息，支持实现对解析、跳转、转换记录的溯源。

【条文主旨】

本条是关于提供域名解析、域名跳转、网址链接转换服务主体对域名相关信息的核验、记录、留存责任的规定。

【条文理解】

一、对于“域名解析、域名跳转、网址链接转换服务”的理解

所谓“域名”，是指互联网上识别和定位计算机的层次结构式的字符标识，与该计算机的 IP 地址相对应。[①] 所谓“域名解析”，指的是在计算机通信中，将域名转换为 IP 地址的一种服务。[②] 所谓“域名跳转”，指对某一域名的访问跳转至该域名绑定或者指向的其他域名、IP 地址或者网络信息服务等。[③] 所谓“网址链接转换”，笔者认为，指的是将网址链接转换为其他形式以便复制、传播等，如将长链接转换为短链接的形式。本条将这三种行为纳入规制范围，主要是因为在实践中，相关主体在提供域名解析、域名跳转、网址链接转换服务后，电信网络诈骗分子可以通过这种形式将诈骗网页、诈骗应用程序等向用户加以展示，诱使用户使用后上当受骗，达到其诈骗钱财的犯罪目的。一般来说，网络电信诈骗犯罪分子会借助域名解析、域名跳转、网址链接转换服务来将自己具有网络电信诈骗目的的非法网站置于具有合法外观的网页之下，将非法网站加以伪装后便诱骗受害者通过网络链接访问其非法网站，或直接窃取受害者相关账号、密

---

① 参见《互联网域名管理办法》第五十五条，载国家互联网信息办公室网站，http://www.cac.gov.cn/2017-09/28/c_1121737753.htm，最后访问时间：2022 年 9 月 7 日。

② 郝兴伟编著：《大学计算机——计算机应用的视角》，山东大学出版社 2018 年版，第 384 页。

③ 参见《互联网域名管理办法》第五十五条，载国家互联网信息办公室网站，http://www.cac.gov.cn/2017-09/28/c_1121737753.htm，最后访问时间：2022 年 9 月 7 日。

码等信息，或通过木马病毒程序盗取用户 QQ 号、微信号等移动社交软件账号用以进一步诈骗钱财。因此，加大域名解析、域名跳转、网址链接转换服务的规范力度十分必要，将域名解析、域名跳转、网址链接转换服务规范化、法治化可以从前端有效预防网络电信诈骗犯罪案件的发生。

二、对于“核验域名注册、解析信息和互联网协议地址的真实性、准确性”的理解

“按照国家有关规定，核验域名注册、解析信息和互联网协议地址的真实性、准确性”，即规定了域名服务提供者对域名注册、解析信息和互联网协议地址的法定的实质审查义务。所谓实质审查，即域名服务提供者需要依照国家有关规定对域名注册、解析信息和互联网协议地址的真实性和准确性进行审查，此类审查要求域名服务提供者对域名注册、解析信息和互联网协议地址进行实质性核验，而不是仅仅停留在对域名是否存在、是否重复等表面的合法性形式方面的审查上。

本条规定域名服务提供者实质性审查的义务，可以最大限度避免犯罪分子利用相关域名服务中形式审查的漏洞对域名、信息等实施偷换内容或内嵌链接等不法行为，减少这类不法行为导致的电信网络诈骗。在司法实践中，很多电信网络诈骗受害者在受骗之后仍不知晓自己的财产是如何被犯罪分子骗取的，其中很重要的一个原因是犯罪分子通过伪造与合法网站相似的网络域名等手段令受害者误以为其登录的是合法的正规网站，犯罪分子借此获取被害人的各类敏感信息。域名服务提供者对域名注册、解析信息和互联网协议地址进行实质审查是法定义务，有关主体必须遵照执行，否则将可能承担法律责任。

三、对于“规范域名跳转”的理解

“域名跳转”是对某一域名的访问跳转至该域名绑定或者指向的其他域名、IP 地址或者网络信息服务等，也被称为“URL 转发”“域名转向”。通常，“域名跳转”会发生在跳转指向的网络域名较为复杂的情况中，互联网主体为了让用户通过更加简便、易于记忆的网络地址来访问该网页，便会通过域名跳转的方式，将用户从易于记忆的域名跳转到复杂的域名。因此，“域名跳转”本身是一项合法且应用较为广泛的互联网技术。

但不法分子往往利用这一技术手段，将自制的非法网页加以包装之后，通过伪造与知名网站相近的域名，盗用、冒用知名域名，或欺骗用户扫描其准备的二维码等方式，欺骗不知情的普通用户访问其非法网站，进而实现其网络电信诈骗的目的。为了进一步掩人耳目，不法分子还会利用域名跳转技术将用户访问的网络地址多次跳转，进一步增加了普通公众上当受骗的概率。可以说，缺乏监管和限制的域名跳转具有极大的公共安全隐患。因此，本法规定域名服务提供者在提供服务的过程中，要依照国家规定来规范域名跳转，减少不法分子非法利用域名跳转服务实施网络电信诈骗的机会，压缩不法分子利用此方式违法犯罪的空间。

四、对于“记录并留存所提供相应服务的日志信息”的理解

本条还规定了域名服务提供者对提供相应服务的日志信息的记录义务和留存记录的义务。所谓“提供相应服务的日志信息”，即域名服务提供者对其提供的相应服务进行的日志记录，往往以日志文件的形式呈现。在具体信息记录范围问题上，本条所规定的日志信息，应当至少包含支持对解析、跳转、转换记录进行溯源的功能，其信息记录至少应当满足公安机关等有权主体通过日志对相关域名服务进行溯源的功能。这同样是域名服务提供者的法定义务，若相关日志信息没有记录或记录不完全从而导致对解析、跳转、转换记录无法溯源，则域名服务提供者需要承担相应的法律责任。

【适用指南】

本条规定的是域名服务提供者的两类义务，即域名服务提供者对域名注册、解析信息和互联网协议地址的实质审查义务以及域名服务提供者对提供相应服务的日志信息的记录义务和留存记录的义务。本条在适用中，应当从以下两个方面予以关注：

一、对域名注册、解析信息和互联网协议地址进行实质核验

域名服务提供者应当依法对域名注册、解析信息和互联网协议地址进行实质核验。这一事项的要点是“实质核验”，具体来说就是对域名注册、解析信息和互联网协议地址的真实性、准确性进行核验。这一核验过程，应当涉及域名注册、解析信息和互联网协议地址的实际内容部分是否存在人为虚构、偷换、冒充等现象，要重点倾向于对涉电信网络诈骗相关信息的核查核验，从实质层面对违法违规域名进行筛选和处理。若域名服务提供者没有履行法定核验义务，可能因违反法律被行政机关进行行政处罚，后续若发生相关网络电信诈骗案件，域名服务提供者也可能因此承担相应的法律责任。

二、对提供相应服务的日志信息进行记录并留存记录

域名服务提供者应当依法对其提供相应服务的日志信息进行记录并将记录予以留存。一方面要关注日志信息的记录工作，是否有相应的记录机制，记录是否是真实的、完整的、准确的、及时的。此类日志信息的记录对相关网络电信诈骗案件的侦查起诉等程序有着重要的意义，是重要的线索与证据。另一方面要关注日志记录的留存是否有相关完善的机制，主要涉及相关日志记录的储存、调取、复制、移动等问题，使得有关机关能够及时和便捷地查验调取相关日志记录，真正达到本条规定此项义务的目的。

【相关规定】

《互联网域名管理办法》第十二条、第三十条、第三十二条、第三十六条、第三十九条、第四十条。

【案例评析】

重视通过域名服务方式实施的电信网络诈骗①

一、案情简介

2014 年 3 月 28 日，被害人报案，称其女儿的 QQ 号被人冒用后与其联系，以“老师急用钱”等借口骗其向指定账户汇款 9 万元，后警方侦办发现该 QQ 号系被一专门盗号网站盗取获得。经追查，该盗号网站由一个专门为网络诈骗分子提供盗号服务的犯罪团伙架设并维护。

被告人古悦某与被告人郭某、巴某通过互联网结识后，由被告人古悦某提出创建用于盗取腾讯 QQ 账号及密码的钓鱼网站总体架构、功能分配等具体要求，被告人巴某受雇于被告人古悦某并按其要求进行钓鱼网站程序的编写，于 2013 年 10 月起先后在被告人古悦某租得的服务器上成功架设钓鱼网站，在该钓鱼网站上设置“珠宝”“商务人士”“招聘人员”“选美”等不同类别钓鱼模板网页。被告人郭某向被告人古悦某提供可以通过绿色认证的网站网址及空间使用操作权限代码直至案发。被告人巴某负责对钓鱼网站进行技术维护，并负责在被告人郭某提供的网站上添加跳转代码，进而链接至钓鱼网站。被告人巴某从事上述事务至 2014 年 3 月 31 日。被告人林某甲受被告人古悦某的雇用于 2014 年 4 月 1 日起负责对该钓鱼网站的技术维护、添加跳转代码等工作，并于 2014 年 4 月下旬根据被告人古

---

① 扬州经济技术开发区人民法院（2015）扬开刑初字第 00013 号刑事判决书，载中国裁判文书网，https：//wenshu. court. gov. cn/website/wenshu/181107ANFZ0BXSK4/index. html?docId = 858b3330cce0474da263b81c798bc7d2，最后访问时间：2022 年 3 月 20 日。

悦某的要求重新搭建新的钓鱼网站。在钓鱼网站成功搭建后，被告人古悦某雇用被告人林某乙、古某使用其提供的QQ号、手机卡、电子邮箱等工具，通过网络对外出租钓鱼网站的使用权，有偿提供给他人用于在互联网上盗取QQ账号及密码。

二、本案核心问题

被告人编写盗号程序、架设钓鱼网站、在可以通过绿色认证的网站网址上添加跳转代码进而链接钓鱼网站等行为的认定。

三、法院裁判要旨

被告人古悦某雇用被告人巴某编写能够盗取QQ账号及密码的钓鱼网站程序，并租用服务器用于架设该钓鱼网站。被告人郭某向被告人古悦某有偿出售可以通过绿色认证的网站网址及空间使用操作权限代码，由被告人巴某、林某甲在该网站上添加跳转代码进而链接钓鱼网站，并负责对钓鱼网站的技术维护，被告人古悦某雇用被告人古某、林某乙通过互联网对外出租钓鱼网站的使用权，向用户提供钓鱼网站的网址、用户名及密码，供用户在互联网上盗取腾讯QQ账号及密码，被盗取的QQ账号及密码记录在钓鱼网站的服务器上，租赁钓鱼网站的用户通过登录钓鱼网站，即可获取上述账号及密码。被告人古悦某、郭某、巴某、林某甲、古某、林某乙的行为均已构成非法获取计算机信息系统数据罪，各被告人参与犯罪期间，共同违法所得均在人民币二万五千元以上，属于情节特别严重。六被告人与他人共同故意犯罪，系共同犯罪，其中被告人古悦某在共同犯罪中起主要作用，系主犯，应当按照其所参与的全部犯罪处罚，被告人郭某、巴某、林某甲、古某、林某乙均系受被告人古悦某雇用参与犯罪，在共同犯罪中均起次要作用，均系从犯，依法均应当减轻处罚。

四、专家评析

本案中，各被告人以编写盗号程序、非法假设盗号钓鱼网站、购买可以通过安全联盟绿色认证的网站网址及空间使用操作权限代码、在该网站上添加跳转代码进而链接至钓鱼网站的方式，搭建了一个供电信网络诈骗犯罪分子使用的现成的犯罪工具。在一步步诱骗不知情的互联网用户点击进入钓鱼网站后，电信网络诈骗犯罪分子通过钓鱼网站的盗号程序非法盗取用户账号信息，而后以冒充被害人向被害人亲友要求汇款转账等方式进行电信网络诈骗犯罪，此类犯罪欺骗性强、危害性大。

在本案犯罪行为实施过程中，从安全的合法网站跳转至带有盗号程序代码的钓鱼网站是被害人被骗的关键环节，普通人很难识别这种域名跳转和加以伪装的钓鱼网页，极易被骗。本条中规定的域名服务者义务，可以从规范和制度层面减少这类通过域名服务方式进行电信网络诈骗的犯罪行为，有效遏止这类电信网络诈骗的发生。

第二十五条　【涉诈支持、帮助活动之禁止与监测防范】 任何单位和个人不得为他人实施电信网络诈骗活动提供下列支持或者帮助：

（一）出售、提供个人信息；

（二）帮助他人通过虚拟货币交易等方式洗钱；

（三）其他为电信网络诈骗活动提供支持或者帮助的行为。

电信业务经营者、互联网服务提供者应当依照国家有关规定，履行合理注意义务，对利用下列业务从事涉诈支持、帮助活动进行监测识别和处置：

（一）提供互联网接入、服务器托管、网络存储、通讯传输、线路出租、域名解析等网络资源服务；

（二）提供信息发布或者搜索、广告推广、引流推广等网络推广服务；

（三）提供应用程序、网站等网络技术、产品的制作、维护服务；

（四）提供支付结算服务。

【条文主旨】

本条是关于禁止支持、帮助电信网络诈骗活动和防范监测前述活动的义务性规定。

【条文理解】

本条共分为两款。第一款是关于任何单位和个人在明知他人存在电信网络诈骗行为的情况下，不得向其提供相关支持和服务的义务性规定。具体来讲，关于本款规定的理解，应当注意以下几个问题：

第一，不得提供相关支持和服务的义务主体不限，包括任何的单位与个人。这里的单位应当作最广义的理解，涵盖政府单位、事业单位、企业单位三类，其中企业单位又可以涵盖国有、民营、私营、股份制、外资、合资等多种类型。因而，本款规定的单位既可以包括国家机关，也可以包括企、事业单位；既可以包括公有制经济主体，也可以包括民营企业；既可以包括互联网服务提供者，也可以包括互联网服务管理者、互联网服务使用者等。总之，不论单位的具体性质为何，只要是单位，均需要遵守并履行该款义务性规定。而对于个人，则严格以《中华人民共和国民法典》为依据，应当涵盖所有具有民事行为能力的自然人，包括限制民事行为能力人。

第二，单位和个人应当对他人从事电信网络诈骗的行为处于明知状态。这是单位和个人应当履行该款义务性规定的基础和前提。"他人"既可以包括其他自然人，也可以包括从事电信网络诈骗活动的相关单位。"明知"的程度并不需要达到对他人从事电信诈骗活动事实的具体认知，如诈骗对象、诈骗数额、诈骗手段等，而只需要认识到电信诈骗活动性质即可。据此，如果单位和个人在提供该款规定所列举的支持或服务事项时并不知道其所支持或服务的对象正在实施电信网络诈骗活动，便不能适用该款规定，也不能适用《中华人民共和国反电信网络诈骗法》中关于法律责任承担条款的具体规定。相反，即便单位和个人并未明确认识到诈骗对象、诈骗数额等具体的诈骗活动事实，但只要其认识到他人正在从事电信诈骗活动，就不影响本款规定及其法律责任后果的适用。

第三，本款作为典型的义务性规定，主要包括以下三种具体表现形式：

一是出售、提供个人信息的行为。利用公民个人信息的各类违法犯罪行为日益猖獗，造成严重的社会危害。特别是，电信网络诈骗活动的形式伴随着科技的发展越来越多样化，依托于公民个人信息泄露的各类诈骗电话、诈骗短信、诈骗链接等与日增多，严重威胁人民群众的财产安全和正常社会秩序。因而，《中华人民共和国刑法》《中华人民共和国个人信息保护法》等规范性文件对公民个人信息的保护力度不断强化。由此，本法自然也将其纳入单位和个人的义务。所谓"出售"，是指以营利为目的，向他人售卖公民个人信息的行为。"提供"则无营利目的之要求，只要单位和个人不合法地向他人提供公民个人信息，就应当受到该规定的调整。总之，无论单位和个人是否基于营利目的，只要未经法定许可，非法向他人提供公民个人信息，就应当受到相应规制。

二是帮助他人通过虚拟货币等交易方式洗钱的行为。随着互联网科技尤其是区块链技术的发展，虚拟货币不断涌现，并已具备相当规模。相应地，以虚拟货币为表现形式或侵害对象的各类违法犯罪现象也层出不穷。对于实施电信网络诈骗的犯罪人而言，在新的科技环境下利用虚拟货币交易等手段实施洗钱的活动也渐渐显现，这是不同于以往洗钱犯罪表现的典型特征。因此，反电信网络诈骗法针对新的犯罪环境和形态，将帮助他人以虚拟货币洗钱的方式纳入规制情形。对于帮助他人通过虚拟货币交易等方式洗钱的行为，则可以结合刑法关于洗钱罪的相关规定进行认定。

三是其他为电信网络诈骗活动提供各类支持或者帮助的行为。相比前两项规定而言，该项规定在本款规定中具有“兜底性”意味。结合反电信网络诈骗法的立法宗旨，这里的“其他”不应作具体类别、程度等的区分。也就是说，只要单位和个人明知他人在从事电信网络诈骗犯罪活动，任何种类、任何形式、任何程度的支持和帮助都应当被禁止。

本条第二款是关于电信业务经营者、互联网服务提供者应当履行合理的注意义务，建立相应的监测防范制度，对违反法律规定的涉诈产业进行监测、拦截和处置的规定。该款规定强调电信业务经营者、互联网服务提供者的监管主体作用，通过加强对单位和个人向电信网络诈骗犯罪活动实施者所提供的各类支持和服务的拦截和处置，以强化互联网服务提供者的监管力度，降低电信网络诈骗犯罪活动的实现可能性，保护公民的合法权益。具体来讲，需要加强监测和处置的帮助和支持情形主要如下：

一是提供互联网接入、服务器托管、网络存储、通讯传输、线路出租、域名解析等网络资源服务的行为。该项规定所针对的对象主要是提供互联网接入、线路接入等网络资源服务的互联网服务提供者。互联网接入，是指通过特定的信息采集与共享的传输通道，利用话线拨号接入等传输技术完成用户与 IP 广域网的高带宽、高速度的物理连接。[①] 服务器托管，是指为了提高网站的访问速度，将服务器及相关设备托管到具有完善机房设施、高品质网络环境、丰富带宽资源和运营经验以及可对用户的网络和设备进行实时监控的网络数据中心内，以此使系统达到安全、可靠、稳定、高效运行的目的。[②] 网络存储是数据存储的一种方式，其结构大致分为三种：直连式存储、网络附加存储和存储区域网。[③] 通讯传输，即由

---

① 周博、李照华：《移动互联网接入网络技术》，载《科技资讯》2013 年第 8 期。

② 参见《服务器托管介绍以及服务器托管注意事项》，载《计算机与网络》2013 年第 7 期。

③ 张东升：《几种常见网络存储技术的比较研究》，载《网络与信息》2010 年第 10 期。

一地向另一地的信息传递，其目的是交换和传输讯息，这种传输方式随着社会生产力和科技的发展有所变化。例如，利用光纤的互联网传输成为现代通讯传输的主要方式。线路出租，是将通信线路向外出租，以使租借者可以实现局域网或广域网的互相连通，从而实现公共网络的使用和数据的传输等。域名解析是把域名指向网站空间IP，让人们通过注册的域名可以方便地访问网站的一种服务，是互联网用户访问互联网这一通信过程的关键组成环节。[①] 无论是何种提供网络资源服务的行为，对于互联网服务提供者而言，其提供相关网络资源服务的行为客观上都为电信网络诈骗活动提供了平台。因而，要求互联网服务提供者拒绝向电信网络诈骗活动实施者提供此类支持与服务，能够从根本上减少甚至杜绝该类案件的发生。

二是提供信息发布或者搜索、广告推广、引流推广等网络推广服务的行为。以网络广告链接为代表的各类网络推广是被害人陷入骗局的重要诱因，积极打击电信网络诈骗活动中的各类网络推广服务具有较大必要。网络信息发布的基本思路是尽可能避开互联网上有可能影响数据传输速度和稳定性的瓶颈和环节，使内容传输得更快、更稳定，其具体的实现路径是通过实现用户对网站的就近访问及网络流量的智能分析，将本节点流媒体资源库中的指定内容根据业务运营商设置的内容分发策略向下层节点推送，之后下层节点控制系统通知下层内容管理系统登记接收并由该节点以内容注入的方式接收分发的内容。网络层面的广告推广主要是通过网络推广方式强化活动的宣传作用。引流推广就是将自己的产品或者服务推广出去让别人知道，并能引导别人到所设置的地方，从而实现这种交易活动。通过搜索引擎进行网络推广，具体来讲则是利用搜索引擎推广涉及电信诈骗活动的信息与相关链接，并助力于电信网络诈骗活动的实现。因而，对于网络运营商而言，如若明知服务对象正在从事电信网络诈骗活动，则应当对该类网络推广服务坚决制止并下架。

三是提供应用程序、网站等网络技术、产品的制作、维护服务的行为。电信网络诈骗犯罪活动的重要实施方式之一就是通过制造一些虚假或有风险的应用程序或网站，引导受害人点击，进而利用被害人的无防备意识完成自己的诈骗犯罪活动。因而，积极阻止电信网络诈骗违法犯罪活动实施者对该类应用程序和网站的顺利使用显然是反电信网络诈骗的有效措施。具体来说，这里的应用程序和网站包括两类：一类是电信网络诈骗犯罪活动实施者自己创建、制作的应用程序和网站；另一类是被从事电信网

---

① 李想：《我国新通用顶级域名解析情况综述》，载《电信技术》2017年第5期。

络诈骗活动的不法分子所利用的既有应用程序和网站。无论是哪一类，只要是基于实施电信网络诈骗犯罪活动目的的，相关的网络技术部门或维护主体等就应当拒绝提供该类制作和维护服务。

四是提供支付结算服务的行为。完成支付结算是实现诈骗犯罪活动目的的最后环节，因此需要坚决制止为电信网络诈骗犯罪活动提供支付结算的行为，以截断犯罪分子完成相应犯罪的“最后一公里”。对于支付结算业务而言，虽然存在个人服务主体，但是更多的则是单位主体，并且这些主体提供支付结算服务的形式一般是通过各类支付平台或软件，因而需要着重注意。

【适用指南】

对该条规定的具体适用，实践中应当注意的问题是：

第一，关于明知的认定标准问题。实践中对于明知的认定要严格把握，虽然无需要求相关单位和个人认识到他人电信网络诈骗活动的具体事实，但也要严格通过一系列客观表征认定相关单位和个人对他人电信网络诈骗活动性质的明知，特别是要慎重适用推定明知标准，以防止义务主体设置和打击范围的不当扩大。关于客观表征，可以结合他人从事电信网络诈骗活动的手段恶劣性、诈骗信息指向明显性、宣传手段明确性等进行综合判断。诈骗手段恶劣程度越高、诈骗信息指向越明显、诈骗宣传手段越明确的，可以认为各单位或个人的监管、筛查责任就越大，此时如若未经审查就提供相应支持与服务，可以认为其处于明知状态。相反，如果电信网络诈骗活动实施者的手段越隐秘、信息越不明显、表面导向性越低，就可以推断认为各单位或个人的认知可能性越低，如果此时其还能提供一定的审查材料证明履行了相关义务，就不宜认定为明知。

第二，关于个人信息的认定问题。《中华人民共和国个人信息保护法》强化了公民个人信息的保护力度，根据该法第四条的规定，个人信息是以电子或者其他方式记录的与已识别或者可识别的自然人有关的各种信息，不包括匿名化处理后的信息。因而，反电信网络诈骗法适用实践中关于个人信息的认定应当结合个人信息保护法的规定，以个人信息的可识别性作为判断标准。所谓个人信息的可识别性，是指信息具有明显指向性，他人可以根据相关的信息识别出具体的某个自然人，如身份证号码、脸部照片、姓名信息、地址信息等。如若所涉及信息不能直接或间接指向具体的自然人，则不能认定为该条规定所指的个人信息。

第三，关于行政处罚与刑事追诉的程序衔接。反电信网络诈骗法第四十八条明确规定了单位和个人违背本条规定应当承担的行政责任，且明确规定构成犯罪的要追究刑事责任。同时，违背该条规定的行为有可能同时涉及电信网络诈骗犯罪的帮助犯问题。因此，执法机关在依据反电信网络诈骗法办理案件时，如果发现单位或个人可能同时涉及相关犯罪，应当及时和公安机关保持沟通交流，推动案件的移交转送，从而推进行政程序和刑事诉讼程序的衔接与转换。

第四，其他支持和帮助行为的认定问题。需要注意的是，执法机关在进行其他支持和帮助行为的认定时，仍然需要对其作实质判断。这里的实质支持和帮助，主要是指这些支持和帮助行为能够确实地帮助电信网络诈骗犯罪活动进行，而不能只进行简单的形式判断。

第五，关于互联网服务提供者的监测防范义务。互联网服务提供者在承担关于涉诈产业的监测防范义务时应当更积极主动，努力建构完善的监测防范制度，并及时处理相关的信息和疑点。互联网提供者不仅应当对系统或平台内的所有信息进行细致、实质的审查，而且要对其他单位或个人所反映、投诉的疑点作出切实回应，做到有疑必查、有线索必追、有责必究，并及时向执法部门进行反馈和移交。

【相关规定】

《中华人民共和国刑法》第二十五条至第二十七条、第二百五十三条之一、第二百六十六条、第二百八十七条之一、第二百八十七条之二；《中华人民共和国个人信息保护法》；《最高人民法院、最高人民检察院、公安部关于办理电信网络诈骗等刑事案件适用法律若干问题的意见》第二条至第四条；《最高人民法院、最高人民检察院、公安部关于办理电信网络诈骗等刑事案件适用法律若干问题的意见（二）》第二条、第五条、第十二条；《最高人民法院、最高人民检察院关于办理非法利用信息网络、帮助信息网络犯罪活动等刑事案件适用法律若干问题的解释》第十一条至第十四条等。

【案例评析】

帮助实施电信网络诈骗活动的法律风险与责任①

一、案情简介

被告人赵甲经营的网络科技有限公司的主营业务为第三方支付公司网络支付接口代理。赵甲在明知申请支付接口需要提供商户营业执照、法人身份证等五证信息和网络商城备案域名，且非法代理的网络支付接口可能被用于犯罪资金走账和洗钱的情况下，仍通过事先购买的企业五证信息和假域名备案在第三方公司申请支付账号，每个账号收取2000元至3500元不等的接口费，将账号卖给他人，并收取该账号入账金额千分之三左右的分润。2016年11月17日，被害人赵乙被骗600万元。其中，被骗资金50万元经他人账户后转入在第三方某股份有限公司开户的某贸易有限公司商户账号内流转，该商户账号由赵甲通过上述方式代理。

二、本案核心问题

被告人赵甲明知他人在从事相关犯罪，仍然帮助其办理并申请支付账号，是否构成相关电信网络诈骗犯罪的共同犯罪，是否构成帮助信息网络犯罪活动罪。

三、法院裁判要旨

被告人赵甲明知他人利用信息网络实施犯罪，仍为其犯罪提供支付结算的帮助，其行为已构成帮助信息网络犯罪活动罪。

四、专家评析

本案对于采用各种措施帮助他人实施电信网络诈骗犯罪活动的具体规制具有典型意义。近年来，信息技术的广泛应用让我们的生产生活变得更高效便捷，但也给犯罪分子利用信息技术实施犯罪提供了便利条件。本案中，被告人赵甲明知申请支付接口需要提供商户营业执照、法人身份证等五证信息和网络商城备案域名，明知非法代理的网络支付接口可能被用于犯罪资金走账和洗钱，仍通过事先购买的企业五证信息和假域名备案在第三方公司申请支付账号，并从中抽取相应提成，导致他人受骗，产生严重

---

①　浙江省义乌市人民法院（2017）浙0782刑初1563号刑事判决书，载中国裁判文书网，https：//wenshu. court. gov. cn/website/wenshu/181107ANFZ0BXSK4/index. html？docId＝99b35e84a4a94acc89a0a7fc01121c22，最后访问时间：2022年7月18日。

经济损失。因此，要从源头整治电信网络诈骗犯罪，除了公民要提高保护意识以外，国家对各相关单位和个人的行为也需加强监管。在此情形下，相关条款的出台进一步明确了单位和个人在电信网络诈骗犯罪活动中不得提供帮助其支付结算等义务，顺应了电信网络诈骗犯罪治理的趋势。

第二十六条　【互联网服务提供者的配合取证和移送义务】公安机关办理电信网络诈骗案件依法调取证据的，互联网服务提供者应当及时提供技术支持和协助。

互联网服务提供者依照本法规定对有关涉诈信息、活动进行监测时，发现涉诈违法犯罪线索、风险信息的，应当依照国家有关规定，根据涉诈风险类型、程度情况移送公安、金融、电信、网信等部门。有关部门应当建立完善反馈机制，将相关情况及时告知移送单位。

【条文主旨】

本条是关于互联网服务提供者配合取证和移送义务的规定。

【条文理解】

本条共分为两款。第一款是关于互联网服务提供者在公安机关办理电信网络诈骗案件依法调取证据时，应当及时提供包括但不限于数据查询、证据调取等支持的义务性规定。具体来讲，关于本款规定的理解，应当注意以下几个问题：

第一，该款规定的义务主体限定于互联网服务提供者。关于互联网服务提供者内涵和外延的具体界定，应当结合《中华人民共和国刑法》《中华人民共和国广告法》《互联网广告管理暂行办法》和最高人民检察院、最高人民法院联合发布的《关于办理非法利用信息网络、帮助信息网络犯罪活动等刑事案件适用法律若干问题的解释》① 等规范性文件中的相关规

① 《最高人民法院、最高人民检察院关于办理非法利用信息网络、帮助信息网络犯罪活动等刑事案件适用法律若干问题的解释》，载最高人民检察院网站，https：//www. spp. gov. cn/spp/xwfbh/wsfbh/201910/t20191025_ 436138. shtml，最后访问时间：2022 年 7 月 25 日。

定予以认定。总体来讲，互联网服务提供者的服务范围主要包括：平台经营服务、监测或监播类服务、数据分析服务、数据交换服务等。具体展开来说，根据该解释的相关界定，刑法第二百八十六条之一规定的“网络服务提供者”应当包括以下情形：（1）网络接入、域名注册解析等信息网络接入、计算、存储、传输服务；（2）信息发布、搜索引擎、即时通讯、网络支付、网络预约、网络购物、网络游戏、网络直播、网站建设、安全防护、广告推广、应用商店等信息网络应用服务；（3）利用信息网络提供的电子政务、通信、能源、交通、水利、金融、教育、医疗等公共服务。

第二，该义务产生于公安机关在办理电信网络诈骗案件时调取证据的过程之中。这个过程应当是动态的，应采最广义范围的理解，并且不应受到刑事诉讼的程序性限制，也不应受到案件性质的限制。具体来讲，只要是为核查、侦查与追诉该涉嫌电信网络诈骗案件而正当行使职权，作为义务主体的互联网服务提供者就应当积极配合。即使公安机关仅仅是处于线索核查阶段，互联网服务提供者也应当积极承担该具体义务。并且，互联网服务提供者在履行配合义务时，对于所办理的电信网络诈骗案件不应当作违法与犯罪的区分。换言之，即便是不能上升到犯罪程度的普通电信网络诈骗违法案件，只要公安机关办案人员前来调取相关证据，同样应当积极提供相应支持。此外，互联网服务提供者对于该义务的履行应当伴随整个过程的始终，也即从线索核查开始直至后续案件结束的整个过程。由此，基于电信网络诈骗案件办理的目的，互联网服务提供者应当积极配合取证工作。

第三，公安机关在要求互联网服务提供者配合取证并提供相应支持时，其应当保证自身调取证据程序和行为等方面的合法性，如取证人员数量、取证人员身份、取证手续、取证程序、取证手段等。由此，对于公安机关的取证程序或取证行为之中存在的明显不合法之处，互联网提供者有权拒绝配合，并不予提供相应支持服务。这既是法治国家程序正义的体现，也是为了保护普通公众的各类隐私信息安全，减少公权力对私权的不当侵蚀。

第四，互联网服务提供者的配合取证义务内容包括但不限于提供数据查询、证据调取等支持。其中，数据的范围不应过于限缩，而应当具有相应的外延。只要是涉及电信网络诈骗案件办理的相关数据，只要司法机关是依法办理相关案件，具有相应的程序性证明，互联网服务提供者就应当提供相应查询支持。例如，涉案人的个人信息数据、聊天记录数据、语音数据、交易记录数据、转账数据等。并且，司法机关和互联网服务提供者都应当履行维护数据安全的相关义务，不得违背《中华人民共和国个人信息保护法》和《中华人民共和国数据安全法》的有关规定。

本条第二款是关于互联网服务提供者在依照本法规定对互联网账号异常使用监测、涉诈支持、帮助活动监测和其他涉诈信息、活动监测中发现的可疑犯罪线索、风险信息等，应当根据涉诈风险类型、风险程度等情况移送公安、金融、网信、电信等部门的义务性规定。关于对本款规定的理解，应当注意以下问题：

第一，互联网服务提供者所移送的内容为可疑犯罪线索、风险信息等。公安司法机关在电信网络诈骗案件办理过程中，获取有效的涉案线索是处理该类案件的基本前提。不光是电信网络诈骗案件，对于任何案件来说，仅依靠公安机关发现线索都有其局限性。对于电信网络诈骗违法犯罪而言，互联网平台和互联网服务是违法犯罪行为实施者所必须经过的环节，因而互联网服务提供者能够更为全面地把握相关信息，应当积极主动提供其履行监测防范义务时所发现的可疑线索和风险信息。

第二，互联网服务提供者所移送的可疑犯罪线索和风险信息一般产生于其对互联网账号异常使用监测、涉诈支持、帮助活动监测和其他涉诈信息、活动监测的过程中。根据反电信网络诈骗法第二十五条的规定，这些监测活动应当是互联网服务提供者履行监测防范义务的具体表现。互联网服务提供者在履行监测防范义务时，如若发现正在使用的互联网账号具有异常情形，应当及时移送公安、网信、电信等相关部门。在开展涉诈产业监测、涉诈信息、活动监测过程中也应是同理，即发现可疑情形时应当及时移送。

第三，互联网服务提供者移送可疑犯罪线索和风险信息的对应部门是公安、金融、网信、电信等部门。公安作为法定的刑事案件侦查机关，其具体立案活动是开启电信网络诈骗犯罪案件刑事诉讼程序的第一环节。金融、网信部门和电信部门则可以在发现涉嫌电信网络诈骗违法犯罪的线索时及时介入，通过账号冻结、账号追踪、采取信息保护措施、固定证据等方式以最快速度、最大限度地阻断电信网络诈骗违法犯罪的顺利进行，并及时将相应的案件信息移送至公安机关。

【适用指南】

对该条规定的具体适用，实践中应当注意的问题是：

第一，互联网服务提供者的配合取证义务，其配合对象不应局限于公安机关而应当适度扩展至检察、审判等司法机关。根据刑法和刑事诉讼法的相关规定，我国刑事案件的法定追诉机关不仅包括作为侦查机关的公安机关，而且包括人民检察院、人民法院等司法机关，甚至是国家安全机关、军队保卫部门、监狱机关、海关缉私部门等。况且，司法机关的审查起诉、审判等阶段也是刑事诉讼程序的重要环节，涉及案件事实的具体查明和证据的收集、认证等。由此，在电信网络诈骗案件的办理过程中，如若检察、审判等机关需要依法调取证据，互联网服务提供者同样应当予以配合和支持。

第二，互联网服务提供者配合取证时的及时性认定。对于电信网络诈骗案件而言，其中的证据往往涉及大量的电子证据，甚至呈现出电子数据海量化的特征。同时，相比传统形式的实物证据而言，电子数据类证据需要一定的存储介质，固定证据难度更大且容易丢失，甚至可能会被不当侵入、破坏。因此，无论是互联网服务提供者在日常的监测防范中发现可疑线索或风险信息，还是公安司法机关办理电信网络诈骗案件调取证据，均应及时保存、固定相应数据，提供相关技术支持。换言之，即便公安、司法机关未要求或程序不合法，同样应当及时对相关数据和证据予以保存，以待程序补正后及时提供，如此方能保证案件的证据完整、有效。

第三，互联网服务提供者所发现的可疑犯罪线索和风险信息不应要求具体程度，而只需有所指向即可。对于互联网服务提供者而言，这种线索或者风险信息不应要求具有非常高的可疑程度，对于线索和信息的证实或查明是追诉机关应当承担的责任。显然，互联网服务提供者并不具备追诉机关的应有功能，也不应将其与追诉机关等同，而应当将其类同于普通刑事案件中的报案人。因此，对于可疑线索和风险信息，互联网服务提供者在监测防范活动中发现可能指向违法犯罪的可疑性和风险性信息即可移送，而不需要实施查明活动，也不承担独立的查明责任。

【相关规定】

《中华人民共和国刑事诉讼法》第三条至第八条；《中华人民共和国民法典》；《中华人民共和国数据安全法》；《中华人民共和国个人信息保护法》；《最高人民法院、最高人民检察院、公安部关于办理电信网络诈骗等刑事案件适用法律若干问题的意见》第六条；《最高人民法院、最高人民检察院、公安部关于办理电信网络诈骗等刑事案件适用法律若干问题的意见（二）》第十三条。

【案例评析】

互联网服务提供者应积极监测、防范电信网络诈骗活动①

一、案情简介

某平台网站（由某平台公司运营）在搜索结果列表页面开展“加V认证”业务，在其部分推广客户搜索结果链接标识旁加注“V”形标记。搜索结果列表页面右侧有“放心搜索有V有保障”标识。点击该标识，打开的页面显示“平台提示：如您在平台含信誉V标识的搜索结果中因假冒官网、资质或钓鱼诈骗蒙受经济损失，可获平台先行保障”。对此，该平台出台《网民权益保障计划服务协议》，并附在页面之中。

2013年11月20日，被害人张文某在平台网站搜索栏内输入某工业原料的代号，并点击了“搜索一下”，搜索结果列表中包括“某雄贸易”链接标识，标识旁边加注有“推广”标识和“V”形标记。搜索结果列表页面右上方有“放心搜索全额保障”字样。张文某使用其平台账号登录后，点击“某雄贸易”链接标识，进入该网站，网站显示：“某雄贸易隶属于济南某阳化工有限公司，是专业从事塑胶原料的……”后来，张文某通过QQ软件与该公司网站在线客服QQ进行沟通，网站客服通过QQ向其在线发送《购销合同》的扫描件，合同扫描件显示原文件盖有苏州某雄贸易有限公司公章，并在合同落款处显示公司地址。双方达成协议后，张文某于2013年11月21日通过网银向该账号转账120250元。后来，张文某发现被骗，前往公安局报案，并查明该公司地址为虚假。2013年11月29日，张文某通过网络向该网络平台公司申请保障。公司答复：申请未通过。您购买商品或接受服务非因生活消费需要，暂不属于保障范围，请您选择其他维权通道处理。具体请参照保障平台服务协议。

平台网站显示的“某雄贸易”网站“推广诚信商家档案”显示：公司名称为济南某阳化工有限公司，验证时间“2013/08/30”，验证结果通过，该网站已通过安全验证。该化工公司于2013年12月30日和2014年10月23日发布情况说明，证明该公司并未授权该平台网站予以认证和推广，其

① 北京市第一中级人民法院（2015）一中民终字第05826号民事判决书，载中国裁判文书网，https：//wenshu. court. gov. cn/website/wenshu/181107ANFZ0BXSK4/index. html？ docI d＝f76da96da6b34c26b924a3c24e2f0046，最后访问时间：2022年7月26日。

公司名义被人冒用，且被用于诈骗犯罪。为此，该公司曾经数次报案，并于2013年11月4日向某平台公司发送邮件予以举报和说明，且收到该平台公司的回复。但后来，平台公司并未将相关信息移送，也未将以该公司名义认证的各种链接作下架处理。

当时，因刑事案件尚未结案，张文某将某平台公司列为被告，提起民事诉讼，要求平台公司承担相应责任。经审理，法院认定平台公司存在过错，判决被告赔偿原告张文某经济损失十二万零二百五十元及诉讼合理支出五千五百元。

二、本案核心问题

某平台公司在该案之中是否存在过错，能否依法免责。

三、法院裁判要旨

综合考虑全案事实，法院认定某平台公司具有过错，构成侵权，理由如下：（1）平台公司应当预见其认证审核程序存在漏洞，其本可以采取简便措施预防风险，但未尽合理注意义务；（2）平台公司收到举报后怠于管理，放任违法行为，存在主观过错；（3）平台公司在设计、执行认证审核程序中未尽合理注意义务，在收到举报后明知网络用户利用其网络服务侵害他人民事权益而未采取必要措施，构成侵权，应当承担侵权责任。

四、专家评析

本案对于强化互联网服务提供者的监测防范义务、线索移送义务等，形成关于电信网络诈骗犯罪案件的打击合力具有典型意义。本案中，平台公司作为一家经营多年、实力雄厚的互联网经营企业，以其业务能力应当知道存在多种伪造变造证据、修改电子文件的技术手段，应当预见到单纯的线上认证存在诸多漏洞和风险，应当采取其他有效印证方法堵塞漏洞。并且，根据其陈述，平台公司已经预见到“证件表面一致线上认证法”的漏洞，已经掌握简便易行的其他印证方法，却仍然选择采用宽松认证标准，致使本案发生，显然未尽合理注意义务。此外，济南某阳化工有限公司发现被冒名认证后，自2013年11月4日至2015年2月22日多次向平台公司投诉举报，并提供了该公司及其法定代表人的真实证照以便核实。如果平台公司有心，通过简单核实即可查明原本的认证有误，通过简单查询即可获得申请人账户的所有推广网址，通过简单操作即可停止该账户的所有推广服务。但是，平台公司对同一申请人账户设定的其他推广网站可能存在的违法行为不采取预防、复核、处理措施，继续为多个冒用济南某阳化工有限公司名义的网站提供搜索推广服务，最终促成相关违法犯罪案件的发生。因此，为切实保障社会公众的人身财产权益，防范互联网服务提供者怠于履责，应当强化义务要求，并配置相应的法律责任措施，这不仅是电信网络诈骗犯罪案件办理的措施，也是其他涉及网络违法犯罪的统一要求。

第五章　综合措施

第二十七条　【公安机关打击治理电信网络诈骗的职责】 公安机关应当建立完善打击治理电信网络诈骗工作机制，加强专门队伍和专业技术建设，各警种、各地公安机关应当密切配合，依法有效惩处电信网络诈骗活动。

公安机关接到电信网络诈骗活动的报案或者发现电信网络诈骗活动，应当依照《中华人民共和国刑事诉讼法》的规定立案侦查。

【条文主旨】

本条是关于公安机关打击治理电信网络诈骗职责的规定。

【条文理解】

本条是关于公安机关打击治理电信网络诈骗职责权限的规定。在打击治理电信网络诈骗犯罪的过程中，公安机关应立足综合治理、源头治理和依法治理，侧重前端防范。换言之，加强电信网络诈骗犯罪的防范性制度措施建设，变亡羊补牢为未雨绸缪，变重打击为打防管控并重是当前国家出台本部法律的主要目的。具体来讲，关于本条规定的理解，应当注意以下几个问题：

第一，本条立法规定目的之一是规定公安机关的职责。现代化意义上的治理，一般是指政府组织和（或）民间组织在一个既定范围内运用公共权威管理社会事务，维护社会公共秩序，满足公众需要。① 治理电信网络诈骗，既要把现代法治、现代化治理的科学理念融入工作机制，也要明确工作机制的总体思路、主要内容、保障措施等。进言之，公安机关打击治理电信网络诈骗的职责要符合国家治理现代化的目标要求：系统化部署、专业化操作、法治化惩处。

首先，本条编排在本法第五章“综合措施”中，明显体现出公安机关打击治理电信网络诈骗的职责。电信网络诈骗治理是一项综合工程，其工作机制需要具有全局性、系统化的部署思路，并且各地公安机关之间需要通力合作、密切配合。这也正好契合当前国家治理现代化中之系统化的基本要求，正如有学者所言：“对一种犯罪行为的预防或者说综合治理，不能完全单纯靠对犯罪人员的打击，尤其是不能单纯地提高犯罪人的量刑，还需要建立起一个综合性的工作机制。”② 由此可见，公安机关对电信网络诈骗打击治理的任务是一项长期系统的工程，不可能毕其功于一役，也不能排斥其他打击治理范式的功能补足。

其次，本条要求公安机关在打击治理电信网络诈骗犯罪时，用专业化的工作方式，不断加强自身能力建设。随着互联网技术突飞猛进地更新发展，电信网络诈骗的思路、手段也在不断更新，给公安机关打击治理工作带来前所未有的挑战。由于专业知识壁垒，在打击治理电信网络诈骗方略和具体措施上，公安机关也需要不断地提升专业化水平。进言之，其不仅要建立完善的工作机制，而且要有专门的工作队伍和专业的技术人员。只有这样，公安机关打击治理电信网络诈骗犯罪才能精准发力、专攻专治。这也契合当前国家治理现代化中之专业化的基本要求。

最后，本条要求公安机关打击治理电信网络诈骗活动依法惩处电信网络诈骗犯罪分子。当前，法治是国家治理体系和治理能力的重要依托，坚持以法治思维和法治方式反电信网络诈骗，重点是要推进电信网络诈骗犯罪的法律治理，实现电信网络诈骗犯罪法律治理体系和治理能力的现代化，构建电信网络诈骗犯罪法律治理的长效机制。在国家治理现代化视野下，坚持依法反电信网络诈骗，着力推进电信网络诈骗犯罪法律治理，这既是全面依法治国的必然要求，也是我国打击治理电信网络诈骗犯罪战略

---

① 俞可平：《中国的治理改革（1978—2018）》，载《武汉大学学报（哲学社会科学版）》2018 年第 3 期。

② 《林维教授接受央视〈新闻 1+1〉采访，解读〈反电信网络诈骗法〉亮点与重点》，载中国社会科学院大学网，https://law.ucass.edu.cn/info/1052/3750.htm，最后访问时间：2022 年 9 月 5 日。

转型的现实选择。具言之，本条要求公安机关工作人员在打击治理电信网络诈骗的一切活动时，都要依法进行，任何公安机关工作人员都不能超越法治的界限。这也正好契合当前国家治理现代化之法治化的基本要求。

第二，本条立法规定目的之二是规定公安机关的权限。如上文所述，法治是我国治国理政的基本方式，也是有效打击治理电信网络诈骗犯罪的根本途径。对电信网络诈骗活动的立案侦查程序标准应当依据《中华人民共和国刑事诉讼法》的规定。程序法治、程序正当是实现正义的保障。公安机关工作人员在对电信网络诈骗活动进行立案侦查时，应当符合《中华人民共和国刑事诉讼法》规定的一般立案标准。《中华人民共和国刑事诉讼法》第一百一十二条对于公安机关刑事立案规定了一个比较原则性的条件，即公安机关对于报案、控告、举报和自首的材料，应当按照管辖范围，迅速进行审查，认为有犯罪事实需要追究刑事责任的时候，应当立案；认为没有犯罪事实，或者犯罪事实显著轻微，不需要追究刑事责任的时候，不予立案，并且将不立案的原因通知控告人。

具体而言，打击治理电信网络诈骗活动是当前全民共防共治的重要任务，公安机关作为打击治理该犯罪活动的“第一道工序”，可以说他们是要起到冲锋陷阵的作用。因而，其对电信网络诈骗的立案仍应把握两个方面标准（肯定标准和否定标准）：一方面，应当立案的标准。公安机关接到有关电信网络诈骗活动的报案、控告、举报和自首的材料时，应当按照管辖范围，迅速进行审查，公安机关认为有电信网络诈骗犯罪事实需要追究刑事责任的时候，应当立案。另一方面，不应当立案的标准。公安机关认为没有电信网络诈骗犯罪事实，或者电信网络诈骗犯罪事实显著轻微，公安机关认为不需要追究刑事责任的时候，不予立案，并且将不立案的原因通知控告人。

【适用指南】

对该条规定的具体适用，实践中应当注意的问题是：

第一，本条是根据公安机关的本质特征、功能定位而专门对公安机关职责权限作出的规定。司法实践中，公安机关应重视抓前端、治未病，以建设更高水平的平安中国、法治中国。随着网络和通信技术的进步，犯罪分子逐渐掌握了高端技术。在实施诈骗犯罪的过程中，科技化的程度越来越高，高科技被广泛运用。各级公安机关应建立反电信网络诈骗中心（简称反电诈中心），而反电诈中心应由传统的线索收录、研判变为线索收录、研判、落地、实施逮捕，逐渐实现从指挥研判机构向实战打击方向转变，下设预警拦截、信息研判、资金研判、网安落地查询以及打击组等机构，提高研判、打击效率，深挖电信网络诈骗犯罪团伙，选择最佳破案时机，精准打击，摧毁电诈团伙、窝点等。

第二，本条是对公安机关职责权限的积极性规定，公安机关有违反法定职权的行为就应该受到追责。一方面，公安机关要依法对电信网络诈骗犯罪予以立案。既然本法已规定公安机关的职能职权范围，那么公安机关就应切实尽职尽责，在法律允许的范围内进行活动。另一方面，如果公安机关工作人员渎职不予立案，应依法追究其责任。或者公安机关有违反本条内容及所蕴含法律精神的行为，则属于严重背离本法意旨的违法行为，也理应依法追究相关人员的责任。

【案例评析】

公安机关主动加强打击电信网络诈骗案件力度①

一、案情简介

被告人李亮某在网上发布消息，谎称能提升信贷额度，被害人杜某某遂联系被告人李亮某。被告人李亮某化名林某某，以需要通过转账刷交易记录为由，多次要求被害人杜某某向李亮某控制的账户转账，共计30万元。经查，李亮某通过网络，以办理借贷款业务需提升交易流水业务为名，对受害人实施诈骗，累计作案18起，涉案金额50余万元。

二、本案核心问题

本案牵涉的核心就是假借办理金融贷款业务进行电信网络诈骗的行为，因而公安机关需要立足于预防理念进行针对性处置。从司法实践来看，这种假借办理金融贷款业务的行为是电信网络诈骗犯罪的前置行为，因而公安机关对其予以严厉打击是斩断此类犯罪行为的根本之策，也是预防此类犯罪行为发生的务实之举，而不是坐等电信网络诈骗犯罪得逞后才被动应对。上述案例表明部分受害人法律意识淡薄，因爱贪小便宜，对个人的银行卡或者个人信息随意处置，从而成为网络电信诈骗的受害者。

---

① 《山东公布9起典型电信网络诈骗犯罪案例》，载公安部网站，https://www.mps.gov.cn/n2255079/n5590589/n5608309/n5608322/c5609066/content.html，最后访问时间：2022年9月5日。

三、法院裁判要旨

被告人李亮某以非法占有为目的，虚构事实，隐瞒真相，骗取他人财物，数额巨大，其行为已构成诈骗罪。

四、专家评析

自2020年以来，公安部与有关部门认真贯彻落实党中央决策部署，齐抓共管，密切协作，全力推动打击治理电信网络诈骗违法犯罪工作取得明显成效。自国务院打击治理电信网络新型违法犯罪工作部际联席会议部署开展新一轮打击治理专项行动以来，公安部与联席会议各成员单位不断强化侦查打击、预警防范、行业监管和源头综合治理，深入推进专项行动。公安部连续组织“长城”“云剑”等行动，抓“金主”、铲窝点、打平台、断资金，重拳打击涉疫诈骗犯罪，精心组织高发类案集群战役，先后15次开展全国集中收网运营商依托线索，捣毁境内诈骗窝点1.1万个，抓获嫌疑人6.9万名。①

细言之，公安机关作为电信网络诈骗治理职能的最前端部门，应注重以下几个方面要求：一是联防和联控相结合，齐抓共管建队伍；延伸精准宣传触角，发挥职能职责作用；坚持突出重点、重点区域常态化预防和惩处。二是采用传统打击治理方式和创新方式相结合的举措，统筹协调推进各公安职能部门的配合力度。进言之，公安机关要以构建电信网络诈骗长效机制为依归，贯彻动态治理的要求，找准电信网络诈骗犯罪综合治理的着力点和支撑点。三是不断强化自身能力建设，明确职责权限范围。公安机关工作人员要不断提升自身能力、锻造优良作风、体现实干立身精神、鼓足争先出彩的劲头。

第二十八条　【金融、电信、网信部门的监督检查职责】 金融、电信、网信部门依照职责对银行业金融机构、非银行支付机构、电信业务经营者、互联网服务提供者落实本法规定情况进行监督检查。有关监督检查活动应当依法规范开展。

---

① 《全国打击治理电信网络诈骗违法犯罪取得明显成效》，载公安部网站，http：//www. gov. cn/xinwen/2021 -04/10/content_ 5598764. htm，最后访问时间：2022年9月2日。

【条文主旨】

本条是关于金融、电信、网信部门依法规范履行监督检查职责的规定。

【条文理解】

本条是关于金融、电信、网信部门监督职责依据的规定。具体来讲，关于本条规定的理解，应当注意以下几个问题：

一、本条规定强调金融、电信、网信部门在反诈工作中履行监管的职责

本条规定意在表明金融、电信、网信部门也应为反电信网络诈骗犯罪的主体，负责监督工作。与此同时，国家采用立法的方式保障和规范金融、电信、网信部门依照职责对银行业金融机构、非银行支付机构、电信业务经营者、互联网服务提供者进行监督检查。进言之，金融、电信、网信部门承担监管主体责任，而银行业金融机构、非银行支付机构、电信业务经营者、互联网服务提供者承担风险防控责任，法律确定其各自的责任范围，有助于提升协作效率，降低协作成本。总而言之，本条立法的初心就是使银行业金融机构、非银行支付机构、电信业务经营者、互联网服务提供者切实承担起本法所规定的义务，并对自身管理中的漏洞和薄弱环节进行有效改善，进而把打击治理电信网络诈骗的工作做得更扎实、更到位。

（一）从“监督主体”上理解

金融、电信、网信部门应成为重要的反电信网络诈骗活动监督主体。比如，国家网信部门作为对全国电信业实施监督管理的机关，在网信监管领域也具有相当大的话语权。与此同时，本条规定亦在强调电信网络诈骗违法犯罪的源头治理，加强前端的防范工作。这些部门所涉领域内电信网络诈骗犯罪频发、高发。例如：刷单返利、虚假投资理财、虚假网络贷款、冒充客服、冒充公检法 5 种诈骗类型发案占比近 80%，成为最为突出的 5 大高发类案，其中刷单返利类诈骗发案率最高，占发案总数的三分之一左右；虚假投资理财类诈骗涉案金额最大，占全部涉案资金的三分之一左右。[1] 由此，金融、电信、网信部门理应做好监督检查工作，从源头上

---

① 《近年来发案最多的诈骗，八成都是这几种套路!》，载光明网，https：//m. gmw. cn/baijia/2022 - 06/09/1302988355. html，最后访问时间：2022 年 9 月 5 日。

预防电信网络诈骗犯罪行为的发生，以打好电信网络诈骗诉源治理的“最前战”。

（二）从“监督对象”上理解

监督主体——金融、电信、网信这三个部门依照各自的职责，对被监督对象——银行业金融机构、非银行支付机构、电信业务经营者、互联网服务提供者进行监督。可以说，这四个被监督对象所经营的服务几乎都与电信网络诈骗犯罪行为有关，且金融、电信、网信部门也分别是各自的业务主管部门，具有先天监督检查的便利优势。实际上，此种监督活动是一种行政法意义上的监督，即行政监督。因此，只有注重电信网络诈骗犯罪前端的行政治理，才能更好地解决反电信网络诈骗的行刑衔接问题，继而落实好相关行业或者单位的反诈工作不力的行政责任，形成反电信网络诈骗工作责任闭环，走出在反电信网络诈骗工作中，法律有而无效、有而无力的被动局面。①

（三）从“监督边界”上理解

根据本法第十九条、第二十一条、第二十二条规定的银行业金融机构、非银行支付机构、电信业务经营者、互联网服务提供者的法定义务，本条所言便是对落实前述义务进行监督检查。比如，以电信业务经营者为例，电信网络诈骗活动必须经由电信网络运营商提供的通信网络渠道发布或传递诈骗信息。但一直以来，部分运营商对于“自己”被犯罪分子利用来违法犯罪的事实，似乎采取了事不关己、高高挂起的态度。即使是在要求电话、网络实名制以后，很多运营商做到的也只是“有名”而非“实名”。本条通过规定金融、电信、网信部门的监督检查义务，不仅加强了银行业金融机构、非银行支付机构、电信业务经营者、互联网服务提供者的防范职责，也为那些在电信网络诈骗中的潜在被害者增加了一份法律保障。

二、本条规定金融、电信、网信部门监督工作应当依照法律规范开展

当前，依法推进电信网络诈骗犯罪打击治理的重要意义更加凸显。可以说，法律是打击治理电信网络诈骗犯罪的重要依托，也是打击治理电信网络诈骗犯罪的最有效的途径。

（一）监督主体应依照法律规范有效开展工作

法治因其承载的独特精神内涵、蕴含的强大打击治理功能和具备的权威性、规范性、严密性、稳定性、可预测性等特征，能为电信网络诈骗犯罪打击治理提供系统、稳定的制度支持和妥当、合理的治理手段，应成为

① 《反电信网络诈骗法将带来什么变化》，载《光明日报》2021 年 11 月 3 日。

有效打击治理电信网络诈骗犯罪的“定海神针”。与此同时，司法实践也证明，离开法律精神，打击治理电信网络诈骗的方略是疲软的、无能的。

（二）被监督对象应在刑事法律范围内打击治理犯罪

目前，电信网络诈骗犯罪属于具有严重社会危害性、依法应追究刑事责任的犯罪类型，而非一般性的电信网络诈骗行为，故对于电信网络诈骗犯罪的打击治理，也应聚焦到法律规定的范围中，尤其是刑事打击治理的框架之内。这才符合电信网络诈骗犯罪治理的实际情况，也才是切实可行的解决方案。

总之，本条规定突出强调金融、电信、网信部门应严格依法落实监督职责，而不能超越其监督职责的范围，严格依法规范开展监督检查活动。进言之，监督主体需要有强烈的使命意识、责任意识和担当意识，积极参与到电信网络诈骗犯罪打击治理的各环节中去，同向而行、协同共振、形成合力。与此同时，监督主体部门也要防止其工作人员在监督活动中滥用职权，徇私枉法。

【适用指南】

对该条规定的具体适用，实践中应当注意的问题是：

一、作为监督主体在履行职责时的双重属性

金融、电信、网信部门作为行政机关，不仅要发挥好行政监督检查职能作用，也要履行好移送刑事案件的职责。即电信网络诈骗中所涉及的银行、电信、互联网等机构和单位，需要特别重视自己身上所承担的法定监督义务，发挥好监督管理的责任，也就是充分尽到“反诈看门人”移送电信网络诈骗刑事犯罪案件线索的责任。

二、监督主体对被监督对象监督时应遵循法律规范

当前，依法打击治理电信网络诈骗是全面依法治国的必然要求，更是打击治理电信网络诈骗犯罪战略转型的现实选择。作为“反诈看门人”的金融、电信、网信部门，既是监督检查的主体，也可能成为刑法中渎职犯罪的主体。例如，其可能构成刑法第九章中渎职罪的主体，现行刑法第四百一十七条规定：“有查禁犯罪活动职责的国家机关工作人员，向犯罪分子通风报信、提供便利，帮助犯罪分子逃避处罚的，处三年以下有期徒刑或者拘役；情节严重的，处三年以上十年以下有期徒刑。”很显然，上述所规定的监督部门可成为帮助犯罪分子逃避处罚罪的主体。进言之，权力是一把“双刃剑”，用之得当就会造福于人民；反之，用它来谋取私利，势必祸国殃民、害人害己。只有对法定的权力心存敬畏，才能自觉做到秉公用权、依法用权、廉洁用权。

三、本条适用时应注意的其他相关问题

（一）适用本条时其他法律规范的补给

具体到本条规定的金融、电信、网信部门监管实践中，尽管有行政处罚法等上位法的支撑，但当前有关行刑衔接的法律规范还比较稀少。行刑衔接主要解决行政执法领域的执法不严、有罪不究、打击不力等问题，以强化法律的权威性和执行力。因此，国家应出台覆盖多数金融、电信、网信监管部门和刑事司法机关的综合性指导意见或者相关保障行刑有效衔接的规范性文件。

（二）适用本条时相关专业人员的配置

在网络新兴业态、新兴商业模式不断迸发，网民数量节节攀升的背景下，金融、电信、网信部门监管机关的执法能力与监管需求之间的不匹配问题越发突出，人员素质、业务能力乃至编制规模等有提升空间。因此，为顺利实施本条规定的金融、电信、网信部门监管检查职责，各职能部门应注重专业人员的配置。

（三）适用本条时监督权力制约机制的建立

具体而言，我们要立足金融、电信、网络违法犯罪产业链的上游，秉持源头治理、前端治理、协同治理的理念，给予电信网络诈骗违法犯罪行为以釜底抽薪式的打击。监督主体移送案件线索时，可划分为违法线索分流与犯罪线索移送，以强化网信监管的协同治理和分工合作。完善信息共享平台与机制建设，各监督主体要打通金融治理、电信治理、互联网治理三大领域的连接渠道，真正实现电信网络诈骗的综合治理。

第二十九条　【有关人员和单位的个人信息保护义务】 个人信息处理者应当依照《中华人民共和国个人信息保护法》等法律规定，规范个人信息处理，加强个人信息保护，建立个人信息被用于电信网络诈骗的防范机制。

履行个人信息保护职责的部门、单位对可能被电信网络诈骗利用的物流信息、交易信息、贷款信息、医疗信息、婚介信息等实施重点保护。公安机关办理电信网络诈骗案件，应当同时查证犯罪所利用的个人信息来源，依法追究相关人员和单位责任。

【条文主旨】

本条是关于个人信息处理者以及履行个人信息保护职责的部门、单位依法强化个人信息保护的义务性规定。

【条文理解】

本条共分为两款。第一款是关于个人信息处理者应当依照《中华人民共和国个人信息保护法》规范个人信息处理并强化个人信息保护、建立防范个人信息被用于电信网络诈骗防范机制的义务性规定。具体来讲，关于本款规定的理解，应当注意以下几个问题：

第一，关于个人信息处理者的界定。根据个人信息保护法第四条第二款的规定，“个人信息的处理包括个人信息的收集、存储、使用、加工、传输、提供、公开、删除等”。由此，个人信息处理者即承担“收集、存储、使用、加工、传输、提供、公开、删除”等职责或职能的单位和个人。总体来说，在规范层面，我国并未对个人信息处理者和个人信息控制者、个人信息收集者等予以区分，而是对于个人信息处理者进行较为广义的定义模式。在这种定义模式下，个人信息处理者的具体外延范围较为广泛，关于个人信息处理活动的类型也较为多样，实际上是包括但并不限于上述活动。

第二，关于规范个人信息处理并加强个人信息保护的内涵、外延与适用依据。根据该款规定，个人信息处理者在规范个人信息处理并加强个人信息保护时应当依照《中华人民共和国个人信息保护法》等法律规定。其实，一定程度上来看，个人信息保护法的多数内容其实都是个人信息处理者在处理个人信息时应当遵循的原则、规则和义务。因而，关于个人信息的处理，个人信息处理者应当遵循个人信息保护法的相关规定，遵循合法、正当、必要、诚信和公开、透明等原则，将个人信息处理行为限于实现处理目的的最小范围，采取对个人权益影响最小的方式，不得过度收集个人信息。此外，除个人信息保护法的规定外，数据安全法等法律与行政法规乃至个人信息处理过程中的行业规范、内部规章、操作细则也应当成为个人信息处理者实施处理行为时的规范性依据，并应当遵守下位法不得优于上位法的原则进行准确适用。

第三，关于建立个人信息被用于电信网络诈骗的防范机制。信息网络技术的发展使得当今的互联网犯罪呈现多端口、链条化、高度智能化、空间高度虚拟化甚至产业化等众多新的特征。电信网络诈骗犯罪作为最具典型的互联网黑产犯罪，更是如此。因此，关于电信网络诈骗犯罪的治理，特别是涉及个人信息保护与处理时，绝不能仅仅依靠个人信息处理者一方来完成，需要树立系统治理思维、体系治理思维和源头治理思维，多点结合、多措并举共同应对个人信息依托型电信网络诈骗犯罪。

该条第二款是关于个人信息保护职责专门单位负有监管保护重要信息和公安机关应当查证利用个人信息类电信网络诈骗犯罪案件信息来源的义务性规定。具体来讲，关于本款规定的理解，应当注意以下几个问题：

第一，关于履行个人信息保护职责的单位和部门。个人信息保护法第六十条至第六十五条规定了履行个人信息保护职责的具体部门及其应当承担的责任与义务。根据上述规定，法定的履行个人信息保护职责的部门和单位包括国家网信部门以及县级以上地方人民政府有关部门。一般来说，县级以上地方人民政府有关部门的单位并非唯一，而是可能涉及多个部门或单位，如工信部门、公安机关、医疗主管部门、物流主管部门等。换言之，这些相关部门应当依照职能指向来进行认定，只要其具体的职能范围内存在关于公民个人信息的收集、处理和控制等行为或状态，就应当负有个人信息保护职责。

第二，关于履行个人信息保护职责的单位与部门的重要信息监管义务。相比来说，公民个人的重要信息相对于普通信息而言，能够更切实、直接地指向并威胁公民个人的人身财产安全。对于该类公民个人信息而言，一旦发生泄露，将会产生不可估量的社会风险。因而，负有个人信息保护职责的单位与部门应当有重点、有针对性地强化对该类公民个人信息的监管与保护，实现利用公民个人信息实施违法犯罪的源头防范与治理。

第三，公安机关办理利用公民个人信息实施的电信网络诈骗案件时应当同时查证个人信息来源，并依法追究相关人员和单位责任。一般来说，多数电信网络诈骗违法犯罪案件不仅会涉及受害主体的财产安全，而且会伴随公民个人信息的泄露问题。并且，实践中关于这类电信网络诈骗案件的运作，往往具有明显的上下游环节，甚至形成了完整的互联网黑灰产业链。因此，公安机关在追查此类电信网络诈骗案件时，应当注重对个人信息来源的追踪和查证，实现对上游违法犯罪的打击覆盖，强化公民个人信息保护。而后，依据反电信网络诈骗法、治安管理处罚法、刑法、刑事诉讼法等相关规定，对该类违法犯罪依法予以处置或追诉。

【适用指南】

对该条规定的具体适用，实践中应当注意的问题是：

第一，个人信息处理者建立防范个人信息被用于电信网络诈骗的工作机制时应当多措并举。首先，个人信息处理者在规范个人信息处理活动并加强个人信息保护时，不仅应当按照个人信息保护法、数据安全法等的相关规定进行履责，而且应当具体细化相关方案和制度性策略，从而补充相应的规范依据。其次，充分挖掘和利用现代科技力量，凸显技术优势，加强内部的技术监管和技术优化，全面堵塞公民个人信息泄露漏洞。再次，深入推进同网信部门、工信部门、公安部门等各个系统的协同运作，并及时进行反馈与调整。最后，强化内部工作人员的职业素养与道德教育，提升工作队伍专业素质，防范公民个人信息被内部人员泄露。

第二，重要信息的范围不应局限于该条文所列举的物流信息、购物信息、贷款信息、医疗信息、婚介信息等。诚然，公民的重要个人信息包括物流信息、购物信息、贷款信息、医疗信息等，但直接指向公民人身财产的并非仅包含这些，还有公民的身份信息、家庭住址信息、行踪轨迹信息、通信信息等。因而，负有个人信息保护职责的单位与部门在实施重要信息的重点监管和保护时，应当围绕条文规定中的“等”字予以拓展，将前述该类信息类型纳入重要信息的外延范围。

第三，公安机关办理利用个人信息类电信网络诈骗案件并查明个人信息来源后，依法追究相关人员和单位责任的具体操作。公安机关在确定涉嫌泄露公民个人信息的相关人员和单位后，应当紧密围绕个人信息保护法第六十六条至第七十一条的规定予以相应处置。同时，注意相关主体民事责任、行政责任和刑事责任的区分与衔接。对于刑事责任而言，法院应当根据具体的犯罪事实和情节，准确认定其是构成电信网络诈骗犯罪的共同犯罪还是一般的侵犯公民个人信息行为，从而对具体的罪名和刑事责任精准定性。

【相关规定】

《中华人民共和国治安管理处罚法》；《中华人民共和国刑法》第二十五条至第二十七条、第二百五十三条之一、第二百六十六条、第二百八十七条之一、第二百八十七条之二；《中华人民共和国数据安全法》；《中华人民共和国个人信息保护法》；《最高人民法院、最高人民检察院、公安部关于办理电信网络诈骗等刑事案件适用法律若干问题的意见》第二条至第四条；《最高人民法院、最高人民检察院、公安部关于办理电信网络诈骗等刑事案件适用法律若干问题的意见（二）》第二条、第五条、第十二条；《最高人民法院、最高人民检察院关于办理非法利用信息网络、帮助信息网络犯罪活动等刑事案件适用法律若干问题的解释》第十一条至第十四条等。

【案例评析】

侵犯公民个人信息的法律风险与责任[①]

一、案情简介

2015年7月至9月9日，被告人杨海某单独或伙同被告人黄晋某通过购买的方式非法获取公民个人信息2万余条，并雇用被告人吴彩某在福建省龙岩市等地，通过拨打上述公民个人信息中的手机号码，谎称可以向对方发放残疾人补贴、教育补贴等方式，骗使被害人将钱款转入指定的账户。截至2015年9月9日被查获时，被告人杨海某、吴彩某共骗取人民币70000元，其中，被告人黄晋某自2015年8月12日以来参与骗取17700元。

二、本案核心问题

被告人杨海某、黄晋某、吴彩某是否构成诈骗罪，是否构成侵犯公民个人信息罪。

三、法院裁判要旨

被告人杨海某、黄晋某、吴彩某以非法占有为目的，采用虚构事实的方法，骗取公民财物，数额较大，其行为均已构成诈骗罪，属共同犯罪；被告人杨海某单独或伙同被告人黄晋某通过购买的方式非法获取公民个人信息，情节严重，其行为均已构成侵犯公民个人信息罪，部分属共同犯罪。

四、专家评析

本案对于利用公民个人信息实施电信网络诈骗犯罪活动的具体规制具有一定典型意义。近年来，信息技术的广泛应用让我们的生产生活变得更

---

① 《最高人民法院通报的电信诈骗犯罪典型案例》，载《人民法院报》2016年10月10日。

高效便捷，但也给犯罪分子利用信息技术实施犯罪提供了便利条件。本案中，被告人通过互联网非法购买公民个人信息数万条，雇用他人共同冒充政府工作人员拨打诈骗电话，通过提供被害人准确的身份信息，骗取被害人的信任，以达到实施诈骗犯罪的目的。公民个人信息保护已成为信息化社会中公民权利保护的一个重点。因此，要从源头整治电信网络诈骗犯罪，信息安全保护是关键。除了公民要提高信息保护意识以外，各相关单位也需加强信息管理与信息安全保护工作，不给犯罪分子以可乘之机。本条进一步明确了单位和个人在电信网络诈骗犯罪活动中加强个人信息保护的义务，对于个人信息依托型电信网络诈骗犯罪治理具有重要意义。

第三十条　【反电信网络诈骗宣传教育与举报机制】电信业务经营者、银行业金融机构、非银行支付机构、互联网服务提供者应当对从业人员和用户开展反电信网络诈骗宣传，在有关业务活动中对防范电信网络诈骗作出提示，对本领域新出现的电信网络诈骗手段及时向用户作出提醒，对非法买卖、出租、出借本人有关卡、账户、账号等被用于电信网络诈骗的法律责任作出警示。

新闻、广播、电视、文化、互联网信息服务等单位，应当面向社会有针对性地开展反电信网络诈骗宣传教育。

任何单位和个人有权举报电信网络诈骗活动，有关部门应当依法及时处理，对提供有效信息的举报人依照规定给予奖励和保护。

【条文主旨】

本条是关于相关单位开展反电信网络诈骗宣传教育，以及完善电信网络诈骗举报机制的规定。

【条文理解】

从实践经验来看，开展宣传防范工作是反电信网络诈骗的重要路径。本条将实践中行之有效的宣传防范和预警劝阻措施上升为法律规定，增加了金融机构、通信企业、互联网企业和新闻媒体单位开展反电信网络诈骗宣传的相关义务。扩大预警劝阻的责任主体，增加其他有关部门和金融、电信、互联网企业的预警劝阻措施，进一步释放出反诈工作齐抓共管、协同共治的明确信号。具体来讲，关于本条的理解，应当注意以下几个问题：

电信业务经营者、银行业金融机构、非银行支付机构、互联网服务提供者对从业人员和用户开展反电信网络诈骗宣传，新闻、广播、电视、文化、互联网信息服务等单位面向社会有针对性地开展反电信网络诈骗宣传教育防范均体现了对电信网络诈骗犯罪的依法治理、源头治理、综合治理与协同治理。

首先，电信网络诈骗需要注重依法治理。本条将宣传、教育、提示、提醒、警示、防范等义务法定化，既做到了让电信网络诈骗犯罪防范治理工作有法可依、有法必依，也昭示了各单位履行教育防范义务必须依法进行、违法必究。其次，电信网络诈骗犯罪需要源头治理。本条明确，各部门要在有关业务活动中对防范电信网络诈骗作出提示，对非法买卖、出租、出借本人有关产品、服务被用于电信网络诈骗的法律责任作出警示，这进一步完善了反电信网络诈骗活动的提示、警示制度，有助于从源头遏制行为人的犯罪意图、增强被害人的防范意识，从而做好电信网络诈骗活动的前端治理防范工作。电信业务经营者、银行业金融机构、非银行支付机构、互联网服务提供者应加强自身学习、提升专业技能，熟悉电信网络相关业务易涉风险，了解电信网络诈骗犯罪分子常见套路，在办理业务时针对性地开展预警工作。再次，电信网络诈骗犯罪需要综合治理。遏制电信网络诈骗犯罪离不开综合治理，本法强调建立跨机构的涉诈信息共享系统和反洗钱统一监测系统，强调金融机构、网络平台等主体的治理责任，提出了教育防范等一系列综合治理的措施。电信业务经营者、银行业金融机构、非银行支付机构、互联网服务提供者应采取多项举措，系统运行，从多个角度促进电信网络诈骗治理工作协调并进。最后，电信网络诈骗犯罪需要协同治理，本条明确电信业务经营者，银行业金融机构，非银行支付机构，互联网服务提供者，新闻、广播、电视、文化、互联网信息服务等单位以及普通单位和个人各自应尽职责，强调协同发力，有助于形成治理合力，巩固治理成效。

如今，反电信网络诈骗宣传活动形式多样、效果良好，宣传主体已经从公安机关拓展到各相关行业领域，全民反诈的浓厚氛围正在形成。预警劝阻、提示警示、教育防范是反诈防诈的重要经验，跑在犯罪分子前面，关键在于分秒必争、以快制快。反电信网络诈骗法把实践中行之有效的宣传防范和预警劝阻措施上升为法律规定，同时增加相关部门宣传义务和预警劝阻责任，有利于营造反诈宣传浓厚氛围，共筑人民“防线”；有利于动员各类社会力量开展预警劝阻，共砌“防火墙”。因此，各部门在适用该条时，要注意各司其职、各尽所能，具体来讲：

电信业务经营者是切断犯罪分子借助电话、短信实施诈骗活动的中坚力量。本条规定电信业务经营者应在有关业务活动中对防范电信网络诈骗作出提示，对非法买卖、出租、出借本人有关产品、服务被用于电信网络诈骗的法律责任作出警示。总的来说，电信网络诈骗受害者大多防骗意识不足，出租、出借本人电话卡等产品者多贪图小便宜，电信业务经营者在提供服务时作出专业的提示、警示，有助于从源头掐断帮助电信网络诈骗犯罪行为，从源头预防受害人落入电信网络诈骗陷阱。除此之外，电信业务经营者还要严格落实实名制办理电话卡、定期核验、回访监督制度，从源头控制电话卡非法发行现象，为公安机关追踪查控提供必要帮助；要加强治理违法出租电信线路、违规编写出售改号软件、伪基站等现象，发挥自身专业所长，为公安机关提供技术支持。

银行业金融机构、非银行支付机构是从资金链上堵截电信网络诈骗犯罪的重要屏障。电信网络诈骗犯罪成败的核心在于资金流转，保护客户资金安全是银行业金融机构、非银行支付机构的应尽职责。具体来讲，银行业金融机构应建立完备的反诈预警体系，加强对各类转账汇款业务、银行卡办理、使用业务的严格审查，打击银行卡出租、买卖等违法行为，完善“紧急止付”“危险提示”等预警系统。非银行支付机构同样应当完善电信网络诈骗预警机制，在不侵犯公民合法权益的基础上，严加监管资金出入，规范各类账户注册、注销手续。

互联网服务提供者是维护网络安全的关键角色。互联网空间极易滋生公民个人信息泄露与传播风险，严重危害公民个人隐私，而电信网络诈骗犯罪与侵犯公民个人信息犯罪相伴而生，互联网服务提供者应注重保护用户个人信息，规范互联网提取与传播信息的路径，严厉打击买卖公民个人信息、利用互联网实施诈骗活动等违法犯罪行为。同时，互联网是反电信网络诈骗宣传的重要平台，其具有传播路径广、传播范围宽、传播受众多等特征，互联网信息服务等相关单位要充分利用自身优势发挥教育防范作用，以普通大众喜闻乐见的方式，多样化、系统化地开展反电信网络诈骗宣传工作。

新闻、广播、电视、文化单位是反电信网络诈骗宣传工作的专业工匠。在多媒体时代，各类新媒体影响着人们的思想和习惯，新闻、广播、电视、文化单位要立足于各类媒介的受众和特征，对症下药地开展宣传教育活动。例如，传统媒体对应老年群体，以“冒充公检法”“冒充客服”为案例有针对性地开展宣传教育工作；新型媒体对应年轻群体，以“贷款、理财诈骗”“网络婚恋诈骗”“刷单返利诈骗”等为案例有针对性地开展预防警示工作。同时，新闻、广播、电视、文化等单位还应采用线上与线下相结合的模式，走进社区、学校等，亲近群众，全方位、立体化地开展反电信网络诈骗宣传教育防范工作，让犯罪分子无机可乘。

普通单位和个人也是参与反电信网络诈骗的重要力量，其不仅有权举报电信网络诈骗活动，而且依法受到法律的保护。有关部门接到普通单位或者个人的举报时，应当依法及时处理，对提供有效信息的举报人依照规定给予奖励和保护。鼓励群众参与反电信网络诈骗是全民治理的关键举措，这不仅有助于增强群众的反诈意识，也有助于提升相关单位的办案效率。由此，为了发挥好普通单位和个人的监督作用，应当细化奖励与保护机制并予以落实。

【适用指南】

当前，电信诈骗呈现出一系列新特征：其一，电信诈骗从简单结伙到链条化运作。犯罪分子通过注册成立公司、租赁写字楼，在公司内部划分不同的层级和部门，分工负责实施诈骗，来实现公司化运作、链条化作案。其犯罪模式已经不是简单的结伙，在链条化作案的影响下，不仅涉案犯罪嫌疑人众多、受害人数量庞大，造成的社会影响也较恶劣。其二，电信诈骗从手段单一到复杂隐蔽。与以往“猜猜我是谁”“冒充公检法”等电信诈骗手段不同，犯罪分子利用被害人趋利避害心理、专业知识漏洞或者封建迷信思想，使被害人陷入错误认识，处分财产，造成损失而不自知。其三，电信诈骗行为主体向青年聚集。在就业压力加剧和诈骗形式公司化的双重影响下，涉世未深的求职大学生很容易被诱骗。

然而，打击电信诈骗又面临诸多困境：其一，准确认定犯罪嫌疑人主观明知面临挑战。电信诈骗手段翻新，给确定犯罪嫌疑人主观故意及准确定性带来严峻挑战。犯罪分子通过公司化经营，伪装成有资质的企业，通过网络招聘求职人员，容易在群体中形成合法经营的错觉。所以，不乏未意识到自己所实施的行为系刑事犯罪的犯罪嫌疑人，其非法占有目的认定便较为困难。其二，合理把握涉案人员打击范围易陷两难。囿于当前严格的刑事司法政策，大量案件进入司法程序，一方面，若大量作不诉处理可能导致惩治效果不佳；另一方面，若一律从严打击也会影响“三个效果”

（政治效果、社会效果、法律效果）的有机统一。其三，及时规制相关违法犯罪行为较为困难。电信诈骗具有针对不特定多数人实施的特征，其上游一般会涉及兜售 QQ 号码、微信号码、电话号码等非法侵犯公民个人信息的行为；其下游也可能出现洗钱、掩饰隐瞒犯罪所得、收益等行为。另外，监管的漏洞也降低了诈骗成本。如网络平台运营商为获取利益，通过“竞价”使得部分不良信息得以频繁出现，未能及时屏蔽或审查；虚拟运营商为开拓市场，在贯彻执行实名制时存在违规行为，提供某些特殊号段电话号码。

因此，防范电信诈骗必须强化宣传引导，警惕高利诱惑，这是从源头上、根本上解决电信网络诈骗问题的良药。只有将一般预防与特殊预防有机结合，营造全民反诈的良好社会氛围，才能沉着应对电信网络诈骗不断翻新的表现形式、不断变化的治理困境。因此，从一般预防的角度讲，要以定期与不定期相结合的方式开展防范电信诈骗宣传，发布电信诈骗新方法、新手段预警信息，引导群众克服贪图高利心理，提高识破虚假信息能力；针对老年人、在校学生等容易受骗群体，电信、银行从业人员等容易诱发电信诈骗的区域或行业进行专门宣传，以案释法，共同致力于营造不易诈骗的宏观社会氛围。从特殊预防的角度讲，对易陷入电信网络诈骗犯罪圈套的失业青年、应届毕业生、投机取巧者，要加大宣传、劝阻力度，预防其站到反电信网络诈骗工作的对立面，通过预防和打击双重保障做好电信网络诈骗治理工作。

【相关规定】

《中华人民共和国反电信网络诈骗法》第四条、第八条；《中华人民共和国刑法》第二百八十七条；《中华人民共和国个人信息保护法》第六十一条；《最高人民法院、最高人民检察院关于办理非法利用信息网络、帮助信息网络犯罪活动等刑事案件适用法律若干问题的解释》第十一条至第十三条。

【案例评析】

帮助信息网络犯罪活动罪的司法认定①

一、案情简介

被告人吴某在明知他人利用银行卡进行信息网络违法犯罪活动的情况下，于2019年11月在李某的带领下，用自己的身份证到两家银行各办理一张银行卡及U盾，后将上述银行卡及U盾出售给李某，并从中非法获利。经查，上述两张银行卡多次被用于电信诈骗，支付结算金额共计4643451元，落实到具体被害人的损失共计81000元。

二、本案核心问题

帮助信息网络犯罪活动罪的主观明知认定问题以及帮助信息网络犯罪活动罪与窃取、收买、非法提供信用卡信息罪的区分问题。

三、法院裁判要旨

行为人明知自己提供给他人的银行卡需要跨省、跨国检验，交易方式明显不正常，仍为其提供自己的银行卡作为支付结算工具，应认定其明知他人利用信息网络实施犯罪，构成帮助信息网络犯罪活动罪，不应认定为窃取、收买、非法提供信用卡信息罪。

四、专家评析

一方面，综合评判帮助信息网络犯罪活动罪的构成要件。通过出卖、出借、出租自己或者身边亲友的银行卡及相关信息牟利的系“卡农”。电信网络诈骗犯罪具有实行行为及行为人身份都极其隐蔽的特征，为严密法网，从全链条斩断涉电信网络诈骗犯罪黑灰产业，刑法修正案（九）新增帮助信息网络犯罪活动罪，打击为信息网络犯罪提供支持的帮助行为，大量的“卡农”成为帮助信息网络犯罪活动罪的主体。成立帮助信息网络犯罪活动罪要求行为人主观上具有明知他人利益信息网络实施犯罪的故意，客观上为犯罪提供互联网介入、服务器托管、网络存储、通讯传输等技术支持，或者提供广告推广、支付结算等帮助，情节严重的行为。具体到本案，行为人主观上具有明知他人实施信息网络犯罪的故意。其一，吴某认

---

① 山东省烟台市中级人民法院（2022）鲁06刑终182号刑事裁定书，载中国裁判文书网，https：//wenshu. court. gov. cn/website/wenshu/181107ANFZ0BXSK4/index. html？docId = ba7ecf2bc9794899828daeb9000327e3，最后访问时间：2022年8月29日。

识到自己的银行卡需要在广东验卡然后发往菲律宾；其二，该卡的交易方式明显异常；其三，吴某出卖银行卡有获取不正当利益。以上均明显属于不合规的现象，即使其辩解不知道银行卡用于诈骗，也应当知道银行卡会被用于违法犯罪行为。且行为人的行为客观上对电信网络诈骗活动起到了帮助作用，满足帮助信息网络犯罪活动罪的构成要件。

另一方面，准确区分帮助信息网络犯罪活动罪与关联犯罪。首先，刑法对信用卡作了扩大解释，其与银行卡的含义基本相当。其次，帮助信息网络犯罪活动罪与非法提供信用卡信息罪的立法目的不同。帮助信息网络犯罪活动罪的立法目的主要在于打击帮助电信网络诈骗等信息网络犯罪的行为，非法提供信用卡信息罪的立法目的主要在于打击破坏信用卡管理秩序的行为和保护信用卡持卡人的合法权益。因此，一般来讲，若行为人以伪造信用卡为目的，或侵犯信用卡实际持卡人的财产权益，则构成窃取、收买、非法提供信用卡信息罪。最后，妨害信用卡管理罪与帮助信息网络犯罪活动罪具有牵连关系。若行为人实施帮助信息网络犯罪活动罪或者电信网络诈骗犯罪时，还非法持有他人信用卡，满足妨害信用卡管理罪的构成要件，则同时还构成妨害信用卡管理罪，但因两行为之间具有牵连关系，故应按照牵连犯处理，从一重罪处罚。

第三十一条　【非法买卖、出租、出借卡、账户、账号的法律责任】任何单位和个人不得非法买卖、出租、出借电话卡、物联网卡、电信线路、短信端口、银行账户、支付账户、互联网账号等，不得提供实名核验帮助；不得假冒他人身份或者虚构代理关系开立上述卡、账户、账号等。

对经设区的市级以上公安机关认定的实施前款行为的单位、个人和相关组织者，以及因从事电信网络诈骗活动或者关联犯罪受过刑事处罚的人员，可以按照国家有关规定记入信用记录，采取限制其有关卡、账户、账号等功能和停止非柜面业务、暂停新业务、限制入网等措施。对上述认定和措施有异议的，可以提出申诉，有关部门应当建立健全申诉渠道、信用修复和救济制度。具体办法由国务院公安部门会同有关主管部门规定。

【条文主旨】

本条是关于非法买卖、出租、出借电话卡、物联网卡、电信线路、短信端口、银行账户、支付账户、互联网账号的法律责任及其限制措施的规定。

【条文理解】

本条共分为两款。第一款是非法买卖、出租、出借电话卡、银行账户等相关卡、账户、账号的禁止性规定。第二款是关于前述相关行为实施限制措施的细化性规定。当前电信网络诈骗持续高发的一大根源，便是相关卡、账户、账号的管理失控。遭受电信诈骗的个人、企业不计其数，对我国社会治安和人民群众财产安全造成了严重威胁。据此，电信企业、互联网企业应按照“谁开卡，谁负责；谁接入，谁负责；谁运营，谁负责”的原则，严格落实电信网络信息安全主体责任，加强相关电话卡、物联网卡、银行卡、互联网账号的实名制管理，加强涉诈网络信息监测处置，强化风险防控。

一、如何理解“非法买卖、出租、出借”

（一）如何理解“买卖”

就“买卖”行为的自身特征而言：第一，买卖是转移标的物的行为。即出卖人在收取一定价款后失去对标的物的占有、使用、处分，而买受人在支付一定的价款后取得对标的物的占有、使用、处分的状态。第二，买卖关系应是有偿的。所谓有偿，是指出卖人和买受人之间事实上形成了一种交付关系，即在交易过程中，出卖人出让财物获取对价，而买受人则因为支付对价而获取了对财物的控制。当然，该过程中出卖人是否因该买卖行为盈利并不影响其行为定性。第三，双方是在自愿前提下进行交易。第四，买卖以买方支付价款为表现方式。

因电话卡、物联网卡、银行账户、支付账户、互联网账号本身处于“实名制”管理制度的管控下，其并不能实现真正意义上的“买卖”状态，故此处所言的“买卖”实际上并不能真实地转移所有权。就本款所述卡、账户、账号的买卖而言，主要指买方支付相应费用后，卖方将相应卡、账户、账号的使用权、支配权暂时性移转的过程。同时，对电信网络诈骗团伙而言，收购本款所述卡、账户、账号多是基于抗拒抓捕、逃避侦查，所以其实际上是利用了他人账户来隐匿自身的真实身份，并不要求变更相关卡、账户、账号的实名信息。

司法实践中，围绕本款所述卡、账户、账号的买卖已经形成了比较稳定的黑产链条，根据其内部分工大致可分为三类人员：组织招募人员、信息发布人员、交易回收人员。组织招募人员主要通过线下渠道，如前往银行、营业厅或者通过实名制手段开办、收购银行卡、电话卡。信息发布人员则是通过网络社群发布出售、收购相关卡、账户、账号的资讯、信息。交易回收人员则是接收相关实体卡片并支付相应费用。

（二）如何理解“出租、出借”

就“出租、出借”行为的本身特征而言：出租是将自己所占有的物品出租给承租人以收取费用的行为；出借，是指自己所占有的物品，免费借予他人使用。可以看出，出租、出借均是通过某种“合意”让别人在约定期限内使用，但区别在于后者是无偿的。就本款所述卡、账户、账号的出租、出借而言，应注意以下两点：

第一，本款规定的出租、出借并不以时间长短为限制，即出租、出借本款所述卡、账户、账号，无论时间长短均构成违法。实践中，有的持卡人基于侥幸心理，认为短期出租、出借并不会造成严重后果而实施本款所述违法行为。但实际上，因为目前的实名制的管控模式能够实现相当程度的资金溯源，所以电信网络诈骗团伙对相关卡、账户、账号的使用时长往往十分短暂，以避免长时间使用而被相关风控系统捕获。同时，随着支付技术的更迭、网络技术的加持，目前短时间所能实现的交易数量、交易额度已经远远超过传统认知，所以出租、出借的时间并不能成为阻却违法的事由。

第二，本款明确了“出借”情形，即意味着本款所述行为不以最终盈利为限制，即无论行为人基于何种动机，只要客观上实施了出租、出借行为，便应依照本法相关规定处罚。

二、如何理解“电话卡、物联网卡、银行账户等”

第一，电话卡。电话卡，即 IC 卡、IP 卡、SIM 卡。IC 卡主要用于公用固定电话，通过 IC 卡片控制通话和付费，目前除部分中小学外，该类型的电话卡已不常见；IP 卡，是指可通过 TCP/IP 协议实现的一种电话应用；SIM 卡则是内含大规模集成电路的智能卡片，用于登记用户的重要数据和信息。值得特别强调的是，此处所言的电话卡包括虚拟运营商的虚拟电话卡。

第二，物联网卡。物联网卡，即物联网流量卡的简称。物联网是面向物联网用户提供的移动通信接入业务，为物联网终端提供无线数据、语音、短信等基础通信服务，并为物联网客户提供通信连接管理、终端管理等运营服务。

第三，电信线路。电信线路，即以电信号为传输介质的通信线路。其作为通信线路的形式之一，大体上经历了架空明线、对称电缆、同轴电缆、光缆等主要阶段。在“实名制”的网络背景下，电信线路具有识别信息源的功能，即可被标记、追踪其终端设备的所在地。当电信线路被非法买卖、出租、出借时，实际上会导致部分网络行为难以同真正的行为人产生关联，继而增加被追踪、识别、溯源的难度。

第四，短信端口。短信端口，即由运营商直接提供的短信发送接口，实现与客户指定号码进行短信批量发送和自定义发送的目的。不同的短信端口所发送的短信内容、短信性质、短信代号并不相同，故非法买卖、出租、出借短信端口可能会导致公众产生混淆，进而误信短信内容。

第五，银行账户。银行账户，即由商业银行（含邮政金融机构）向社会发行的具有消费信用、转账结算、存取现金等全部或部分功能的信用支付工具，既包括个人银行卡，也包括对公账户及结算卡，同时还包括非银行支付机构账户。根据《银行卡管理办法》，银行卡按币种不同分为人民币卡、外币卡；按发行对象不同分为单位卡（商务卡）、个人卡；按信息载体不同分为磁条卡、芯片（IC）卡，而信用卡按是否向发卡银行交存备用金分为贷记卡、准贷记卡两类。

第六，支付账户。支付账户，即用户通过网络进行付款、转账、消费的账户。

第七，互联网账号。互联网账号，即基于实名制管理的互联网账号、手机关联互联网账号等。当然，此处所涉及的主要是具有即时通信、信息投放、资讯社交功能的互联网账号。

三、如何理解“实名核验帮助、假冒他人、虚构代理”

此处的“实名核验帮助、假冒他人、虚构代理”指在电话卡、物联网卡、银行账户、支付账户、互联网账号等使用过程中帮助进行实名制核验以保持正常功能或冒用他人身份或通过虚构的代理关系以申领同使用人不相一致的卡、账户、账号等。根据《电话用户真实身份信息登记规定》①

---

① 《电话用户真实身份信息登记规定》，载工业和信息化部网站，http://www.gov.cn/gzdt/2013-07/19/content_2451366.htm，最后访问时间：2022年9月4日。

《电话“黑卡”治理专项行动工作方案》[1] 等文件精神，为强化手机实名登记管理，相关运营商将通过应用新技术、新设备等措施，进一步加强新入网客户身份信息核验；对于非实名老客户，必要时将根据国家法律法规限制通信业务，督促用户依法实名登记。在“实名制”施行以后，为保证相关卡、账户、账号的实际使用人和登记人为同一人，相关运营商、服务提供者往往通过人脸识别、短信验证等方式核验其使用状态，故在前述过程中提供相关帮助或径直假冒他人、虚构代理关系便属于本款所言的为上述卡、账户、账号提供实名核验帮助等，应依照本法相关规定处理。

四、如何理解“限制措施适用对象、实施主体、具体内容、申诉渠道”

电话卡、金融账户、互联网账号等作为实施诈骗活动的信息通联工具和资金归集工具，对电信网络诈骗行为的预防治理具有本体性价值。从立法初衷来看，该条款设置的价值在于防止相关人员利用电信网络诈骗的经历、经验再次实施犯罪，故从预防犯罪角度，允许特定部门按照违法、犯罪情况采取相应预防性措施，即限制相关卡、账户、账号等功能或停止非柜面业务、暂停新业务、限制入网等。值得注意的是，此种对相关人员的业务限制在本质上仍属于“权利限制”，其应以相关人员的违法、犯罪情况和再犯可能为前提，在综合评估的基础上依据相关程序、规范做出相应限制。

（一）如何理解限制措施的“适用对象”

本条规定的“对经设区的市级以上公安机关认定的实施前款行为的单位、个人和相关组织者，以及因从事电信网络诈骗活动或者关联犯罪受过刑事处罚的人员”是关于限制措施“适用对象”的描述。具体到适用对象，其内在性地包含至少两个层面的内容：对象范围和适用条件。

1. 对象范围

一般而言，对实施非法买卖、出租、出借电话卡、物联网卡、银行账户、支付账户、互联网账号等违法行为的自然人主体，根据其案件情形、再犯可能将其列入限制范围，有利于进一步从源头上防范犯罪的发生。此处值得特别注意的是，相关限制性措施同样适用于“单位”。就规范性质而言，“单位”是法律通过赋予权利义务形式人格化的社会实体，其具备承担相关责任的主体资格。易言之，通过法律的拟制与人格化，单位具有

---

[1] 《电话“黑卡”治理专项行动工作方案》，载工业和信息化部网站，https：//www. miit. gov. cn/jgsj/waj/wjfb/art/2020/art_ 317b028953284a56a148b606338b6278. html，最后访问时间：2022 年 9 月 4 日。

了法律上“人”的属性，是具有独立意志的存在。此时，若在单位意志的支配下实施了相关非法买卖、出租、出借电话卡、物联网卡、银行账户、支付账户、互联网账号等行为，或因监管不力致使单位成员在单位业务活动中实施了相关行为，那么此时单位理应就其行为承担不利后果。当然，由于单位的特殊性，其行为大多是为前述非法买卖、出租、出借的卡、账户、账号提供包括实名核验、支付结算等帮助。

2. 适用条件

此处应注意的是，限制措施所针对的相关行为仅包含本法第三十一条第一款所言“任何单位和个人不得非法买卖、出租、出借电话卡、物联网卡、电信线路、短信端口、银行账户、支付账户、互联网账号等，不得提供实名核验帮助；不得假冒他人身份或者虚构代理关系开立上述卡、账户、账号等”。对此，不可将其泛化为本法其他条款的相关行为。具体而言，本款所列的限制性措施集中针对相关卡、账户、账号的功能使用和业务办理，其目的在于限制卡、账户、账号的正常使用以防止其被作为违法、犯罪工具。故其他条款中所列非法制造、销售、提供或未正确、规范履行相应核对、校验、管理职责等行为，虽然客观上直接推动或间接放任了相关违法、犯罪活动，但因其行为并不关联相关卡、账户、账号功能，故不应作出基于卡、账户、账号功能使用、业务办理的限制。同时，此处的行为认定应当以“经设区的市级以上公安机关”认定为前提。权利的限制不能肆意，尽管有相关证据可佐证相关违法行为的实施，但关乎权利的限制和约束仍然应以特定级别的公安机关认定为前提，不可授权、委托其他机关代为履行。

此处的“因从事电信网络诈骗活动或关联犯罪受过刑事处罚”是指行为受到过主刑或附加刑的处罚，应注意的是其需要以从事电信网络诈骗活动为前提，并不要求最终以“诈骗罪”定罪处罚，即关联犯罪同样可符合本条要求。此外，受过刑事处罚并不限于有期徒刑、无期徒刑，其理应包含管制、拘役。同时，此处“受过刑事处罚”包含被宣告缓刑的情形。

（二）如何理解限制措施的“实施主体”

如上所述，电信业务、功能的限制措施是对相关人员所拥有的包括通信权等在内的直接或间接权利进行限制。根据《中华人民共和国立法法》第八十条、第八十二条的规定，没有法律、行政法规、地方性法规的依据，部门规章和地方政府规章不得设定减损公民、法人和其他组织权利或者增加其义务的规范，限制措施的决定主体、实施方式、复核主体、操作细则仍需要国务院有关主管部门会同国务院公安部门作出具体规定。

（三）如何理解限制措施的“具体内容”

1. 关于“限制方式”

第一，记入信用记录。信用记录指信用评级机构依托来自某一渠道或社会各方、能够判断社会主体信用状况的信息，按一定标准和指标进行评价之后，用一定符号或文字表示的关于社会主体信用的说明。显然，当相关人员有类似非法买卖、出租、出借电话卡、物联网卡、银行账户、支付账户、互联网账号等违法行为时，便可证明其存在信用评价中的负面情形，故可对其作出信用记录的记入。

第二，对相关功能进行限制。对有关卡、账户、账号进行限制，是指电信服务主体对相关个人、单位、组织的卡、账户、账号的特定功能予以限制、封停。值得强调的是，对于相关功能的限制不得包含直接通信等基本权利，即限制措施直接指向的是相关主体可能用于电信网络诈骗的具体功能，并对该功能作出全部或部分限制。

第三，对相关业务进行限制。对相关业务办理进行限制是指通过对相关人员施加业务限制，对其如业务办理、业务范围进行范围、程序上的约束。具体到实践，电信网络诈骗中相关卡、账户、账号被广泛用于违法、犯罪工具的重要原因在于其业务办理、功能使用的审核不清、迟缓，故基于相关业务同电信网络诈骗的关联性，可增加其验证程序、验证内容等要求。当然，相关业务限制应以保证相关人员的正常生活为前提，即不具有辐散性。

2. 关于“限制期限”

根据案件情况、背景的不同，可对功能、业务作出终身限制、附期限限制。终身限制体现了对相关权利的根本剥夺，指对违法行为人作出的限制期限是终身的，只要违法行为人存在相关违法事实，符合相应条件，其便终身不得从事相关业务、功能。对违法行为人进行终身限制是最严厉的限制类型，原则上应结合业务性质、功能内容审慎作出决定。附期限性限制是指对违法行为人作出的功能、业务限制是有期限限制的，违法行为人在受到了相应处罚并经过一定的限制期限后，违法行为人仍可实施相关行为，而在规定的限制期限内则必须遵守相关限制规定。如可结合案件情形、业务性质，依据“比例原则”作出一年、三年、五年、十年等期限的限制措施。应当认为，该条款所设置的关于相关人员功能使用、业务办理、网络接入的限制原则上应具备相应的期限限制，以终身限制为例外情形。

（四）如何理解限制措施“申诉渠道”

其一，构建异议申诉机制。作为一项对基本权利具有不利影响的限制措施，从限制正当性角度出发，限制措施的适用应当具有充分的民主性、包容性。程序设置尽可能保障受限制的相对人对限制决定的陈述权、申辩权，即该法律责任的适用应设定“异议申辩”机制，强化受限制对象限制过程参与性，扩大限制程序运行民主性，从而最终体现限制措施的正当性与合理性。

其二，构建动态退出机制。就限制措施适用而言，其可通过一定的制度设置以体现制度激励功能，如构建动态退出机制以发挥激励引导，规定被限制主体在特定期限内遵纪守法，积极表现，在达到特定条件的前提下，可附条件地将限制期限予以减少，甚至予以免除，以此来对被限制主体进行守法激励。

【适用指南】

对本条规定的具体适用，实践中应当注意的问题是：

一、民事责任、行政责任不以“明知他人利用信息网络实施犯罪”为前提

“对经设区的市级以上公安机关认定的实施前款行为的单位、个人和相关组织者”，此处凡经特定级别公安机关认定的本款行为，便可按照相关规定实施限制措施。值得特别强调的是，此处所言民事责任、行政责任不以“明知他人利用信息网络实施犯罪”为前提。具体而言，银行卡及其账户只限经发卡银行批准的持卡人本人使用，不得出租和转借。由此，当行为人实施非法买卖、出租、出借相关卡片、账户、账号的行为，足以使他人以持有人名义进行交易、使用，那么便触发相关民事责任、行政责任。以银行卡办理为例，在进行银行卡办理时，相关部门已经明确告知相关禁止性义务，而持卡人仍在后续使用过程中违反该义务，那么其责任来源于自身的禁令行为，至于他人是否利用卡片实施信息网络犯罪不属于行政责任、民事责任的前提。

根据《中国人民银行关于进一步加强支付结算管理防范电信网络新型违法犯罪有关事项的通知》[①] 和《最高人民法院关于适用〈中华人民共和

①《中国人民银行关于进一步加强支付结算管理防范电信网络新型违法犯罪有关事项的通知》，载中国人民银行网站，http：//www. pbc. gov. cn/tiaofasi/144941/3581332/3804753/index. html，最后访问时间：2022 年 9 月 4 日。

国民事诉讼法〉的解释》[①] 及相关规定：

1. 赔偿责任。借用银行账户的，出借单位和借用人应为共同诉讼人，据此，出租、出借、出售人可能要对受害人所遭受的损害赔偿承担连带责任或者依其过错承担补充责任。

2. 信用惩戒。中国人民银行应将相关信息录入金融信用基础数据库，违法、违规记录到个人征信报告，将在一定时间内影响相关人员的贷款和信用卡申请。

3. 限制业务。五年内应暂停相关单位和个人银行账户非柜面业务，支付账户所有业务。即相关单位和个人五年内不能使用银行卡存取款，不能使用网银、手机银行转账，不能刷卡购物，不能通过购物网站快捷支付。

4. 严管账户。银行和支付机构五年内不得为相关单位和个人新开账户，惩戒期满申请开户的，银行和支付机构将加大审核力度。

5. 法律处分。买卖、出租、出借银行卡、支付账户是典型的违反金融法律法规的行为，根据中国人民银行发布的《人民币银行结算账户管理办法》[②] 第六十五条的规定，该行为将会被视情况给予警告并处以1000元罚款，或者给予警告并处以5000元以上3万元以下的罚款。同时，根据本法第四十四条规定，“违反本法第三十一条第一款规定的，没收违法所得，由公安机关处违法所得一倍以上十倍以下罚款，没有违法所得或者违法所得不足二万元的，处二十万元以下罚款；情节严重的，并处十五日以下拘留”。应当认为，行政法规、地方性法规在与本法冲突时，应以“上位法”为准，即对于相关情形的处罚应以本法规定的相关标准执行。

二、刑事责任以“明知他人利用信息网络实施犯罪”为前提

刑事责任的发动是谨慎和克制的，只有当行为人在明确知悉自身行为的社会后果，且具备相应主观罪过时，适用刑法才具有正当性基础。如果行为人明知他人利用相关卡、账户、账号实施网络犯罪，或虽然事前并不知晓，但是在收到银行通知或有关监管部门告知之后，仍然出租、出借、出售银行卡、支付账户为网络犯罪提供支付结算帮助，根据《最高人民法院、最高人民检察院关于办理非法利用信息网络、帮助信息网络犯罪活动

---

① 《最高人民法院关于适用〈中华人民共和国民事诉讼法〉的解释》，载最高人民法院网站，https：//www. court. gov. cn/jianshe－xiangqing－353651. html，最后访问时间：2022年9月4日。

② 《人民币银行结算账户管理办法》，载中国政府网，http：//www. gov. cn/gongbao/content/2003/content_ 62368. htm，最后访问时间：2022年9月4日。

等刑事案件适用法律若干问题的解释》[1] 第十一条的规定，这种行为可能构成帮助信息网络犯罪活动罪。

对此，应当注意以下几点：

其一，认定行为人是否“明知”他人利用信息网络实施犯罪，应当坚持主客观相一致原则，既要结合行为人的认知能力、过往经历、交易对象、与犯罪行为人的关系、提供帮助的时间和方式、获利情况、出租或出售次数或张数，以及行为人的供述等主客观因素，同时又要注重听取行为人的辩解并根据其辩解合理与否，予以综合认定。特别是对双方存在亲友关系等信赖基础，一方确系偶尔向另一方出借相关卡、账户、账号的，要根据在案事实证据，审慎认定“明知”。

其二，在办案过程中，可着重审查行为人是否具有以下特征及表现，综合全案证据，对其构成“明知”与否作出判断：（1）跨省或多人结伙批量办理、收购、贩卖相关卡、账户、账号的；（2）出租、出售、出借相关卡、账户、账号后，收到公安机关、银行业金融机构、非银行支付机构、电信服务提供者等相关单位部门的口头或书面通知，告知其所出租、出售的相关卡、账户、账号涉嫌诈骗、洗钱等违法犯罪，行为人未采取补救措施，仍继续出租、出售的；（3）出租、出售、出借的相关卡、账户、账号因涉嫌诈骗、洗钱等违法犯罪被冻结，又帮助解冻，或者注销旧卡、办理新卡，继续出租、出售的；（4）出租、出售、出借的具有支付结算功能的账户、账号因涉嫌诈骗、洗钱等违法犯罪被查封，又帮助解封，继续提供给他人使用的；（5）频繁使用隐蔽上网、加密通信、销毁数据等措施或者使用虚假身份，逃避监管或者规避调查的；（6）事先串通设计应对调查的话术口径的；（7）曾因非法出租、出售、出借受过处罚或者信用惩戒、训诫谈话，又再次收购、出售、出租的等。

其三，明知他人利用信息网络实施犯罪，为其犯罪提供下列帮助之一的，可以认定为《最高人民法院、最高人民检察院关于办理非法利用信息

---

① 《最高人民法院、最高人民检察院关于办理非法利用信息网络、帮助信息网络犯罪活动等刑事案件适用法律若干问题的解释》，载中共中央网络安全和信息化委员会办公室网站，http：//www.cac.gov.cn/2019－10/25/c_ 1573534999086260.htm，最后访问时间：2022年9月4日。

网络、帮助信息网络犯罪活动等刑事案件适用法律若干问题的解释》[①] 第十二条第一款第七项规定的“其他情节严重的情形”：（1）收购、出售、出租信用卡、银行账户、非银行支付账户、具有支付结算功能的互联网账号密码、网络支付接口、网上银行数字证书5张（个）以上的；（2）收购、出售、出租他人手机卡、流量卡、物联网卡20张以上的。

【相关规定】

《中华人民共和国刑法》第二十五条、第二十七条、第二百五十三条之一、第二百八十七条之二；《最高人民法院、最高人民检察院关于办理非法利用信息网络、帮助信息网络犯罪活动等刑事案件适用法律若干问题的解释》第十一条；《工业和信息化部、公安部关于依法清理整治涉诈电话卡、物联网卡以及关联互联网账号的通告》；《银行卡管理办法》第二十八条；《最高人民法院关于适用〈中华人民共和国民事诉讼法〉的解释》第六十五条；《最高人民法院、最高人民检察院、公安部关于办理电信网络诈骗等刑事案件适用法律若干问题的意见（二）》第七条、第八条等；《电话用户真实身份信息登记规定》第五条、第六条、第七条等；《人民币银行结算账户管理办法》第六十五条；《工业和信息化部关于进一步防范和打击通讯信息诈骗工作的实施意见》第三条、第四条、第五条、第七条；《中国人民银行关于进一步加强支付结算管理防范电信网络新型违法犯罪有关事项的通知》第九条。

---

① 《最高人民法院、最高人民检察院关于办理非法利用信息网络、帮助信息网络犯罪活动等刑事案件适用法律若干问题的解释》，载中共中央网络安全和信息化委员会办公室网站，http：//www. cac. gov. cn/2019 - 10/25/c_ 1573534999086260. htm，最后访问时间：2022年9月4日。

【案例评析】

非法出借银行卡、电话卡的刑事风险①

一、案情简介

2021年10月，被告人兰某的朋友彭某请其帮助开车去某省，并承诺给其每天500元工钱。到某省后的第三天上午，彭某向兰某借银行卡称用于收货款，兰某将其银行卡及手机借给彭某操作转账。两三个小时后，兰某查看手机账单，发现银行卡频繁收款转账，遂产生怀疑，询问彭某是否在“跑分”，彭某否认。第四天上午，彭某再次向兰某借银行卡，兰某碍于情面，将自己的银行卡及手机借给了彭某。彭某操作两三个小时后将手机及银行卡退还兰某，出借银行卡给彭某操作后兰某并无获利，后两人分开。经查，兰某的建设银行卡在借给彭某使用期间，进账20.1650万元，出账20.1650万元。

二、本案核心问题

被告人短暂出借银行卡、电话卡的行为是否构成帮助信息网络犯罪活动罪。

三、法院裁判要旨

被告人兰某明知他人可能利用信息网络实施犯罪，仍为其提供银行卡、电话卡进行支付结算帮助，支付结算金额达20万余元，情节严重，已构成帮助信息网络犯罪活动罪，犯罪事实清楚，证据确实充分，公诉机关指控成立。据此，根据被告人兰某的犯罪事实、性质、情节以及对社会的危害程度，依照《中华人民共和国刑法》第二百八十七条之二第一款、第六十七条第一款、第五十二条、第五十三条第一款之规定，判决被告人兰某犯帮助信息网络犯罪活动罪，判处拘役四个月，并处罚金人民币五千元。

四、专家评析

所谓“跑分”，是指利用自己名下银行卡等支付渠道为他人进行代收款，随后再转款到指定的账户，帮助犯罪团伙进行洗钱，赚取佣金的不法

---

① 湖南省永顺县人民法院（2022）湘3127刑初49号刑事判决书，载中国裁判文书网，https://wenshu.court.gov.cn/website/wenshu/181107ANFZ0BXSK4/index.html?docId=5e5714faeb0747449f0cae5d00700ee0，最后访问时间：2022年9月4日。

行为，据此应当认为兰某的行为构成帮助信息网络犯罪活动罪。

在违法层面，兰某提供银行卡的行为符合帮助信息网络犯罪活动罪的行为特征。在行为模式界定方面，其为帮助信息网络犯罪活动罪条文中列举的“资金支付结算”提供帮助，且根据相关规定，以结算金额 20 万元作为定罪依据。根据经验法则及逻辑推理，兰某在案发时均在涉案地点，且其已发现账户内出现异常收款、转账，故其可推定出彭某可能从事相关违法犯罪活动。至于彭某的否认行为，实际上并不能打消基于经验判断得出的结论和怀疑，同时本罪的认定并不需要行为人达到完全确信对方从事违法犯罪的程度，故其理应构成帮助信息网络犯罪活动罪。综上所言，从行为人认知能力、既往经历、生活环境、交易记录等综合审查判断，其达到了主观“明知”程度，即作为社会一般常人，足以意识到钱款性质可能涉及信息网络犯罪，据此，应推定兰某主观明知所涉钱款可能系利用信息网络实施犯罪所获利益。

第三十二条　【完善行业诈骗反制机制】国家支持电信业务经营者、银行业金融机构、非银行支付机构、互联网服务提供者研究开发有关电信网络诈骗反制技术，用于监测识别、动态封堵和处置涉诈异常信息、活动。

国务院公安部门、金融管理部门、电信主管部门和国家网信部门等应当统筹负责本行业领域反制技术措施建设，推进涉电信网络诈骗样本信息数据共享，加强涉诈用户信息交叉核验，建立有关涉诈异常信息、活动的监测识别、动态封堵和处置机制。

依据本法第十一条、第十二条、第十八条、第二十二条和前款规定，对涉诈异常情形采取限制、暂停服务等处置措施的，应当告知处置原因、救济渠道及需要提交的资料等事项，被处置对象可以向作出决定或者采取措施的部门、单位提出申诉。作出决定的部门、单位应当建立完善申诉渠道，及时受理申诉并核查，核查通过的，应当即时解除有关措施。

【条文主旨】

本条是关于开发电信网络诈骗反制技术，统筹反制技术措施建设，同时保障相对人救济渠道的规定。

【条文理解】

本条共分为三款。第一款是关于支持行业、企业研发相关电信网络诈骗反制技术措施的规定。根据本款规定，电信业务经营者、银行业金融机构、非银行支付机构、互联网服务提供者应积极开展研发相关技术措施，推进监测、识别和处置涉诈信息的活动。第二款是国务院公安部门、金融管理部门、电信主管部门和国家网信部门对上述活动的组织统筹作用，推动相关数据的跨行业、跨企业共享。第三款则是基于反制、监控、处置相对人的异议、申诉、救济权利。关于前三款规定的理解，应当注意以下几个问题：

一、如何理解“电信业务经营者、银行业金融机构、非银行支付机构、互联网服务提供者”

电信网络诈骗犯罪日新月异，单纯从公安机关内部实现数据共享是不够的，需要金融、电信、网络运营商、企业的信息协助。与之相对，行业内部针对电信网络诈骗犯罪防控的技术平台纷纷设立，应认为前述行业措施的尝试是积极的，但上述行业、企业的推广、监测、识别活动由于自身宣传力度、数据共享强度的局限，其实际发挥的效果未能形成联动作用，甚至近年来还发生冒充反诈骗中心人员、网警实施诈骗的情况。据此，本法特别规定了金融、通信、互联网行业主管部门统筹推进相关跨行业、企业的统一监测系统建设，推进样本信息数据共享。以电信业务经营者为例，其应积极提升技术防范能力，利用人工智能、大数据等新技术，根据不断变化的犯罪手法和特点，持续加强技术防范研究。加快推进互联网诈骗信息防范系统建设，加强技术防范模型、平台等项目的研发、建设工作，最大限度拦截诈骗信息。加强信息安全管理，加强本地数据的监测、分析，同公安部门进行积极互动实现线索的共享、传递。

二、如何理解“电信网络诈骗反制技术措施”

电信网络诈骗反制技术措施通过对金融、通信、互联网等领域涉诈异常情形的监测、识别和处置以实现动态封堵、提前处置，如封停高风险电话卡、异常金融账户和可疑、异常互联网账号等。实际上，电信网络诈骗作为传统诈骗的技术异化，其在相当程度上依赖于即时通信、支付结算技术的加成，故“通过技术应对技术”就成为压制电信网络犯罪的重要路径。例如，银行业金融机构、非银行支付机构将银行账户、支付账户、收款条码纳入相关资金监测机制，对于短时间、高流量的资金流转、可疑交易予以风险提示、人工核实等，便可在相当程度上实现电诈预防、追赃挽损。再如，电信业务经营者可对长时闲置、短时高发的异常电信号码予以功能限制，仅保留相关信息接收服务。同时，可针对主叫号码、被叫号码、通话开始时间、通话结束时间、通话时长、最近预警次数、通话总时长等指标对相关电信用户作涉诈风险分级预警。

具体而言：可针对电信业务经营者、银行业金融机构、非银行支付机构、互联网服务提供者等电信网络诈骗重点领域作针对性、重点性技术预警，如对疑似受害人进行受骗状态和轨迹刻画，通过短信、电话进行提醒，实现精准的风险预警，为主动干预和劝阻提供技术支持。同时，可通过大数据模型计算受害人常住地、关系人等关联信息，满足预警后准确寻找受害人并进行劝阻。根据预警要素关联已发案件，通过算法规则、标签特征计算预警级别，辅助各级公安机关快速、精准研判预警级别及紧急程度，分级分类有效开展劝阻工作。电信业务经营者、银行业金融机构、非银行支付机构、互联网服务提供者可通过预警信息多级联动和系统推送，配合公安机关分级、分类处置机制，形成多级联动。同时，电信网络诈骗反制技术措施可通过汇集全国涉诈案件现场勘查采集的涉诈 App、涉诈网站、涉诈虚拟账号等，对接阻断拦截服务，对不断翻新的诈骗手段和工具进行有效压制，如进行通话反制拦截、网址反制拦截、虚拟账号反制拦截、反制拦截统计等。最后，可通过联网串并分析依托本地勘查数据、互联网数据以及全国关联数据，进行全国跨区域智能串并分析，为电诈案件的联合侦办提供技术支撑。

当然，自动化的技术监测、动态封堵难免会因算法局限、标准设定、特殊场景而产生“误伤”，即将正常用户识别为涉诈用户。故相关技术措施的实施应经过内部测试、标准评估、场景限定，以避免出现大规模、长时间的错误识别。同时，技术管控、反制措施应配置完善的申诉救济渠道以解决技术的机械性、标准化所带来的局限。

【适用指南】

电信网络诈骗反制技术措施正确适用的前提是保证相对人具有完善的救济渠道，以避免出现权益的长时受损。如参照《电信用户申诉处理暂行办法》①，前述救济渠道应至少包含以下几个部分：（1）申诉人，指在使用相关业务、服务中，与业务经营者发生争议并向申诉受理机构提出申诉的用户。（2）被申诉人，指做出电信网络诈骗反制技术措施的决定部门，即公安、网信、工信及其执行单位，如电信业务经营者、银行业金融机构、非银行支付机构、互联网服务提供者。（3）申诉条件：首先，申诉人是与申诉事项有直接利害关系的当事人；其次，有明确的被申诉人；最后，有具体的申诉请求和事实根据。

第三十三条 【网络身份认证公共服务建设及应用】 国家推进网络身份认证公共服务建设，支持个人、企业自愿使用，电信业务经营者、银行业金融机构、非银行支付机构、互联网服务提供者对存在涉诈异常的电话卡、银行账户、支付账户、互联网账号，可以通过国家网络身份认证公共服务对用户身份重新进行核验。

【条文主旨】

本条是关于推进网络身份认证公共服务建设以及为国家进一步打击电信网络诈骗向相关经营者提供用户身份核验服务的规定。

【条文理解】

本条是为了进一步管控涉嫌电信诈骗的用户，在进一步推进网络身份认证公共服务建设的基础上支持相关经营者对涉诈异常的电话卡、银行账户、支付账户、互联网账号重新进行核验。具体来讲，关于本条规定的理解，应当注意以下几个问题：

一、关于“网络身份认证公共服务建设”的理解

网络身份认证服务有许多的服务商可以提供，但是在国家推进网络身份认证公共服务建设的背景下，需要依托于国家建设的平台开展身份认

---

① 《电信用户申诉处理暂行办法》，载工业和信息化部网站，https：//www. miit. gov. cn/zwgk/zcwj/flfg/art/2020/art_ 53b2229d96704e24b29b44bab5a463af. html，最后访问时间：2022 年 9 月 4 日。

证，因此选择适用网络身份认证平台对于准确核验涉诈用户身份至关重要。同时，网络安全法也规定国家“推进网络身份认证公共服务建设”，使企业依托网络身份认证公共服务，满足自身业务需求和政府监管要求，从源头上减少个人信息滥采滥用等问题，对于从根本上遏制“黑卡”“黑号”、治理电信网络诈骗等犯罪具有重要意义。

二、关于“电信业务经营者、银行业金融机构、非银行支付机构、互联网服务提供者”的理解

犯罪分子实施电信网络诈骗犯罪活动，离不开各类通信、网络技术，特别是网络第三方平台的技术支撑。在侦查实践中，电信网络诈骗犯罪活动往往通过租赁服务器、使用网络电话、养号买号、恶意注册、开发涉诈App、出售公民个人信息等手段实施，因而通信、金融、互联网等行业主体应担负起反电信网络诈骗的主体责任。本条指出电信业务经营者、银行业金融机构、非银行支付机构、互联网服务提供者可以对涉诈用户进行身份核验，但是用户身份核验需要核实用户的个人信息，那么电信业务经营者、银行业金融机构、非银行支付机构、互联网服务提供者的主体范围也需要进一步阐释。

首先是电信业务经营者，根据《中华人民共和国电信条例》规定，电信业务分为基础电信业务和增值电信业务。基础电信业务，是指提供公共网络基础设施、公共数据传送和基本话音通信服务的业务。增值电信业务，是指利用公共网络基础设施提供的电信与信息服务的业务。因此，本法所指电信业务经营者不仅是指占市场份额大的电信服务者，还包括所有从事基础电信和增值电信业务并获得基础电信业务和增值电信业务经营许可证的经营者。其次是银行业金融机构，根据《中华人民共和国银行业监督管理法》规定，银行业金融机构包括商业银行、邮政储蓄银行、城市信用合作社、农村信用合作社等吸收公众存款的金融机构以及政策性银行。再次是非银行支付机构，即在中华人民共和国境内依法设立并取得支付业务许可证，从事部分或者全部支付业务的有限责任公司或者股份有限公司。最后是互联网服务提供者，结合刑法和《最高人民检察院、最高人民法院关于办理非法利用信息网络、帮助信息网络犯罪活动等刑事案件适用法律若干问题的解释》[①] 等规范性文件中的相关规定予以认定。“网络服务

---

① 《最高人民检察院、最高人民法院关于办理非法利用信息网络、帮助信息网络犯罪活动等刑事案件适用法律若干问题的解释》，载最高人民检察院网站，https：//www. spp. gov. cn/spp/xwfbh/wsfbh/201910/t20191025_ 436138. shtml，最后访问时间：2022 年 9 月 10 日。

提供者”应当包括以下情形：（1）网络接入、域名注册解析等信息网络接入、计算、存储、传输服务；（2）信息发布、搜索引擎、即时通讯、网络支付、网络预约、网络购物、网络游戏、网络直播、网站建设、安全防护、广告推广、应用商店等信息网络应用服务；（3）利用信息网络提供的电子政务、通信、能源、交通、水利、金融、教育、医疗等公共服务。

三、关于“涉诈异常的电话卡、银行账户、支付账户、互联网账号”的理解

根据本法第二十六条第二款的规定，互联网服务提供者依照本法规定对有关涉诈信息、活动进行监测时，发现涉诈违法犯罪线索、风险信息的，应当依照国家有关规定，根据涉诈风险类型、程度情况移送公安、金融、电信、网信等部门。有关部门应当建立完善反馈机制，将相关情况及时告知移送单位。因此，电信业务经营者、银行业金融机构、非银行支付机构、互联网服务提供者在日常账号异常使用监测、涉诈产业监测、涉诈信息、活动监测中可以立即对有涉诈可能性的账户进行重新身份核验，并不需要公安、司法机关介入之后再进行核验，这有助于为公安机关实施涉案资金止付、查询、冻结争取时间，从而提升资金拦截时效。

【适用指南】

对该条规定的具体适用，实践中应当注意的问题是：

一、推进网络身份认证公共服务建设，应遵循自愿原则，支持个人、企业自愿使用

在加快治理电信网络诈骗的当下，建设一个以国家实名制平台为基础的身份认证平台已成为大势所趋。为加强电信网络安全治理，切实保障用户财产安全，电信业务经营者、银行业金融机构、非银行支付机构、互联网服务提供者对用户的身份认证和核验环节提出了更高要求。首先，需要告知用户再次核验其身份的理由，如法律法规中有关用户实名认证的义务，强调其账户正面临高风险，需为安全考虑等；其后可以再告知用户不接受上述要求可能导致的严重后果。其次，对于“不通过则无法使用”的情况，企业应提供相应的救济渠道。当用户行使账号权益受到限制时，应提供多次验证机会，更换其他同等强度的验证方式，并建立人工申诉渠道。最后，在重新核验身份的过程中，可能存在“过度打扰用户”的弊端，因此在适用身份核验时必须明确遵循个人、企业自愿使用原则，这是一种可供电信、金融、互联网等行业企业选择适用的措施，并不排斥现有核验措施的适用。

二、电信业务经营者、银行业金融机构、非银行支付机构、互联网服务提供者须重视用户的个人信息安全

在核验身份的过程中，用户可能面临过度收集个人信息的状况，身份重新核验需要的个人信息比身份认证时需要的个人信息更为详细，尤其是许多用户对人脸识别等实名认证的认可度较低，对于自己的个人信息泄露风险的担忧较为明显。因此，电信业务经营者、银行业金融机构、非银行支付机构、互联网服务提供者在防治电信诈骗的过程中启用重新核验身份时要遵守《中华人民共和国个人信息保护法》，应尽可能将对用户的隐私侵犯程度降至最低，将保护合法权益的效应放到最大，平衡重新核验用户身份的优势和劣势。

三、电信业务经营者、银行业金融机构、非银行支付机构、互联网服务提供者对存在涉诈异常的账户须及时进行身份核验

作为防治电信诈骗案件的前端，电信业务经营者、银行业金融机构、非银行支付机构、互联网服务提供者在日常的防范监测中发现可疑线索或风险信息，对此异常的涉诈账户，应该及时进行身份核验。对于此涉诈异常账户存在的风险不要求具有非常高的程度，对于涉诈异常账户的证实或查明是追诉机关应当承担的责任。相关经营者在对其进行身份核验后如依然发现存在涉诈的可能，须立即采取本法所规定的其他措施。

【相关规定】

《中华人民共和国网络安全法》第十七条；《中华人民共和国个人信息保护法》第五十条；《中华人民共和国数据安全法》；《中华人民共和国银行业监督管理法》；《中华人民共和国电信条例》；《最高人民法院、最高人民检察院关于办理非法利用信息网络、帮助信息网络犯罪活动等刑事案件适用法律若干问题的解释》；《最高人民法院、最高人民检察院、公安部关于办理电信网络诈骗等刑事案件适用法律若干问题的意见》第六条。

第三十四条　【事前预警劝阻和事后救济】公安机关应当会同金融、电信、网信部门组织银行业金融机构、非银行支付机构、电信业务经营者、互联网服务提供者等建立预警劝阻系统，对预警发现的潜在被害人，根据情况及时采取相应劝阻措施。对电信网络诈骗案件应当加强追赃挽损，完善涉案资金处置制度，及时返还被害人的合法财产。对遭受重大生活困难的被害人，符合国家有关救助条件的，有关方面依照规定给予救助。

【条文主旨】

本条是关于对潜在受害人进行预警劝阻，避免其受害，以及案发后加强追赃挽损和救助被害人的义务性规定。

【条文理解】

一、关于“潜在受害人预警劝阻”的理解

本条关于潜在受害人预警劝阻的有关规定，贯彻落实了反电信网络诈骗工作的预防思维和系统思维。在电信网络诈骗活动的治理中，预警防控和侦查打击两者均不可或缺。预警劝阻是预警防控中重要的一环，是着眼于电信网络诈骗活动精准防治和前端防范的预防性措施。将预警劝阻制度化，扩大预警劝阻的责任主体，通过事前预防有效阻断电信诈骗行为，防止危害结果发生，连同其他预防和打击措施，可以有效实现综合治理、系统治理和源头治理。

（一）关于“预警劝阻责任主体”的理解

银行业金融机构，是指在中华人民共和国境内设立的商业银行、农村合作银行、农村信用合作社等吸收公众存款的金融机构以及政策性银行和国家开发银行。

非银行支付机构，可以是根据《非金融机构支付服务管理办法》[①] 规定取得《支付业务许可证》的支付机构。

---

① 《非金融机构支付服务管理办法》，载中国政府网，http：//www. gov. cn/flfg/2010－06/21/content_ 1632796. htm，最后访问时间：2022 年 9 月 4 日。

电信业务经营者，是指依法获得电信业务经营许可，从事电信业务经营活动的企业法人。

互联网服务提供者，是指向用户提供互联网接入服务、互联网数据中心服务、互联网信息服务和互联网上网服务的单位。

该条将金融、电信、网信部门，以及银行业金融机构、非银行支付机构、电信业务经营者、互联网服务提供者等组织纳入责任主体范围。通过多部门合力共建预警劝阻系统的方式，可进一步扩大反诈成员体系规模，打破各单位间的业务隔阂及数据孤岛，进而形成一体化反诈技术预警处置平台，进一步释放出反诈工作齐抓共管、协同共治的明确信号。

（二）关于“预警劝阻系统”的理解

预警劝阻系统基于大数据挖掘和人工智能等技术，通过数据进行风险感知、模式识别、被害发现等，既能快速发现犯罪，又可以较为精准地识别出高危受害人，是反电信网络诈骗活动有力的武器。换言之，预警劝阻系统的侦测、识别功能，能自动识别电信诈骗行为和潜在受害者，双向发出预警信息。一方面，引导公安机关预先控制电信诈骗活动，另一方面，提醒潜在受害者不汇款、不转账，从而降低电信网络诈骗活动的发生概率。

预警劝阻系统的具体应用有以下几个方面①：

一是诈骗电话自动侦测。电话诈骗是电信网络诈骗中的突出类型，诈骗内容花样层出不穷，社会影响恶劣。大数据分析、声纹识别、自然语言理解等技术为诈骗电话检测提供了技术支撑，能够有效增强针对电话诈骗的防御和反制能力。

二是恶意网址拦截。恶意网址是指恶意种植木马、病毒等程序的网站，是目前诈骗分子用于窃取用户个人信息、实施网络勒索诈骗的重要方式。预警劝阻系统可以通过机器学习算法和大数据平台对海量网址进行特征比对检测、页面相似度分析，发现并拦截疑似涉诈网址。

三是诈骗信息审核过滤。诈骗信息包括诈骗文本、诈骗图片（头像）、诈骗音视频等多种内容。其中，以诈骗短信为代表的诈骗文本信息是较为突出的诈骗类型，由于成本低、目标用户范围广，颇受诈骗分子青睐。依靠社交网络平台传播的诈骗图片（头像）、伪造音视频等诈骗信息形式则

① 《电信网络诈骗治理与人工智能应用白皮书（2019 年）》，载中国信息通信研究院安全研究所网站，http：//www. caict. ac. cn/kxyj/qwfb/bps/201912/t20191229_ 272846. htm，最后访问时间：2022 年 9 月 4 日。

更为复杂，通过合成虚假头像、语音或视频能够伪装成受骗人群的亲人好友，进而以多种理由话术逐步实施诈骗。预警劝阻系统可运用模型算法、人工智能等前沿技术，对疑似诈骗的信息、图片、账号进行识别、分类、拦截。

四是受害者发现预警。及时发现识别高危受害者并进行快速预警提醒，是防范阻断电信网络诈骗活动，切实保障人民群众财产安全的重要手段。通过对电信、网络数据的融合分析，能够有效及时地发现潜在受害对象并进行预警。除此之外，通过电信网络诈骗活动打击的成果不断深挖、串联，挖掘潜在受害用户也是实现受害者发现预警的重要举措。

（三）关于“劝阻措施”的理解

在预警劝阻系统发现潜在受害人时，应该在第一时间落实劝阻措施，最大限度地减少群众的财产损失。具体而言，劝阻措施可分为技术劝阻与人工劝阻两大类。

1. 技术劝阻

一般技术劝阻措施通常与预警劝阻系统高度关联，在系统发现疑似电信网络诈骗活动的同时，自动运行技术手段对诈骗信息进行拦截，并同步向潜在受害者发出预警信息，以最快、最大限度地减少群众的财产损失。例如，在识别发现恶意网址或疑似诈骗信息后直接通过技术手段进行分类拦截。又如，“12381 涉诈预警劝阻短信系统”① 可根据公安机关提供的涉案号码，利用大数据、人工智能等技术自动分析发现潜在受害用户，并通过 12381 短信端口第一时间向用户发送预警短信，提示用户可能面临“贷款”“刷单返利”“冒充公检法”“杀猪盘”等电信网络诈骗。该系统不关联用户个人信息，全程无人工干预，部署了防攻击、防泄露、防窃取等防护手段，可有效保障个人信息安全。除此之外，在一般技术劝阻或人工劝阻对潜在受害人均无说服力的场合，为防止受害人产生不必要的财产损失，可以采取应急技术措施，利用技术反制强行阻断其通话或转账行为。

2. 人工劝阻

针对不同的预警类型和紧急程度，人工劝阻是在技术劝阻的基础之上，通过电话或上门劝阻的方式，“点对点”地对受害人开展进一步预警劝阻。为有效贯彻落实精准劝阻，公安机关可在地方党委和政府的协助下

① 《工信部再出“反诈”新招 正式启用 12381 涉诈预警劝阻短信系统 为群众办实事解难题》，载工业和信息化部网站，https://www.miit.gov.cn/jgsj/waj/gzdt/art/2021/art_b908efde5a11495ead9829bc0f46819b.html，最后访问时间：2022 年 9 月 4 日。

发动辖区内的物业、村委或有关单位一同工作，派出所在接到指挥中心疑似诈骗预警指令后，出警的同时可联系当事人所在地的网格员、社区工作人员或反诈志愿者先期到达现场进行劝阻，防止疑似遭遇电信网络诈骗的人员按照诈骗分子的要求继续操作，造成不必要的财产损失。

二、关于“加强追赃挽损和被害人救助”的理解

本条关于加强追赃挽损、完善涉案资金处置制度和被害人救助的规定，贯彻落实了总则第四条中“坚持以人民为中心”的总体理念。电信网络诈骗活动往往涉众广且金额庞大，许多受害群众承担了巨大的财产损失。加强追赃挽损工作，有利于追回被害人合法财产，保护其合法权益。在无法获得犯罪分子的赔偿及其他方面的补偿时，由有关部门给予适当的经济救助。该救助具有补充性、抚慰性和应急性，遵循“救急解困”的原则，着力帮助被害人走出面临的生活困境，保障他们的基本生活需要。该规定充满了人文关怀，对维护社会公平正义、稳定社会秩序具有重要意义。

（一）关于“加强追赃挽损”的理解

刑事案件追赃挽损机制的构建是维护被害人财产利益的重要手段。电信网络诈骗案件的涉案金额往往巨大，挽损比例偏低，追赃挽损周期较长，在给被害人财产造成损失的同时，严重损害了诚信制度和社会秩序，对社会稳定造成了影响。

2022 年 4 月中共中央办公厅、国务院办公厅印发的《关于加强打击治理电信网络诈骗违法犯罪工作的意见》① 指出，完善涉案资金处置制度，是依法严厉打击电信网络诈骗违法犯罪，最大限度追赃挽损的重要组成部分。

加强电信诈骗案件的追赃挽损，一是要最大限度追回涉案资金；二是要注重返还被害人财产的及时性；三是要强调返还被害人的合法财产。将追赃挽损作为反电信诈骗的重要工作，要进一步健全工作机制，加强政法机关和相关部门的协作配合，坚决有效遏制电信网络诈骗等犯罪活动，才能实现法律效果和社会效果的高度统一。

（二）关于“被害人救助”的理解

被害人救助可以分为国家司法救助及社会救助两类。

---

① 《中共中央办公厅 国务院办公厅印发〈关于加强打击治理电信网络诈骗违法犯罪工作的意见〉》，载中国政府网，http：//www.gov.cn/xinwen/2022 - 04/18/content_ 5685895.htm，最后访问时间：2022 年 9 月 4 日。

一是国家司法救助。司法救助坚持辅助性救助、公正救助、及时救助和属地救助。具体到电信网络诈骗活动的场合下，应重点解决因电信网络诈骗遭受重大损失的被害人生活面临的急迫困难。对同一案件的同一被害人只进行一次性救助。对于能够通过诉讼获得赔偿、补偿的，一般应当通过诉讼渠道解决。另外，因电信网络诈骗活动往往涉众广，被害人多，应当严格把握救助标准和条件，兼顾被害人实际情况和同类案件救助数额，做到公平、公正、合理救助，防止因救助不公引发新的矛盾。对符合条件的被害人，办案机关应根据当事人申请或者依据职权及时提供救助，且原则上由案件管辖地负责救助。

二是社会救助。社会救助是在公民不能维持最低限度的生活水平时，由国家和社会按照法定的标准向其提供满足最低生活需求的资金和实物救助的社会保障制度。因电信诈骗遭受重大损失，无法通过司法救助的途径获得救助或未能以国家司法救助一次性解决其实际困难的人员，可申请社会救助。

【适用指南】

关于本条的具体适用，实践中应当注意的是：

一、关于提高预警劝阻能力

在反诈实践中，常常会出现潜在受害人不接警方电话或不理会劝阻的情况，使得反诈劝阻工作陷入困境。这在一定程度上是因为诈骗分子不断研发升级骗术，以低成本筛选行诈对象，在行骗过程中善于推测、引导、利用被害人的心理。随着反诈骗大数据平台的应用，诈骗分子为了防止正在实施的诈骗行为被警方发现而“前功尽弃”，还会进行一些反向警示。这一系列操作使得潜在受害人产生先入为主的“好”印象，也为反诈劝阻工作增加了难度。

为提升说服劝阻的预期阻断率，反诈劝阻人员要充分认识到反诈劝阻工作的复杂性和艰巨性，不断地提高预警劝阻技巧，也要充分运用心理学等相关知识与技能进行预警劝阻。例如，站在潜在受害人的角度依据对方的经验进行沟通，以情为先、以理为主、寓情于理，从解析诈骗手法角度开展劝阻。另外，还可以借助夫妻、儿女、邻居、同事、街道工作人员等重要关系资源进行劝阻，取得事半功倍的效果。反诈劝阻能力的有效提升，能够在降低发案率的同时，提升人民群众对公安工作的满意度。

二、关于全面及时追赃挽损

在实践中，电信网络诈骗犯罪案件往往因其自身犯罪嫌疑人多、持续时间长、资金链长、涉及面广等特点，导致追赃挽损工作出现异地追赃、侦查取证、财产权属认定等问题上的困难。破解追赃挽损难，应当注意以下几个方面：

第一，尽早推动追赃挽损工作。在侦查阶段，公安机关应当重视涉案财物的处置问题。在办案过程中，除对犯罪事实的收集和分析证明外，也要着重关注涉案资金的流向问题。例如，在房产、车辆、存款等财物范围外，注意嫌疑人将资金转移购买保险等情形。除当场扣押的涉案财物外，也要对其他财产处置的相关线索进行积极跟进。

第二，规范追赃挽损的衔接机制。在办案的各个阶段，应当规范涉案财物的移送流程，包括移送手续、移送清单制作等。侦查机关要重视对涉案财物权属及流向的调查，因电信网络诈骗犯罪多为共同犯罪，在需要的场合，应当会同税务等相关部门调查主犯的财产状况，强化对涉案财物权属的证据收集。公诉机关在起诉书中应明确对涉案财物处置的指控。法院在审理过程中发现有其他涉案财物未起诉的，应当与公诉机关沟通，建议就涉案财物所涉及的事实补充起诉，在刑事判决中对涉案财物作出处理并阐明理由。

第三，探索资产快速返还机制。在追赃挽损工作中，探索不同处置方式实现资产保值，最大限度减少被害人的损失，维护被害人的合法权益。例如，对于已追缴的财物，如果属于易贬值、保管成本高的食品、汽车、钢材等，可依照有关规定变卖、拍卖，及时变现，避免损耗，实现快速返还。

第四，完善跨境合作机制，最大限度追回涉案资金。电信网络诈骗涉及环节多、手段变化快、跨国有组织特征明显，打击治理的难度大。许多电信网络诈骗窝点在境外，大量犯罪分子藏匿在缅北、柬埔寨、“金三角”、菲律宾等东南亚国家或地区，大量的犯罪资金也通过各种方式转移到境外。应当充分运用大数据平台梳理被害人的关联信息，建立与国际刑警组织、跨国金融机构、通信部门、互联网企业等的合作机制，推动构建专门的电信网络诈骗犯罪协查数据库。

三、关于被害人救助

实践中应当注意国家司法救助的对象、方式、标准、金额和程序。

（一）国家司法救助的对象

其一，刑事案件被害人受到电信网络诈骗犯罪侵害而死亡，因案件无法侦破造成依靠其收入为主要生活来源的近亲属生活困难的；或者因加害人死亡或没有赔偿能力，依靠被害人收入为主要生活来源的近亲属无法经过诉讼获得赔偿，造成生活困难的。其二，刑事案件被害人受到电信网络诈骗犯罪侵害，致使财产遭受重大损失，因案件无法侦破造成生活困难的；或者因加害人死亡或没有赔偿能力，无法经过诉讼获得赔偿，造成生活困难的。

（二）国家司法救助的方式

国家司法救助以支付救助金为主要方式。同时，与思想疏导、宣传教育相结合，与法律援助、诉讼救济相配套，与其他社会救助相衔接，如通过对遭受严重心理创伤的被害人实施心理治疗等救助方式，进一步增强救助效果。

（三）国家司法救助的标准

各地应根据当地经济社会发展水平制定具体救助标准，以案件管辖地上一年度职工月平均工资为基准，一般在36个月的工资总额之内。损失特别重大、生活特别困难，需适当突破救助限额的，应严格审核控制，救助金额不得超过人民法院依法判决的赔偿数额。

（四）国家司法救助的金额

确定救助金具体数额，要综合考虑救助对象实际遭受的损害后果、有无过错以及过错大小、个人及其家庭经济状况、维持当地基本生活水平所必需的最低支出以及赔偿义务人实际赔偿情况等因素。

（五）国家司法救助的程序

使用国家司法救助资金应当严格遵循告知、申请、审批、发放的程序。首先，人民法院、人民检察院、公安机关在办理案件过程中，对符合救助条件的当事人，应当告知其有权提出救助申请。其次，救助申请由当事人向办案机关提出；刑事被害人死亡的，由符合条件的近亲属提出。申请一般采取书面形式。确有困难，不能提供书面申请的，可以采用口头方式。申请人应当如实提供本人真实身份、实际损害后果、生活困难、是否获得其他赔偿等相关证明材料。再次，办案机关应当认真核实申请人提供的申请材料，综合相关情况，作出是否给予救助和具体救助金额的审批意见。决定不予救助的，及时将审批意见告知当事人，并做好解释说明工作。最后，对批准同意的，财政部门应及时将救助资金拨付办案机关，办案机关在收到拨付款后通知申请人领取救助资金。对急需医疗救治等特殊情况，办案机关可以依据救助标准，先行垫付救助资金，救助后及时补办审批手续。

【相关规定】

《中华人民共和国反有组织犯罪法》第四十一条、第四十九条；《人民法院国家司法救助案件办理程序规定（试行）》；《人民检察院开展国家司法救助工作细则》。

第三十五条　【特定地区临时防范措施】经国务院反电信网络诈骗工作机制决定或者批准，公安、金融、电信等部门对电信网络诈骗活动严重的特定地区，可以依照国家有关规定采取必要的临时风险防范措施。

【条文主旨】

本条是关于特定部门对特定地区采取临时风险防范措施的授权性规定。

【条文理解】

本条是贯彻落实总则第六条的具体规定，目的在于通过特定地区的临时风险防范措施，加强公安、金融和电信部门针对电信网络诈骗活动治理的薄弱环节，通过协同配合，落实综合治理，加强打击治理合力。关于本条的理解，应当注意以下几个问题：

一、关于“风险防范措施需经授权”的理解

（一）出于打击特定地区电信网络诈骗活动的具体需要

电信网络诈骗活动具有种类多、变化快、适应力强的特点，行为人往往会在分析掌握不同地区的地理位置、风俗习惯和生活方式的基础之上，制定、实施和升级与该地区特点相对应的骗术策略，最后形成具有一定地域影响力的主要诈骗模型，严重扰乱特定地区的社会秩序，危害特定地区人民的财产安全。

2015 年以来，为有效遏制电信网络诈骗犯罪高发、多发态势，集中整治犯罪的源头地、输出地，严厉打击地域性惯犯、累犯、职业犯，国务院

打击治理电信网络新型违法犯罪工作部际联席会议对重点地区实行挂牌整治，[①] 强力推动整治地域性职业犯罪工作，深入推进打击治理电信诈骗专项行动，取得了显著成效。[②] 针对中缅边境地区电信网络诈骗犯罪活动猖獗、严重侵害人民群众财产安全的情况，国务院打击治理电信网络新型违法犯罪工作部际联席会议办公室组织开展专项打击行动，自 2019 年 10 月 14 日起，对缅北部分电信网络诈骗活动严重区域的社交和支付账户采取封停措施。[③]

由此可见，电信网络诈骗活动的地域特点强，且一定地区范围内团伙作案的概率更高，由地区辐射至全国的危害后果更严重。所以，分析不同地区的诈骗类型，有针对性地采取风险防范措施十分有必要。因针对特定地区的防范措施需要整合不同部门资源，通过协同配合，整合打击力量，故须经国务院反电信网络诈骗工作机制决定或者批准。

（二）出于保护个人信息的具体需要

电信网络诈骗活动，离不开对被害人个人信息的利用，获取公民个人信息是电信网络诈骗的基础，而反电信网络诈骗工作，也是围绕个人信息展开的。一方面，对于个人一般信息，国家金融、通信、互联网行业拥有收集、处理和利用个人信息的较大自由，可以强化对其的利用，最大程度地促进其商业和公共管理价值的发挥，公安机关也应当被给予出于国家安全和社会管理之需要，收集、处理和利用个人信息的权力和能力保证；另一方面，尤其是在电信网络诈骗活动频率高、强度大的严重地区，反电信网络诈骗工作容易触碰甚至跨越个人敏感隐私信息的边界，损害个人的具体权益。例如，某些对社交和支付账户采取的封停措施，在很大程度上可能会影响当地人民的正常生活。

所以，电信、金融和公安等部门对特定地区采取的相应防范措施，需要经过国务院反电信网络诈骗工作机制决定或者批准，不能过分利用技术手段和国家机器干预私人生活，侵害个人权益。

---

① 《人民公安报：精准打击集中清除 重点整治成效明显》，载公安部网站，https://www.mps.gov.cn/n2255079/n4876594/n5104076/n5104079/c5496142/content.html，最后访问时间：2022 年 9 月 4 日。

② 《公安部：打击治理电信网络违法犯罪专项行动取得显著成效》，载中国政府网，http://www.gov.cn/xinwen/2020-01/19/content_5470573.htm，最后访问时间：2022 年 9 月 4 日。

③ 《中缅边境电诈严重区域 封停社交和支付账户》，载央视网，http://news.cctv.com/2019/10/16/ARTINy5qgvRml6nyHVAqyh9b191016.shtml，最后访问时间：2022 年 9 月 4 日。

二、关于“采取风险防范措施主体”的理解

公安部门是反电信网络诈骗工作最主要的力量，组织协调反电信网络诈骗工作，金融和电信等部门依照职责，分别负责本行业反电信网络诈骗工作，承担行业监管主体责任。除公安机关外，金融和电信等部门同电信网络诈骗活动也有着密不可分的关系，具体而言：

一是电信网络诈骗行为人与被害人接触的通道与环境是“通信”及“互联网”。电信网络诈骗与其他诈骗的犯罪工具存在不同，其实施必须借助于发送短信、拨打电话和互联网等。行为人实施欺骗行为是通过向手机、电子邮箱、社交网站、应用软件等通信或网络终端发布虚假信息的方式进行，从行为人发布虚假信息到被害人接收虚假信息而陷入认识错误，电信网络诈骗的全过程都发生在以电磁通信方式或互联网技术构筑的虚拟信息空间中，必须借助于现代通信技术或互联网技术实施。

二是电信网络诈骗行为人实现非法占有目的必须借助于金融系统。电信网络诈骗犯罪与一般诈骗的不同还表现为，行为人对被害人财产的非法占有，必须借助银行业金融机构、非银行支付机构的转账、取款等方式才能实现。与其他诈骗相同，电信网络诈骗犯罪行为的既遂也需要被害人基于错误认识，转移其对财产的占有。但不同的是，电信网络诈骗行为人意图非法占有的财产限于被害人所有的货币，行为人通过各种虚假事实，最终意欲引导被害人进行的财产处分，是要求被害人向其银行账户转账或汇款；行为人将涉案一级账户中的货币再行取款或转账，从而实现对被害人货币所有权的非法占有。银行业金融机构、非银行支付机构的转账、取款成为电信网络诈骗既遂的最终环节。

由此可见，在某类特定电信网络诈骗活动泛滥的地区，其公安、金融、电信等部门应当明确承担主体责任，密切协同配合，快速联动，有效打击治理地域性电信网络诈骗活动。

【适用指南】

关于本条的具体适用，实践中应当注意的是：

一、平衡个人信息保护与反电信网络诈骗工作的关系

在与个人信息联系极为密切的反电信网络诈骗工作领域，对信息的保护和利用是一个需要强调的重要课题。具体而言，政府在反电信网络诈骗工作中具有利用者和管理者的双重身份角色：一方面，反电信网络诈骗工作的推进（如反制技术措施和预警劝阻系统）离不开对居民个人信息的掌握；另一方面，为了追求反电信网络诈骗工作的效率，政府也在不断积极

探索个人信息利用的限度与价值。与此同时，政府负有保护公民基本权利和自由的责任，应该采取一切必要手段，包括法治、技术和物理措施，来保障个人信息的安全。

具体而言，个人信息中涉及敏感隐私的部分，在反电信网络诈骗工作中的保护应该得到强化，个人的人格自由和人格尊严应该得到更高水平的保护；而就个人一般信息而言，信息主体应作出一定让渡，让信息业者得到收集、处理和利用的更大自由，以利其经营。就电信业务经营者、银行业金融机构和非银行支付机构、互联网服务提供者而言，其通过个人让与的利益以及国家保障的良好信息化经营环境，实现其经营的主要利益；同时，应尊重个人的隐私权和国家的管理规定，在收集、处理、存储、传输和利用个人信息的过程中自觉为信息主体的核心隐私提供保护，并且以尊重隐私为导向，自觉抵制以侵害隐私为目的的信息技术研发和应用，实现其核心利益和国家在个人信息保护秩序中的公共管理利益。另外，正是他们提供的各种信息产品和服务，使得个人更有机会满足日常生活需要和实现知情权。就国家而言，一方面，为了促进反电信网络诈骗工作，应当获得收集、处理、储存和利用必要的个人信息的权力和能力；另一方面，公权力的行使也需要约束，不能过分利用技术手段和国家机器干预私人生活，应当对其个人信息的收集利用等方面的权力和能力加以规制和约束，以保护个人合法权利不受侵害。①

另外，需要注意的是，本条所称风险防范措施，必须基于电信诈骗活动严重的重点地区所形成的特殊电信诈骗类型和特点而采取，并且该风险防范措施具有临时性。

二、轻重有别、精准打击电信网络诈骗活动严重地区

电信网络诈骗活动治理应当从两条思路展开：一方面，要树立系统治理理念，实现电信网络诈骗活动上中下游全链条打击、境内境外一体治理，尽最大可能挤压此类犯罪的生存土壤和发展空间；另一方面，应当重点围绕高发区域展开治理。电信网络诈骗犯罪活动常在一些地区密集多发，出现犯罪地区和犯罪行为人的地域集中现象，犯罪亚文化在地域中形成和传播，作案手段不断翻新并带有地域特色，逐渐形成一整套专业性强的操作流程，并向其他地区扩散。重点打击电信网络诈骗活动重点和突出地区，不断总结重点整治的经验做法，形成工作机制。同时，将可复制、

---

① 张新宝：《从隐私到个人信息：利益再衡量的理论与制度安排》，载《中国法学》2015 年第 3 期。

可推广的经验和做法逐步向其他网络电信诈骗犯罪源头地推开，对有效解决地域性职业犯罪源头的问题具有重要意义。

【相关规定】

《中华人民共和国个人信息保护法》第三十四条、第三十七条。

【案例评析】

“民族资产解冻”类诈骗案件的具体认定①

一、案情简介

被告人黄国某、吴希某、廖以某、龙昌某、梁宏某等人谎称一批“海外要员”“海外老人”要回国，每人都有一笔巨额款项要发放给老百姓，联系指使童敬某（另案处理，已判刑）、被告人韩立某等人从事“民族资产解冻大业”，并向童、韩二人发送“××民族资产解冻委员会”“××馈赠资金发放证明书”“馈赠资金各类收取费用通知”等文件，任命童敬某、韩立某二人为“××民族资产解冻委员会”总指挥、副总指挥，以有巨额民族资产需要解冻为由，指使童敬某、韩立某吸收会员收取会员费。自2015年12月至2016年5月，童敬某、韩立某向全国各地人员收取会费并许诺发放巨额“民族资产解冻善款”，共向全国数十个省份近百万人次收取会费6300余万元，二人将2800余万元转账汇入黄国某、吴希某、龙昌某等人指定的银行账户。

二、本案核心问题

一是“民族资产解冻”类诈骗案件的具体认定问题；二是如何在集团化、团伙化、链条化电信网络诈骗犯罪中落实宽严相济的总体要求，并对犯罪集团中的组织者、策划者、指挥者和骨干分子依法从严惩处的问题。

三、法院裁判要旨

本案由内蒙古自治区鄂尔多斯市中级人民法院一审，内蒙古自治区高级人民法院二审，现已发生法律效力。

法院认为，被告人黄国某等人以非法占有为目的，虚构“民族资产解

---

① 《电信网络诈骗犯罪典型案例》，载最高人民法院网站，https：//www. court. gov. cn/zixun－xiangqing－200671. html，最后访问时间：2022年9月10日。

冻”可获得巨额回报的事实，骗取他人财物，数额特别巨大，其行为均已构成诈骗罪。其中，被告人黄国某指使龙昌某、梁宏某等人冒充其助理给童敬某、韩立某打电话，并多次使用或指使他人使用涉案银行卡在POS机上刷卡套现，系共同犯罪中的主犯。据此，以诈骗罪判处被告人黄国某、吴希某、廖以某无期徒刑，剥夺政治权利终身，并处没收个人全部财产；以诈骗罪判处被告人龙昌某等人十五年至四年不等有期徒刑。

四、专家评析

近年来频发的“民族资产解冻”类诈骗案，具有十分突出的地域性特征，其幕后“操纵者”大多来自同一地区。该类诈骗犯罪早已有之，随着打击力度的加大，此类犯罪的发案率已经大幅下降甚至在一些地方已经销声匿迹，但近年来随着信息技术的发展，此类犯罪又借助现代通信和金融工具进行传播，逐渐演变成集返利、传销、诈骗为一体的混合型犯罪，极具诱惑性和欺骗性。犯罪分子往往抓住被害人以小钱换大钱的心理，唆使被害人加入由被告人虚构的所谓“民族资产解冻”项目或“精准扶贫”等其他假借国家大政方针和社会热点的项目，允诺被害人可以小投入获得大回报，积极组织和发展会员，以办证费、手续费、保证金等名目骗取他人财物。此类诈骗犯罪迷惑性强、传播速度快，往往在短时间内就能造成众多人员受骗，且涉案金额巨大，严重侵害人民群众财产安全，严重损害政府公信力，严重危害社会安定。被告人黄国某等人作为幕后的策划者、组织者和操纵者，指挥、指使童敬某、韩立某以代理人身份骗取他人巨额财物并从中获取了巨额钱财，系“民族资产解冻”类犯罪链条的最顶端，也是打击的重点，人民法院对黄国某等人依法判处重刑，可谓罚当其罪。

第三十六条　【特定人员限制出境措施】对前往电信网络诈骗活动严重地区的人员，出境活动存在重大涉电信网络诈骗活动嫌疑的，移民管理机构可以决定不准其出境。

因从事电信网络诈骗活动受过刑事处罚的人员，设区的市级以上公安机关可以根据犯罪情况和预防再犯罪的需要，决定自处罚完毕之日起六个月至三年以内不准其出境，并通知移民管理机构执行。

【条文主旨】

本条是关于限制存在电信网络诈骗活动嫌疑的人员、因从事电信网络诈骗活动受过刑事处罚的人员出境的规定。

【条文理解】

一、关于“限制前往电信诈骗活动严重地区人员和存在重大诈骗嫌疑的人员出境”的理解

本条共分为两款。第一款是对于前往电信诈骗活动严重地区的人员，出境活动存在重大涉电信网络诈骗活动嫌疑的可以禁止其出境的规定，具体来讲，关于本款规定的理解，应当注意以下几个问题：

（一）关于“电信网络诈骗活动严重地区”的理解

随着打击电信网络诈骗工作的深入，国内电信诈骗案件的数量已有所减少，电信网络诈骗犯罪集团开始向打击难度更大的境外地区转移并扩散。因此，限制电信网络诈骗活动严重的特定地区的人员出境，对于遏制境外电信诈骗案件发生以及追回国内电信诈骗财产具有重要的作用，确定电信网络诈骗活动严重的特定地区具有重大的意义。由于电信网络诈骗活动具有远程、非接触、跨地域等特点，诈骗人和受害人通常不在一个地区，界定一个地区电信网络诈骗活动严重，必须由能够掌握全国地区诈骗活动详情的部门进行地区划分，即以国务院打击治理电信网络新型违法犯罪工作部际联席会议办公室通告的电信网络诈骗活动的严重地区为准。

（二）关于“存在重大涉诈嫌疑”的理解

本条第一款所称出境活动存在重大涉诈嫌疑即指行为人出境具有实施电信网络诈骗活动的重大嫌疑。移民管理机构可根据其提交的出境事由与证明或者其出现于涉嫌诈骗黑名单之中进行综合判定。

二、关于限制因电信诈骗受过刑事处罚的人员在一定期限内出境的理解

该条第二款是关于限制因电信诈骗受过刑事处罚的人员在一定期限内出境的规定，具体来讲，关于本款规定，应当注意对“受过刑事处罚的人员”的理解。

“受过刑事处罚的人”，是指依照我国的刑事相关法律，行为人的行为构成了犯罪，这一行为经过了人民法院的审判，并判处刑罚。“经人民法院审判并判处刑罚”，即包括刑法中规定的主刑和附加刑。在司法实践中，

电信诈骗案件是以诈骗罪定罪处罚。刑法第二百六十六条规定，诈骗公私财物，数额较大的，处三年以下有期徒刑、拘役或者管制，并处或者单处罚金；数额巨大或者有其他严重情节的，处三年以上十年以下有期徒刑，并处罚金；数额特别巨大或者有其他特别严重情节的，处十年以上有期徒刑或者无期徒刑，并处罚金或者没收财产。因此，此处受过刑事处罚是指因电信诈骗判处有期徒刑、拘役、管制、罚金刑的人员。

【适用指南】

对该条规定的具体适用，实践中应当注意的问题是：

一、谨慎限制前往电信网络诈骗活动严重地区的其他人员出境

本法将前往电信网络诈骗活动严重地区的人员作为限制出境的条件之一，可能会影响该地区其他公民的正常出境需求。如果一个地区被批准认定为电信网络诈骗活动严重的地区，后续该地区单位或个人与其他地区的市场主体出境时会有更多的隐形门槛，从而对本地区的经济、文化发展产生不利影响。因此，移民管理机构除了核实申请出境者的地区，重点更应落于核查出境申请人员是否具有重大涉诈嫌疑。

二、限制受过电信诈骗罪处罚人员出境的期限应当与其罪行轻重比例相适应

移民管理机构可以决定受过电信诈骗罪处罚人员自处罚完毕之日起六个月至三年不准其出境。该限制日期的跨度从六个月到三年，移民管理机构有较大的裁量空间，对于申请出境人员的期限认定应该结合其刑罚的轻重与改造的程度综合判定。

三、关于移民管理机构与刑事追诉的程序衔接

本条明确规定了移民管理机构对于出境人员的审查义务，同时，违背该条规定的行为有可能同时涉及电信网络诈骗犯罪的帮助犯问题。因此，移民管理机构在依据《中华人民共和国反电信网络诈骗法》审核申请出境人员时，如果发现单位或个人可能同时涉及相关犯罪，应当及时和公安机关保持沟通交流，并推动案件的移交转送，从而推进行政程序和刑事诉讼程序的衔接与转换。

【相关规定】

《中华人民共和国出境入境管理法》；《中华人民共和国公民出境入境管理法实施细则》；《中华人民共和国刑法》第二百六十六条。

【案例评析】

重视前往境外电信诈骗案件高发地区人员的风险[①]

一、案情简介

2016年3月至9月，一个绰号为“大猫”的人（另案处理）以到马来西亚务工和游玩为名，先后组织被告人吴家某及李某丙、艾某甲、卢某、钟某、胡某、饶某、段某、何某、黄某、刘腾某、毛某、龚某甲、肖某、袁某、唐某乙、涂智某、周某丙、曾某、王某丁、银某、龚某乙（均已判刑）来到马来西亚。“大猫”组织人员对以上22人进行电话诈骗培训后，将该22人先后带到境外，在固定场所内专门针对我国多个网购商城客户进行电话诈骗。2016年11月1日至11月7日，上述被告人通过使用网络电拨打诈骗电话共涉及7230人次，骗取被害人熊某等21人现金共计981862.03元。公诉机关认为，被告人吴家某出境参加电信诈骗犯罪集团，以非法占有为目的，利用电信网络技术手段，骗取他人财物，数额特别巨大，其行为触犯了《中华人民共和国刑法》第二百六十六条之规定，应当以诈骗罪追究其刑事责任。

二、本案核心问题

吴家某出境进行电信诈骗的行为是否构成诈骗罪，在电信诈骗犯罪过程中起什么作用，诈骗的总金额如何认定。

三、法院裁判要旨

法院认为，被告人吴家某犯诈骗罪，判处有期徒刑十年，追缴被告人吴家某及其他同案犯共同违法所得831362.03元。理由如下：（1）吴家某出境参加电信诈骗犯罪集团，以非法占有为目的，采取虚构事实的手段，拨打诈骗电话，骗取他人财物，数额特别巨大，其行为构成诈骗罪。（2）被告人吴家某参加诈骗犯罪集团实施诈骗，与犯罪集团人员一起按照各自分工，相互配合，积极实施诈骗犯罪，在共同犯罪中起主要作用，是除犯罪集团首要分子外的主犯，应当按照其所参与或组织、指挥的全部犯罪处罚。（3）被告人吴家某在归案后如实供述自己的罪行，并积极退还部

---

① 湖北省宜城市人民法院（2019）鄂0684刑初215号刑事判决书，载中国裁判文书网，https：//wenshu.court.gov.cn/website/wenshu/181107ANFZ0BXSK4/index.html? docId = bcc63b1244884b55947caaee00a7d85b，最后访问时间：2022年8月29日。

分赃款，予以从轻处罚。（4）被告人吴家某通过拨打电话发布虚假信息，对不特定多数人实施诈骗，酌情从重处罚。

四、专家评析

本案属于典型跨境电信诈骗案件，法院对被告人的犯罪事实认定符合现行的法律法规。但是通过梳理案情事实不难发现，打击电信诈骗犯罪活动不能仅仅依靠事后的法院审判，须将预防电信诈骗的过程提前。本案中，吴家某前往马来西亚之前已接受相关诈骗团伙的集中培训，后与同伙一同前往境外实施电信诈骗行为。移民管理机构在审核出境事由以及证明材料时，稍加注意就能预见到此犯罪团伙一同前往马来西亚的事由存在诸多漏洞和风险，可以采取其他有效方法堵塞漏洞。并且，根据被告人陈述，该犯罪团伙以马来西亚务工和游玩为名先后运输22名人员出境，移民管理机构若对出境人员进行身份认证与核验便可以将该电信诈骗团伙出境的途径阻截。因此，为切实保障社会公众的人身财产权益，防范实施电信诈骗人员出境，不仅是电信网络诈骗犯罪案件办理的措施，也是其他涉及网络违法犯罪的统一要求。对有关涉诈人员增设限制出境措施，能够降低电诈案件调查和执法难度，加强对电诈违法犯罪行为的处罚与震慑力度，防止境外成为电信网络诈骗的“法外之地”。

第三十七条　【国际执法和跨境司法合作】国务院公安部门等会同外交部门加强国际执法司法合作，与有关国家、地区、国际组织建立有效合作机制，通过开展国际警务合作等方式，提升在信息交流、调查取证、侦查抓捕、追赃挽损等方面的合作水平，有效打击遏制跨境电信网络诈骗活动。

【条文主旨】

本条是关于加强跨境电信网络诈骗活动打击治理和国际合作的规定。

【条文理解】

本条是贯彻落实总则第三条的具体规定。跨境电信网络诈骗犯罪主要是利用通信、互联网及金融系统等技术手段来实施犯罪，能够有效地突破空间的局限，可以立足于某一国某一地，而对世界各地的受害人进行诈骗。跨境电信网络诈骗犯罪协同治理的现实需求来源于其犯罪手段和行为模式不断变化发展后，对于全球网络秩序、民众基本权利的极大破坏。通过建立快速联络工作机制等方式，促进国家和地区间关于打击电信网络诈骗活动的执法司法合作，形成对于跨境电信网络诈骗活动的治理合力，体现了反电信网络诈骗工作系统治理、综合治理的基本理念。

关于本条的理解，应当注意以下几个问题：

一、关于“国际执法司法合作”中的具体实施机关的理解

国际执法合作是不同国家的执法机关根据本国法律或者参加的国际公约，在惩治国际性犯罪、维护国际社会秩序领域相互提供帮助、协调配合的一种合作活动。加强国际警务合作是深化国际执法合作的重要方式之一，其不仅包括对某一具体案件的执法合作，还包括犯罪信息情报的一般性交流和刑事科学技术的相互学习等内容。我国参加国际执法合作的具体实施机关为公安机关。

跨境司法合作是不同国家之间在司法领域开展合作，保护个人和组织的合法权益，维护国家利益和社会秩序，维护国际社会的共同利益的一种合作活动。在遏制跨境电信网络诈骗活动方面，国际刑事司法协助是跨境司法合作的主要方式之一。世界上许多国家通过签订双边或者多边条约等形式，确定了打击犯罪的国际合作，如国家之间签订的双边国际刑事司法协助条约以及移管被判刑人条约、《联合国反腐败公约》《联合国打击跨国有组织犯罪公约》等。

根据《中华人民共和国国际刑事司法协助法》的规定，国际刑事司法协助的主管机关为国家监察委员会、最高人民法院、最高人民检察院、公安部、国家安全部等部门；对外联系机关是我国签订的刑事司法协助条约中所约定的联系机关。在我国与外国对刑事司法协助的联系机关没有特别约定的情况下，可以通过外交途径进行联系；办案机关是办理刑事司法协助相关案件的机关。

二、关于“加强国际执法司法合作”的理解

《中华人民共和国国际刑事司法协助法》第二条规定：“本法所称国际刑事司法协助，是指中华人民共和国和外国在刑事案件调查、侦查、起诉、审判和执行等活动中相互提供协助，包括送达文书，调查取证，安排证人作证或者协助调查，查封、扣押、冻结涉案财物，没收、返还违法所得及其他涉案财物，移管被判刑人以及其他协助。”

通信技术、网络空间的不断发展与持续扩张，不仅对一国的刑事立法、司法等实践活动带来了变革与挑战，也对国际关系、司法协助等宏观领域造成了深远影响。相较于司法协助在理念上的滞后，跨境电信网络诈骗犯罪分子早早地意识到了网络空间跨越现实领域的优势，以其为载体获得高额非法收入的同时，也显著降低了被法律制裁的可能性。实际上，各类传统诈骗犯罪借助通信技术和网络空间实现跨境作案造成恶劣影响，加之新型电信网络犯罪非接触式、远程化作案等一系列特点，跨境追查、收集证据、打击治理等方面存在的种种制约因素和困境，决定了单纯依靠一个国家难以对其进行有效治理，必须切实加强各国之间在信息交流、调查取证、侦查抓捕、追赃挽损等方面的合作水平，才能有效打击遏制跨境电信网络诈骗活动。

【适用指南】

关于本条的具体适用，可以通过建立以下具体机制，促进跨境电信网络诈骗犯罪的国际协同治理，稳步推进国际执法司法合作：

一、加强国际反诈信息共享

在信息共享方面，在跨境电信网络诈骗犯罪治理领域，应当在尊重主权的基础上，打破壁垒，疏通信息传递渠道、创建信息共享平台。可以通过探索跨境电信网络诈骗犯罪协同防范机制，针对当前不断发展的态势，结合各国家、地区、国际组织的力量，依托跨国通信、互联网企业和研究机构，创建信息共享平台并制定严格的查询、使用制度，由各方共同监督，在保障信息安全的前提下，实现信息有效交互。一方面，可以尝试组建国际电信网络诈骗犯罪数据库，将各国家、各地区涉案的相关电子信息纳入数据库，实现实时更新、全面共享，这一数据库仅对涉及跨境电信网络诈骗犯罪的数据进行收集，并依托大数据技术，对相关联的数据进行整合、分类。在管理上，由专门的国际组织对本数据库进行管理，管理人员通过协商决定，对数据库中数据的调取需要履行严格的审批程序，一般而言，需要外交部门和公安部门的联名申请。另一方面，各国家、各地区有关跨境电信网络诈骗犯罪的信息在互联网予以公布，并抄送各相关主体，从而为及时寻求进一步的司法协助打下坚实的基础。对已经证实涉及跨境电信网络诈骗犯罪的人员、账号、账户等，应当及时在全球范围内予以公布和封禁，提升民众的警惕感，防止损失进一步扩大。

二、探索跨境反电信网络诈骗犯罪司法协助的简易程序

在跨境电信网络诈骗犯罪中，由于通信和网络的高速流通性特征，涉案财产、相关证据往往会在极短的时间内通过不同渠道实现跨境流动，并借由分散账户、虚拟货币等进行隐藏。这就要求跨境电信网络诈骗犯罪治理者在面对突然出现的犯罪现象时能够迅速作出反应，在国际协作中，则要求简化司法协作的程序，探索建立更加快速、高效的联络工作机制。

在跨境取证方面，有必要通过简化刑事司法协助机制抑或跨境数据披露的方式来回应实践取证需求。① 具体而言，应当在国际刑事司法协助法的指引下，在外交部门签订的跨境电信网络诈骗犯罪相关国际公约、双边/多边协定等基础上，由联系机关加强前期联络，并及时派驻办案机关人员与境外对接，在双边保密的状态下，前往境外调查取证，并借助有效载体固定证据。有关各方可以通过联合办案等形式对相关信息进行共享，如若涉及敏感数据，可以通过签订保密协议等方案，承诺不将相关数据运用于案件调查之外的其他无关领域。一方面，跨境取证简易程序可以建立在组建国际电信网络诈骗犯罪数据库的基础上，通过对数据库中的与案件相关的数据进行调取，从而及时获得与案件相关的所有证据信息；另一方面，需要秉持命运共同体的理念，在国际公约、条约的框架下，借鉴国际上跨境取证模式，畅通关联案件的证据分享机制，即基于互惠原则，在确定存在犯罪事实的前提下，完善跨境电信网络诈骗犯罪司法协助中证据先行的简易程序，先进行联络和证据沟通，然后按照国际条约、协定的规定进行其他程序的推进。

在资金追回方面，除了外交部门和司法部门之外，金融管理部门也应当发挥其作用。具体来说，首先，在结案之后，应当由司法部门将案件所涉及的资金数额、具体账户等发送至金融管理部门，同时告知对方的司法部门；其次，在金融管理部门收到相关信息之后，应当及时确认资金流向，并尽可能地将关联账户锁定，将其中的剩余资金进行整合、分类，按照司法部门的认定结果，将涉案财款返还至原账户；最后，如果涉及虚拟货币交易等疑难问题，则需要世界银行等国际金融机构会同各国家、各地区的金融管理部门，制定相关的对策，通过市场交易习惯进行资金折算，以最大化恢复受害人的权益。

在人员引渡方面，由于跨境电信网络诈骗犯罪会同时侵害到多个国际主体的利益，从而在管辖权上有所重合或争议，在此情形下，应当秉持友好协商的理念，充分发挥引渡机制的作用。在考虑由何主体进行管辖时，需要考虑犯罪侵犯的主要利益、证据获取难度、财产追回便利性等诸多因素，由多主体商议决定。

---

① 梁坤：《跨境远程电子取证制度之重塑》，载《环球法律评论》2019 年第 2 期。

【相关规定】

《中华人民共和国国际刑事司法协助法》第二条、第四条、第五条；《中华人民共和国刑事诉讼法》第十八条；《中华人民共和国反有组织犯罪法》第五十六条；《最高人民法院、最高人民检察院关于适用犯罪嫌疑人、被告人逃匿、死亡案件违法所得没收程序若干问题的规定》第二十二条。

第六章　法律责任

第三十八条　【组织、策划、实施、参与、帮助电信网络诈骗的法律责任】 组织、策划、实施、参与电信网络诈骗活动或者为电信网络诈骗活动提供帮助，构成犯罪的，依法追究刑事责任。

前款行为尚不构成犯罪的，由公安机关处十日以上十五日以下拘留；没收违法所得，处违法所得一倍以上十倍以下罚款，没有违法所得或者违法所得不足一万元的，处十万元以下罚款。

【条文主旨】

本条是关于组织、策划、实施、参与、帮助电信网络诈骗活动的行为主体之刑事责任和行政责任的规定。

【条文理解】

利用电信网络实施诈骗活动是一种严重危害群众财产安全和社会秩序的行为，其不仅可能触犯反电信网络诈骗法，还可能触犯刑法。刑事责任是指违反刑事法律规定的个人或者单位所应当承担的法律责任。根据我国刑法的规定，刑事责任的实现方式主要有以下两种：一是定罪判刑方式，即认定犯罪人的行为构成犯罪并适用刑罚；二是定罪免刑方式，即认定行为人的行为构成犯罪，但免除刑罚的适用，而适用非刑处置，或者对行为作有罪宣告，既免除刑罚的适用，也免除非刑处置的适用。在这两种方式中，定罪判刑是实现刑事责任最普遍、最基本的方式，定罪免刑是实现刑事责任非基本的、次要的方式。根据我国刑法的规定，刑事处罚的种类包括管制、拘役、有期徒刑、无期徒刑和死刑这 5 种主刑，还包括剥夺政治权利、罚金和没收财产 3 种附加刑。附加刑可以单独适用，也可以与主刑合并适用。包括刑事责任在内的法律责任具有法律上的强制性，需要在法律上作出明确具体的规定，以保证法律授权的机关依法对违法行为人追究法律责任，实施法律制裁，以达到维护正常的社会、经济秩序的目的；同时也保障个人和单位不违背法律规定的行为不受追究。

主要有以下两类行为涉及违反《中华人民共和国反电信网络诈骗法》的行政责任与刑事责任衔接适用的问题：

第一种是组织、策划、实施、参与电信网络诈骗活动。根据反电信网络诈骗法第三十八条规定，对于该行为构成犯罪的，应当依法追究刑事责任。根据刑法第二百六十六条规定，诈骗公私财物，数额较大的，处三年以下有期徒刑、拘役或者管制，并处或者单处罚金；数额巨大或者有其他严重情节的，处三年以上十年以下有期徒刑，并处罚金；数额特别巨大或者有其他特别严重情节的，处十年以上有期徒刑或者无期徒刑，并处罚金或者没收财产。本法另有规定的，依照规定。可见，为了有针对性地打击电信网络诈骗犯罪，反电信网络诈骗法对电信诈骗的具体形式进行了细化，只要行为人实施了组织、策划、实施、参与电信网络诈骗活动的，都有可能构成犯罪，关键在于判断是否达到犯罪数额。

第二种是帮助他人实施电信网络诈骗行为。根据刑法第二百八十七条之二规定，行为人明知他人利用信息网络实施犯罪，为其犯罪提供互联网接入、服务器托管、网络存储、通讯传输等技术支持，或者提供广告推广、支付结算等帮助，情节严重的，构成帮助信息网络犯罪活动罪，处三年以下有期徒刑或者拘役，并处或者单处罚金。电信网络诈骗犯罪是典型的利用信息网络实施的犯罪，因此，反电信网络诈骗法和刑法在帮助他人实施电信网络诈骗行为这种行为类型上也存在一定的衔接适用空间。根据《最高人民法院、最高人民检察院关于办理非法利用信息网络、帮助信息网络犯罪活动等刑事案件适用法律若干问题的解释》① 第十二条的规定，明知他人利用信息网络实施犯罪，为其犯罪提供帮助，具有下列情形之一的，应当认定为刑法第二百八十七条之二第一款规定的“情节严重”：为三个以上对象提供帮助的；支付结算金额二十万元以上的；以投放广告等

① 《最高人民法院、最高人民检察院关于办理非法利用信息网络、帮助信息网络犯罪活动等刑事案件适用法律若干问题的解释》，载最高人民检察院网站，https：//www. spp. gov. cn/spp/xwfbh/wsfbh/201910/t20191025_ 436138. shtml，最后访问时间：2022 年 9 月 5 日。

方式提供资金五万元以上的；违法所得一万元以上的；二年内曾因非法利用信息网络、帮助信息网络犯罪活动、危害计算机信息系统安全受过行政处罚，又帮助信息网络犯罪活动的；被帮助对象实施的犯罪造成严重后果的；其他情节严重的情形。

【适用指南】

对该条规定的具体适用，实践中应当注意的问题是：

注意把握行政违法与犯罪之间的界限。行政违法的性质决定了其构成要件的判断需以相应的行政法、经济法等法律、法规为前提，但这并不意味着行政违法与犯罪之间没有界限，相反，由于行政违法行为和犯罪行为在性质上的差异以及行政法和刑法在规范目的上的差别，作为法律后果的行政违法责任与刑事责任也存在对应界限，实践中应当对此作严格把握。只有构成犯罪的，才能依法追究刑事责任，而尚不构成犯罪的，只能依法给予行政处罚。

行政违法和犯罪的一个本质区别就是社会危害性大小的不同，就同一个行为类型而言，社会危害性较小的情况由行政法进行规制，社会危害性较大的情况由刑法予以规制，而社会危害性大小的判断往往表现在情节和结果因素上。例如，构成诈骗罪需要达到数额较大的入罪标准。

【相关规定】

《中华人民共和国刑法》第二百六十六条、第二百八十七条之二；《最高人民法院、最高人民检察院关于办理非法利用信息网络、帮助信息网络犯罪活动等刑事案件适用法律若干问题的解释》。

【案例评析】

电信网络诈骗活动犯罪参与人的刑事责任①

一、案情简介

2021 年 4 月，被告人隆某通过微信与他人联系，明知对方系用于实施

---

① 《人民法院依法惩治电信网络诈骗犯罪及其关联犯罪典型案例》，载中国法院网，https：//www. chinacourt. org/article/detail/2022/09/id/6899414. shtml，最后访问时间：2022 年 9 月 8 日。

信息网络犯罪，仍商定以每张每月 100 元的价格将自己的银行卡出租给对方使用。之后，隆某将其办理的 9 张银行卡的账号、密码等信息提供给对方，其中 6 张银行卡被对方用于接收电信网络诈骗等犯罪资金，隆某获利共计 5000 余元。

二、本案核心问题

明知他人利用信息网络实施犯罪，为他人提供帮助，构成帮助信息网络犯罪活动罪。

三、法院裁判要旨

非法交易银行卡、手机卡即“两卡”现象泛滥，大量“两卡”被用于犯罪，是电信网络诈骗犯罪持续高发多发的重要推手之一。加强对电信网络诈骗犯罪的源头治理，必须依法打击涉“两卡”犯罪。“两高一部”《关于办理电信网络诈骗等刑事案件适用法律若干问题的意见（二）》规定，为他人利用信息网络实施犯罪而收购、出售、出租信用卡（银行账户、非银行支付账户、具有支付结算功能的互联网账号密码、网络支付接口、网上银行数字证书）5 张（个）以上，或者手机卡（流量卡、物联网卡）20 张以上的，以帮助信息网络犯罪活动罪追究刑事责任。本案准确适用这一规定，对被告人隆某依法定罪处罚。本案警示大家，千万不要因贪图蝇头小利而触犯法律底线，以免给自己和家人造成无可挽回的后果。

四、专家评析

当前，全国电信网络诈骗犯罪形势严峻复杂，非法开办、贩卖“两卡”案件是此类犯罪持续高发的重要根源，危害十分严重。在本案中，被告人隆某的行为属于明知他人利用信息网络实施犯罪，为其犯罪提供帮助，并达到了《最高人民法院、最高人民检察院关于办理非法利用信息网络、帮助信息网络犯罪活动等刑事案件适用法律若干问题的解释》规定的“情节严重”，依法应当以帮助信息网络犯罪定罪。

第三十九条　【电信业务经营者的法律责任】电信业务经营者违反本法规定，有下列情形之一的，由有关主管部门责令改正，情节较轻的，给予警告、通报批评，或者处五万元以上五十万元以下罚款；情节严重的，处五十万元以上五百万元以下罚款，并可以由有关主管部门责令暂停相关业务、停业整顿、吊销相关业务许可证或者吊销营业执照，对其直接负责的主管人员和其他直接责任人员，处一万元以上二十万元以下罚款：

（一）未落实国家有关规定确定的反电信网络诈骗内部控制机制的；

（二）未履行电话卡、物联网卡实名制登记职责的；

（三）未履行对电话卡、物联网卡的监测识别、监测预警和相关处置职责的；

（四）未对物联网卡用户进行风险评估，或者未限定物联网卡的开通功能、使用场景和适用设备的；

（五）未采取措施对改号电话、虚假主叫或者具有相应功能的非法设备进行监测处置的。

【条文主旨】

本条是关于电信业务经营者的五类行为之法律责任的规定。

【条文理解】

一、本条规定的法律责任承担主体

本条规定的法律责任承担主体是电信业务经营者。《中华人民共和国电信条例》第七条规定："国家对电信业务经营按照电信业务分类，实行许可制度。经营电信业务，必须依照本条例的规定取得国务院信息产业主管部门或者省、自治区、直辖市电信管理机构颁发的电信业务经营许可证。未取得电信业务经营许可证，任何组织或者个人不得从事电信业务经营活动。"《中华人民共和国电信条例》第八条规定："电信业务分为基础电信业务和增值电信业务。基础电信业务，是指提供公共网络基础设施、公共数据传送和基本话音通信服务的业务。增值电信业务，是指利用公共网络基础设施提供的电信与信息服务的业务。电信业务分类的具体划分在本条例所附的《电信业务分类目录》中列出。国务院信息产业主管部门根据实际情况，可以对目录所列电信业务分类项目作局部调整，重新公布。”因此，在实务中，结合《中华人民共和国电信条例》第七条和第八条之内容，就不难对本条中的“电信业务经营者”进行准确界定。

二、电信业务经营者承担法律责任的条件

电信业务经营者承担法律责任的条件是违反本法规定、具有本条所明确列举的五类行为之一。这五类行为分别为：一是未落实国家有关规定确定的反电信网络诈骗内部控制机制；二是未履行电话卡、物联网卡实名制登记职责；三是未履行对电话卡、物联网卡的监测识别、监测预警和相关处置职责；四是未对物联网卡用户进行风险评估，或者未限定物联网卡的开通功能、使用场景和适用设备；五是未采取措施对改号电话、虚假主叫或者具有相应功能的非法设备进行监测处置的。电信业务经营者无需同时具备这五类行为，而只需要具有这五类行为之任何一种，就要根据本条规定承担相应的法律责任。明确列举电信业务经营者需要承担法律责任的五类行为方式，既便于执法人员办理案件，增强条文的实务可操作性，也为电信业务经营者指明了整改方向，有利于“倒逼”电信业务经营者完善自身管理机制，壮大防控电信网络诈骗的社会力量。

三、电信业务经营者的法律责任后果

根据违法行为的不同情节，违反本法规定、具有本条规定的五类行为之一的电信业务经营者需承担的法律后果有两种。首先，需要明确本条中有权对具有本条规定的五类行为之一的电信业务经营者进行处罚的“有关主管部门”。《电信业务经营许可管理办法》① 第三条第一款规定：“工业和信息化部和省、自治区、直辖市通信管理局（以下统称电信管理机构）是经营许可证的审批管理机构。”“各省、自治区、直辖市通信管理局为工业和信息化部派驻地方的通信管理部门，实行垂直管理。各地通信管理局为正司局级建制，依法对本地区电信网、互联网和专用通信网实行行业管理，负责网络强国建设相关工作，推动实施宽带发展，促进共建共享，推进普遍服务，加强市场监管，保障网络与信息安全，并承担本地区应急通

---

① 《电信业务经营许可管理办法》，载工业和信息化部网站，https：//www.miit.gov.cn/zwgk/zcwj/flfg/art/2020/art_ ad4a7f072a5e4e2aab49b7817c49f5a6.html，最后访问时间：2022 年 8 月 18 日。

信、重要通信等相关工作。”① 因此，本条中的“有关主管部门”应该是指工业和信息化部和省、自治区、直辖市通信管理局。其次，电信业务经营者违反本法规定、具有本条规定的五类行为之一时，在违法行为情节较轻的情况下，对电信业务经营者适用的处罚是“给予警告、通报批评，或者处五万元以上五十万元以下罚款”；在违法行为情节严重的情况下，对电信业务经营者适用的处罚则为“处五十万元以上五百万元以下罚款，并可以由有关主管部门责令暂停相关业务、停业整顿、吊销相关业务许可证或者吊销营业执照，对其直接负责的主管人员和其他直接责任人员，处一万元以上二十万元以下罚款”。

【适用指南】

执法人员在实践中适用本条时，要注意严格以本条中规定的五类行为作为大前提，将相关电信业务经营者的行为与五类行为逐项相对照，查看满足哪一项或者哪几项的要求。在违法行为情节较轻的情形下，“给予警告”“通报批评”“处五万元以上五十万元以下罚款”只需选择其一对电信业务经营者适用即可。在违法行为情节严重的情形下，需对电信业务经营者“处五十万元以上五百万元以下罚款”，至于是否一并附加适用“由有关主管部门责令暂停相关业务、停业整顿、吊销相关业务许可证或者吊销营业执照，对其直接负责的主管人员和其他直接责任人员，处一万元以上二十万元以下罚款”，则由执法部门根据具体案件情况进行裁量决定。另外，受害的有关单位和个人在提起民事诉讼维权时，则要注意查探电信业务经营者是否具有本条规定的五类行为，进而判定电信业务经营者是否存在过错及过错程度。

【相关规定】

《中华人民共和国电信条例》第七条、第八条；《电信业务经营许可管理办法》第三条第一款。

---

① 《重庆市通信管理局介绍》，载工业和信息化部网站，https：//www. miit. gov. cn/qzqd/zqstxglj/art/2020/art_ 1eb3f3bb03fe41849bbfca8179da6a18. html，最后访问时间：2021 年 12 月 2 日。

【案例评析】

帮助信息网络犯罪活动可构成犯罪①

一、案情简介

被告人秦一某系捷某公司业务负责人、实际股东，负责线路对接及销售；被告人曹飞某系捷某公司客服负责人、股东，负责客户维护、投诉处理等。被告人杨某系云某公司法定代表人、股东，负责公司日常管理及运行；被告人朱明某系云某公司营销负责人、股东，负责线路销售；被告人柯灵某系云某公司技术负责人、股东，负责为线路对接、运行提供技术支持；被告人江某系云某公司客服负责人，负责线路费用统计、公司钱款流转、客户维护与投诉处理。9×码号是由工业和信息化部许可审批的电信资源。被告单位捷某公司、云某公司以自己名义或其他上游客户名义从通信服务运营商处租用9×码号语音线路，在明知他人可能利用租用的线路实施通讯网络犯罪的情况下，仍通过租用服务器、安装VOS管理软件（具有计费、管理线路等功能）架设通信平台，非法对外转租9×码号语音线路，向他人提供电话群拨和透传业务，按通话时长收取费用。

经审计，2019年12月至2020年4月，捷某公司先后将9×2750、9×2404码号线路转租给上海金某公司、深圳润某公司、北京讯某公司等下游客户，收到下游客户9×码号线路款共计人民币22.8万余元。2019年12月至2020年4月，云某公司先后将9×2750码号线路转租给深圳市快某公司、北京天某公司、江苏子某公司等21家下游客户使用，收到下游客户净转款共计人民币219.5万余元。据统计，捷某公司在转租9×2404线路过程中，9×2404号段涉及电信诈骗案件共计59起，涉案金额152万余元。捷某公司、云某公司在转租9×2750线路使用过程中，9×2750号段涉及电信诈骗案件共计266起，涉案金额共计628万余元。

被告人秦一某、曹飞某于2020年4月15日被抓获归案；被告人杨某、朱明某、江某、柯灵某于2020年4月30日被抓获归案。到案后，各被告人均如实供述自己的犯罪事实，被告人秦一某、曹飞某退出捷某公司违法

① 江苏省南通市崇川区人民法院（2021）苏0602刑初637号刑事判决书，载中国裁判文书网，https：//wenshu. court. gov. cn/website/wenshu/181107ANFZ0BXSK4/index. html? docId =27aa3e975d224072900cadef014833e5，最后访问时间：2022年8月18日。

所得合计228000元以及预缴纳捷某公司罚金22000元，被告人杨某、朱明某、柯灵某、江某退出云某公司违法所得合计100万元。

二、本案核心问题

本案中的被告人及被告单位是否成立帮助信息网络犯罪活动罪。

三、法院裁判要旨

《中华人民共和国电信条例》第二十八条第三款规定："取得电信资源使用权的，应当在规定的时限内启用所分配的资源，并达到规定的最低使用规模。未经国务院信息产业主管部门或者省、自治区、直辖市电信管理机构批准，不得擅自使用、转让、出租电信资源或者改变电信资源的用途。"被告单位云某公司、捷某公司明知相关规定仍对外转租包括9×码号语音线路在内的电信资源，按通话时长收取费用。被告单位云某公司、捷某公司在多次接到诈骗投诉举报后始终未及时有效采取法定管理措施，应当认定其明知他人利用信息网络实施犯罪。被告单位云某公司、捷某公司为三个以上对象提供帮助，并且违法所得五万元以上，应当认定其情节严重。综上，被告单位云某公司、捷某公司明知他人利用信息网络实施犯罪，为其犯罪提供通讯传输技术支持，情节严重，其行为构成帮助信息网络犯罪活动罪。被告人杨某、朱明某、柯灵某、江某系被告单位云某公司直接负责的主管人员，被告人秦一某、曹飞某系被告单位捷某公司直接负责的主管人员，均应以帮助信息网络犯罪活动罪追究其刑事责任。

四、专家评析

《中华人民共和国反电信网络诈骗法》第三十九条规定的是电信业务经营者的行政责任；《中华人民共和国刑法》第二百八十七条之二规定了有关自然人或者单位构成帮助信息网络犯罪活动罪的刑事责任。当电信业务经营者的行为仅符合《中华人民共和国反电信网络诈骗法》第三十九条时，行政执法机关以本条规定为依据对电信业务经营者予以行政处罚；当电信业务经营者的行为符合《中华人民共和国刑法》第二百八十七条之二的规定时，人民法院将依法判决电信业务经营者构成帮助信息网络犯罪活动罪。《中华人民共和国反电信网络诈骗法》第三十九条和《中华人民共和国刑法》第二百八十七条之二共同构建了在电信网络诈骗案件中针对电信业务经营者的"行政制裁+刑事制裁"的双层规制体系，有利于规范引导电信业务经营者的经营行为，堵塞电信网络诈骗案件的发生渠道。

第四十条 【金融机构的法律责任】银行业金融机构、非银行支付机构违反本法规定，有下列情形之一的，由有关主管部门责令改正，情节较轻的，给予警告、通报批评，或者处五万元以上五十万元以下罚款；情节严重的，处五十万元以上五百万元以下罚款，并可以由有关主管部门责令停止新增业务、缩减业务类型或者业务范围、暂停相关业务、停业整顿、吊销相关业务许可证或者吊销营业执照，对其直接负责的主管人员和其他直接责任人员，处一万元以上二十万元以下罚款：

（一）未落实国家有关规定确定的反电信网络诈骗内部控制机制的；

（二）未履行尽职调查义务和有关风险管理措施的；

（三）未履行对异常账户、可疑交易的风险监测和相关处置义务的；

（四）未按照规定完整、准确传输有关交易信息的。

【条文主旨】

本条是关于银行业金融机构、非银行支付机构的四类行为之法律责任的规定。

【条文理解】

一、本条规定的法律责任承担主体

本条规定的法律责任承担主体是银行业金融机构和非银行支付机构。根据《中华人民共和国银行业监督管理法》第二条第二款的规定，我国的银行业金融机构“是指在中华人民共和国境内设立的商业银行、城市信用合作社、农村信用合作社等吸收公众存款的金融机构以及政策性银行”。另外，根据《中国人民银行关于非银行支付机构开展大额交易报告工作有关要求的通知（银发〔2018〕163 号）》[①] 中的内容，非银行支付机构“是指根据《非金融机构支付服务管理办法》（中国人民银行令〔2010〕第 2 号发布）规定取得《支付业务许可证》的机构”。

二、银行业金融机构和非银行支付机构承担法律责任的条件

银行业金融机构和非银行支付机构承担法律责任的条件是违反本法规定、具有本条所明确列举的四类行为之一。这四类行为分别为：一是未落实国家有关规定确定的反电信网络诈骗内部控制机制；二是未履行尽职调查义务和有关风险管理措施；三是未履行对异常账户、可疑交易的风险监测和相关处置义务；四是未按照规定完整、准确传输有关交易信息。银行业金融机构和非银行支付机构无需同时具备这四类行为，而只需要具有这四类行为中之任何一种，就要根据本条规定承担相应的法律责任。明确列举银行业金融机构和非银行支付机构需要承担法律责任的四类行为方式，既便于执法人员办理案件，增强条文的实务可操作性，也为银行业金融机构和非银行支付机构指明了整改方向，有利于“倒逼”银行业金融机构和非银行支付机构完善自身管理机制，壮大防控电信网络诈骗的社会力量。

三、银行业金融机构和非银行支付机构的法律责任后果

根据违法行为的不同情节，具有本条规定的四类行为之一的银行业金融机构或者非银行支付机构需要承担的法律后果有不同的两种。首先，需要明确本条中有权对违反本法规定、具有本条规定的四类行为之一的银行业金融机构或者非银行支付机构进行处罚的“有关主管部门”。《中华人民共和国银行业监督管理法》第二条第一款规定“国务院银行业监督管理机构负责对全国银行业金融机构及其业务活动监督管理的工作”；第二条第四款规定“国务院银行业监督管理机构依照本法有关规定，对经其批准在境外设立的金融机构以及前二款金融机构在境外的业务活动实施监督管理”；第八条规定“国务院银行业监督管理机构根据履行职责的需要设立派出机构。国务院银行业监督管理机构对派出机构实行统一领导和管理。国务院银行业监督管理机构的派出机构在国务院银行业监督管理机构的授权范围内，履行监督管理职责”。据此，就银行业金融机构而言，“有关主管部门”应是指国务院银行业监督管理机构及其派出机构。

---

① 《中国人民银行关于非银行支付机构开展大额交易报告工作有关要求的通知（银发〔2018〕163 号）》，载中国人民银行网站，http：//www. pbc. gov. cn/tiaofasi/144941/3581332/3730212/index. html，最后访问时间：2022 年 9 月 7 日。

《非金融机构支付服务管理办法》① 第三条规定："非金融机构提供支付服务，应当依据本办法规定取得《支付业务许可证》，成为支付机构。支付机构依法接受中国人民银行的监督管理。未经中国人民银行批准，任何非金融机构和个人不得从事或变相从事支付业务。"参考此条，就非银行支付机构而言，"有关主管部门"应是指中国人民银行及其分支机构。

其次，银行业金融机构、非银行支付机构违反本法规定、具有本条规定的四类行为之一时，在违法行为情节较轻的情况下，对银行业金融机构或者非银行支付机构适用的处罚是"给予警告、通报批评，或者处五万元以上五十万元以下罚款"；在违法行为情节严重的情况下，对银行业金融机构或者非银行支付机构适用的处罚则为"处五十万元以上五百万元以下罚款，并可以由有关主管部门责令停止新增业务、缩减业务类型或者业务范围、暂停相关业务、停业整顿、吊销相关业务许可证或者吊销营业执照，对其直接负责的主管人员和其他直接责任人员，处一万元以上二十万元以下罚款"。

【适用指南】

执法人员在实践中适用本条时，要注意严格以本条中规定的四类行为作为大前提，将相关银行业金融机构或者非银行支付机构的行为与四类行为逐项相对照，查看满足哪一项或者哪几项的要求。在违法行为情节较轻的情形下，"给予警告""通报批评""处五万元以上五十万元以下罚款"只需选择其一对相关银行业金融机构或者非银行支付机构适用即可。在违法行为情节严重的情形下，需对相关银行业金融机构或者非银行支付机构"处五十万元以上五百万元以下罚款"，至于是否一并附加适用"由有关主管部门责令停止新增业务、缩减业务类型或者业务范围、暂停相关业务、停业整顿、吊销相关业务许可证或者吊销营业执照，对其直接负责的主管人员和其他直接责任人员，处一万元以上二十万元以下罚款"，则由执法部门根据具体案件情况进行裁量决定。另外，受害的有关单位和个人在提起民事诉讼维权时，则要注意查探相关银行业金融机构或者非银行支付机构是否具有本条规定的四类行为，进而判定相关银行业金融机构或者非银行支付机构是否存在过错及过错程度。

---

① 《非金融机构支付服务管理办法》，载中国人民银行网站，http：//www. pbc. gov. cn/tiaofasi/144941/144957/2845832/index. html，最后访问时间：2022 年 9 月 7 日。

【相关规定】

《中华人民共和国银行业监督管理法》第二条、第八条；《中国人民银行关于非银行支付机构开展大额交易报告工作有关要求的通知》；《非金融机构支付服务管理办法》第三条。

【案例评析】

银行金融机构对电信网络诈骗受害者应履行必要的协助义务①

一、案情简介

2016年12月1日14时10分许，马世某至某银行股份有限公司天津新村支行（以下简称某行新村支行）辖属分支机构支行办理银行业务。当日14时15分22秒至14时40分13秒，马世某将其名下13份整存整取存单中的存款及利息累计207619.77元全部取出。当日14时45分57秒，马世某将其中的200000元实时汇款至案外人孙荣某名下银行账号，剩余现金取走。马世某办理完上述业务后至其他银行继续办理银行业务，经他行工作人员提醒发现遭遇电信诈骗，遂在2016年12月1日16时26分报警。马世某与公安人员回到支行，告知遭遇电信诈骗请求协助采取紧急措施。该行以公安机关未提供相关法律文书为由未办理紧急止付和快速冻结等措施。

案发后，马世某向某行新村支行、某行天津市分行、中国银行业监督管理委员会天津监管局、中国人民银行天津分行等部门信访投诉。2018年2月13日，中国银行业监督管理委员会天津监管局对于马世某的投诉作出投诉事项处理意见书（津银监消复〔2018〕1号）。2018年8月24日，中国人民银行天津分行对马世某的信访投诉作出书面答复，答复中包括如下内容："一、关于支行未告知'三个转账时间'的问题。2016年12月1日，你在支行支取13笔定期存款后，办理了现金汇款业务，汇款金额为200000元。经查，支行为你办理的该笔业务不属于转账业务，未违反《中

---

① 天津市红桥区人民法院（2018）津0106民初7924号民事判决书，载中国裁判文书网，https://wenshu.court.gov.cn/website/wenshu/181107ANFZ0BXSK4/index.html?docId=a3bdea3c6f544f47bf92abea0150e987，最后访问时间：2022年8月18日。

国人民银行关于加强支付结算管理防范电信网络新型违法犯罪有关事项的通知》（银发〔2016〕261 号）的相关规定。二、关于支行不采取紧急措施，不紧急启动止付程序和上报上级部门的问题。你办理完上述现金汇款业务后，于当日回到支行，称遭遇电信诈骗，要求该行采取紧急措施。经查，支行未按照相关规定，协助你办理紧急止付和快速冻结等手续，上述行为涉嫌违反了《中国人民银行、工业和信息化部、公安部、工商总局关于建立电信网络新型违法犯罪涉案账户紧急止付和快速冻结机制的通知》（银发〔2016〕86 号）的相关规定。来信其他诉求事项，不属于我分行监管职责范围，建议你向有权监督机构反映。”

二、本案核心问题

马世某办理的银行业务是转账业务还是现金汇款业务，支行在办理上述业务过程中是否违规；支行未采取紧急止付和快速冻结措施是否应承担责任。

三、法院裁判要旨

关于马世某办理的银行业务是转账业务还是现金汇款业务的问题。根据马世某办理的银行凭证显示，马世某与孙荣某之间办理的业务为系统内汇款，现金/转账方式选择为现金，汇出金额为 200000 元，汇出方式为实时汇款。结合中国人民银行天津分行对马世某的信访投诉答复意见，法院认为，马世某在支行支取 13 笔整存整取存单后，办理的业务为现金汇款业务，汇款金额为 200000 元。在办理汇款过程中，银行工作人员多次提醒马世某是否与对方相识，并且询问是否实时到账，马世某明确表示与对方相识，且同意实时到账，银行工作人员根据马世某的意思表示操作并无不当。支行未违反《中国人民银行关于加强支付结算管理防范电信网络新型违法犯罪有关事项的通知》（银发〔2016〕261 号）的相关规定。

关于支行未采取紧急止付和快速冻结等措施，某行新村支行是否应承担相应责任。《中国人民银行、工业和信息化部、公安部、工商总局关于建立电信网络新型违法犯罪涉案账户紧急止付和快速冻结机制的通知》

（银发〔2016〕86号）第二条第一项规定了“止付流程”。[①] 本案中，马世某发现遭遇电信诈骗后与公安人员一同至支行，请求采取紧急措施，支行有义务协助马世某采取必要的紧急措施予以止损，结合中国人民银行天津分行作出的答复，支行未按照相关规定，协助马世某办理紧急止付和快速冻结等手续，上述行为涉嫌违反了相关规定，法院认为支行未尽到银行必要的协助义务。

法院认为，马世某与某行新村支行存在合法、有效的储蓄存款合同法律关系，双方应依照法律规定和约定，履行民事义务，承担民事责任。通过查明的事实可以证明，马世某的经济损失系被电信诈骗，且犯罪嫌疑人在较短的时间内多次转账并取现造成。即使支行在马世某要求采取紧急措施时尽到协助义务，此时涉案账户内的资金已被多次转账并取现，马世某的损失已经发生。鉴于支行未履行必要的协助义务，其违反了相关规定，某行新村支行对此应承担相应的责任，结合本案双方在合同履行过程中的义务、经济损失及案件发生经过等因素，法院酌定某行新村支行赔偿马世某经济损失40000元。

四、专家评析

“银行是堵截电信网络诈骗的第一道关口，是电信网络诈骗防控流程的关键环节”，“银行业应主动配合公安机关深入开展防范和打击电信网络诈骗违法活动，从认真履行社会责任、维护客户利益和金融秩序稳定的高度，提升服务水平，增强专业能力，为防范与打击电信诈骗违法活动作出应有的贡献”。[②] 在本案中，某行新村支行辖属分支机构支行在被害人要求采取紧急措施时未尽到相应的协助义务，这成为导致被害人在电信网络诈

---

① 这里的“止付流程”包含如下规定：“1. 被害人申请紧急止付。被害人被骗后，可拨打报警电话（110），直接向公安机关报案；也可向开户行所在地同一法人银行的任一网点举报。涉案账户为支付账户的向公安机关报案。被害人向银行举报的，应出示本人有效身份证件，填写《紧急止付申请表》（见附件），详细说明资金汇出账户、收款人开户行名称、收款人账户（以下简称止付账户）、汇出金额、汇出时间、汇出渠道、疑似诈骗电话或短信内容等，承诺承担相关的法律责任并签名确认。同时，银行应当告知被害人拨打当地110报警电话。公安机关110报警服务台应立即指定辖区内的公安机关受理并告知被害人。被害人将110指定的受案公安机关名称告知银行。银行应当立即将《紧急止付申请表》以及被害人身份证件扫描件，通过管理平台发送至受案公安机关。”“4. 同一法人银行特殊情形处理。如被害人开户行和止付账户开户行属于同一法人银行的，在情况紧急时，止付账户开户行可先行采取紧急止付，同时告知被害人立即报案，公安机关应在24小时内将紧急止付指令通过管理平台补送到止付银行。”

② 何东、田尉辰：《关于优化银行业电信网络诈骗风险防控机制的探研——基于大型商业银行数据的实证分析》，载《上海公安学院学报》2021年第1期。

骗中受损失的因素之一。法院因此依法判处某行新村支行对被害人承担相应的经济损失赔偿，既是将公平正义理念落实于审判实践的体现，也有利于鞭策某行新村支行反思并提升自身管理水平与服务质量，同时也给银行业金融机构和非银行支付机构以警醒。笔者认为，银行业金融机构和非银行支付机构除要努力提升自身管理水平和服务质量外，还要熟知并严格遵守国家法律规范。本案被害人马世某与公安人员回到支行后，告知银行遭遇电信诈骗请求协助采取紧急措施，但该案中的某行新村支行辖属分支机构支行却以公安机关未提供相关法律文书为由而未办理紧急止付和快速冻结等措施。由此可见，本案中的某行新村支行辖属分支机构支行的工作人员实际上可能并不知晓《中国人民银行、工业和信息化部、公安部、工商总局关于建立电信网络新型违法犯罪涉案账户紧急止付和快速冻结机制的通知》（银发〔2016〕86号）第二条第一项“止付流程”中的规定。这警示银行业金融机构和非银行支付机构要重视对自身工作人员开展行业法律规范的培训学习工作。

第四十一条 【电信业务经营者、互联网服务提供者的行政责任】电信业务经营者、互联网服务提供者违反本法规定，有下列情形之一的，由有关主管部门责令改正，情节较轻的，给予警告、通报批评，或者处五万元以上五十万元以下罚款；情节严重的，处五十万元以上五百万元以下罚款，并可以由有关主管部门责令暂停相关业务、停业整顿、关闭网站或者应用程序、吊销相关业务许可证或者吊销营业执照，对其直接负责的主管人员和其他直接责任人员，处一万元以上二十万元以下罚款：

（一）未落实国家有关规定确定的反电信网络诈骗内部控制机制的；

（二）未履行网络服务实名制职责，或者未对涉案、涉诈电话卡关联注册互联网账号进行核验的；

（三）未按照国家有关规定，核验域名注册、解析信息和互联网协议地址的真实性、准确性，规范域名跳转，或者记录并留存所提供相应服务的日志信息的；

（四）未登记核验移动互联网应用程序开发运营者的真实身份信息或者未核验应用程序的功能、用途，为其提供应用程序封装、分发服务的；

（五）未履行对涉诈互联网账号和应用程序，以及其他电信网络诈骗信息、活动的监测识别和处置义务的；

（六）拒不依法为查处电信网络诈骗犯罪提供技术支持和协助，或者未按规定移送有关违法犯罪线索、风险信息的。

【条文主旨】

本条是关于电信业务经营者和互联网服务提供者行政责任的规定。

【条文理解】

本条是关于电信业务经营者和互联网服务提供者行政责任的规定。具体来讲，关于本条规定的理解，应当注意以下几个问题：

一、“电信业务经营者”和“互联网服务提供者”的范围

电信业务经营者和互联网服务提供者都是网络安全的责任主体，准确界定二者的主体范围是明确其行政责任的前提。首先，电信业务经营者是指获得电信业务经营许可的单位。根据《中华人民共和国电信条例》的相关规定，电信业务包含基础电信业务和增值电信业务。其中，基础电信业务包括：（1）固定网络国内长途及本地电话业务；（2）移动网络电话和数据业务；（3）卫星通信及卫星移动通信业务；（4）互联网及其他公共数据传送业务；（5）带宽、波长、光纤、光缆、管道及其他网络元素出租、出售业务；（6）网络承载、接入及网络外包等业务；（7）国际通信基础设施、国际电信业务；（8）无线寻呼业务；（9）转售的基础电信业务。增值电信业务包括：（1）电子邮件；（2）语音信箱；（3）在线信息库存储和检索；（4）电子数据交换；（5）在线数据处理与交易处理；（6）增值传真；（7）互联网接入服务；（8）互联网信息服务；（9）可视电话会议服务。

其次，互联网服务提供者是指专门从事互联网接入服务和相关技术支持及咨询服务的公司或企业，是广大的个人用户和规模有限的公司用户进入互联网的入口和桥梁。我国刑法对拒不履行网络安全管理义务罪规定了网络服务提供者的刑事责任，这里的“网络服务提供者”和本法中的“互联网服务提供者”应当作同一理解。2019 年 10 月 21 日，最高人民法院和最高人民检察院发布的《关于办理非法利用信息网络、帮助信息网络犯罪活动等刑事案件适用法律若干问题的解释》明确了“网络服务提供者”的范围，网络服务提供者既可以是个人也可以是单位，具体包括以下三类：一是网络技术服务提供者，即提供网络接入、域名注册解析等信息网络接入、计算、储存、传输服务的个人或单位；二是网络内容服务提供者，即提供信息发布、搜索引擎、即时通讯、网络支付、网络预约、网络购物、网络游戏、网络直播、网站建设、安全防护、广告推广、应用商店等信息网络应用服务的个人或单位；三是网络公共服务提供者，即利用信息网络提供的电子政务、通信、能源、交通、水利、金融、教育、医疗等公共服务的个人或单位。

二、关于“未落实国家有关规定确定的反电信网络诈骗内部控制机制”的理解

《中华人民共和国网络安全法》规定，网络运营者开展经营和服务活动，需要履行安全保护义务。具体到电信网络诈骗领域，建立健全反电信网络诈骗内部控制机制是每个互联网服务提供者的义务，互联网服务提供者需要承担起反电信网络诈骗的个体责任。需要注意的是，互联网服务提供者不仅要建立完善的反电信网络诈骗内控机制，而且要保障其有效运行。仅有机制框架而缺乏专人维护和维持运作，不能被认定为有效落实机制。

三、关于“未履行网络服务实名制职责，或者未对涉案、涉诈电话卡关联注册互联网账号进行核验”的理解

首先，网络实名是落实网络空间用户责任的重要环节，也是打击电信网络诈骗的重要方式，要求网络用户实名是互联网服务提供者应当履行的基本职责。近年来，网络实名制主要有两种模式：一是“后台实名，前台自愿”模式；二是“后台实名，前台认证实名”模式。第一种模式是指互联网服务提供者在后台实际掌握用户的实名认证，用户在前台可以自愿选择是否向其他网络用户展示实名；第二种模式主要针对官方机构，不仅要在互联网服务提供者的后台进行实名认证，还要在前台向所有网络用户展示自己的实名认证。但无论是哪一种模式，都要求互联网服务提供者掌握网络用户的实名。对于未依法履行网络服务实名制职责的互联网服务提供者，应当按本条进行处罚。

其次，对涉案、涉诈电话卡关联注册互联网账号进行核验是强化互联网服务提供者审查责任的重要方式。2021 年 6 月，工业和信息化部和公安部联合发布《关于依法清理整治涉诈电话卡、物联网卡以及关联互联网账号的通告》，要求电信企业、互联网企业应按照“谁开卡、谁负责，谁接入、谁负责，谁运营、谁负责”的原则，严格落实网络信息安全主体责任，强化涉诈网络信息监测处置机制和风险防控。

四、关于“未按照国家有关规定，核验域名注册、解析信息和互联网协议地址的真实性、准确性，规范域名跳转，或者记录并留存所提供相应服务的日志信息”的理解

通过假网站、假域名向被害人发送钓鱼网站链接，诱导被害人转移钱款，是电信网络诈骗的主要方式。未经核验的域名注册、解析信息和互联网协议地址以及未记录和留存的日志信息，导致难以追踪电信网络诈骗的源头信息。互联网服务提供者有义务对域名注册、解析信息进行核验，检查互联网协议地址是否准确、真实。域名跳转是指通过服务器的技术设置，当访问某一域名时，将会自动跳转到指定的另一个网络地址（URL）。犯罪分子诱导被害人点击虚假网站，进而域名跳转为钓鱼网站以实现网络诈骗。限制域名跳转次数能够有效限制虚假网站的访问次数。此外，还要求互联网服务提供者在日常运营过程中，记录并留存所提供相应服务的日志信息，如未记录日志信息或者记录了未留存的日志信息，都可能受到本条处罚。

五、关于“未登记核验移动互联网应用程序开发运营者的真实身份信息或者未核验应用程序的功能、用途，为其提供应用程序封装、分发服务”的理解

这一规定主要针对应用商店等应用程序封装、分发服务提供者，目的是筛选出虚假的、用于诈骗的应用程序，使其不能通过应用商店等途径进行封装和分发。App 分发平台应当登记并核验 App 开发运营者、提供者的真实身份、联系方式等信息。目前的应用封装方案，一般是用户将待封装的应用程序安装包上传至相应服务器进行封装后，再下载封装后的安装包进行安装。在应用程序封装过程中，应用封装服务提供者应当登记核验移动互联网应用程序开发运营者的真实身份，并核验应用程序的功能和用途。通过在应用程序封装和分发环节，核验应用程序开发运营者的信息，有利于保障应用程序的真实性。

六、关于“未履行对涉诈互联网账号和应用程序，以及其他电信网络诈骗信息、活动的监测识别和处置义务”的理解

当前，电信网络诈骗手法不断翻新，网络技术对抗性日益增强。面对这一新形势，需要互联网服务提供者以技术手段建立电信网络诈骗反制技术机制，及时对联网账号、应用程序、电信网络诈骗信息和活动采取有效措施，防止诈骗信息在网络上扩散。对于未建立监测、识别和处置机制的互联网服务提供者，应当视情节轻重按本条进行处罚。

七、关于“拒不依法为查处电信网络诈骗犯罪提供技术支持和协助，或者未按规定移送有关违法犯罪线索、风险信息”的理解

查处电信网络诈骗犯罪需要公安部门和互联网服务提供者协同。由于其平台中立性，互联网服务提供者往往掌握了大量犯罪嫌疑人违法犯罪的线索和证据，因此，需要其在查处犯罪、证据收集等环节提供支持和协助。这里的拒不提供技术支持和协助，既可以是作为也可以是不作为，作为表现在公开表明拒绝为公安部门提供协助或者提供虚假的犯罪线索等信息，不作为表现在不主动提供犯罪线索、犯罪证据、风险信息等。

【适用指南】

对本条规定的具体适用，实践中应当注意的问题是：

一、关于情节严重的认定问题

本条规定了情节较轻和情节严重时的两种处罚情形。对于情节较轻的，给予警告、通报批评，或者处五万元以上五十万元以下罚款；对于情节严重的，不仅规定了对企业可以处五十万元以上五百万元以下罚款，并可以由有关主管部门责令暂停相关业务、停业整顿、关闭网站、吊销相关业务许可证或者吊销营业执照，还规定了对直接负责的主管人员和其他直接责任人员，可以处一万元以上二十万元以下罚款。

实践中，要准确把握情节严重的认定，需要从造成后果的严重程度和改正情况等进行综合判断。由于互联网服务提供者未履行本条规定的六种网络安全管理义务，诈骗信息、诈骗链接、诈骗应用程序在网络上大规模扩散，造成多人遭受电信网络诈骗或者被诈骗金额巨大的情形，可以认定为此处的情节严重。由于互联网服务提供者拒不依法为查处电信网络诈骗犯罪提供支持和协助，导致重大案件无法侦破、主要证据无法获得等情况的，可以认定为此处的情节严重。此外，有关主管部门责令改正，但互联网服务提供者态度恶劣、消极应对，未能及时弥补漏洞，导致诈骗信息仍在传播的，可以认定为此处的情节严重。有关主管部门多次责令改正，互联网服务提供者仍整改效果不佳、应付了事，可以认定为此处的情节严重。

二、关于行政处罚和刑事处罚的衔接问题

本条规定的行为，情节严重的可能涉嫌拒不履行安全管理义务罪和帮助信息网络犯罪活动罪。我国刑法第二百八十六条之一第一款规定："网络服务提供者不履行法律、行政法规规定的信息网络安全管理义务，经监管部门责令采取改正措施而拒不改正，有下列情形之一的，处三年以下有期徒刑、拘役或者管制，并处或者单处罚金：（一）致使违法信息大量传播的；（二）致使用户信息泄露，造成严重后果的；（三）致使刑事案件证据灭失，情节严重的；（四）有其他严重情节的。"刑法第二百八十七条之二第一款规定："明知他人利用信息网络实施犯罪，为其犯罪提供互联网接入、服务器托管、网络存储、通讯传输等技术支持，或者提供广告推广、支付结算等帮助，情节严重的，处三年以下有期徒刑或者拘役，并处或者单处罚金。"在对本条具体适用时，要注意行政处罚和刑事处罚的协调。如发现互联网服务提供者可能涉嫌相关犯罪，及时将案件转交移送给公安机关立案侦查，并将执法过程中获取的证据材料一并移交。主管部门应当及时与公安机关、检察机关保持沟通，如公安机关未立案侦查，则依据本条进行行政处罚。互联网服务提供者如构成刑事犯罪并被定罪处罚，主管部门可视情况依据本条进行行政处罚。

【相关规定】

《中华人民共和国刑法》第二百八十六条之一、第二百八十七条之二、第二百六十六条；《中华人民共和国个人信息保护法》；《中华人民共和国网络安全法》；《最高人民法院、最高人民检察院关于办理非法利用信息网络、帮助信息网络犯罪活动等刑事案件适用法律若干问题的解释》第一条。

【案例评析】

未按规定存留日志信息，公安机关启动“一案双查”①

一、案情简介

2020年5月，广州某科技公司遭受勒索病毒攻击导致系统瘫痪。由于急于恢复系统运作以开展业务，该司在未留存涉案相关日志线索且未及时告知公安机关的情况下，直接进行系统清理和数据恢复工作，导致案发现场遭到破坏，案件线索无法进一步追踪。针对该司未依法留存网络日志达法定时长的违法行为，广州警方对其作出行政处罚，并责令其限期改正。

二、本案核心问题

作为受害者的广州某科技公司应不应该受到行政处罚。

三、警方提醒

落实网络安全技术措施，存留日志信息是网络运营者应尽的法律义务。这里的日志信息不仅包括向网络用户提供服务的日志信息，还包括受害企业遭受病毒攻击的日志信息。存留日志信息的举措不仅可以保障自身网络免受干扰、破坏或未经授权的访问，同时也为公安机关依法侦查犯罪提供支持和帮助。在侦办网络安全案件中，公安机关启动“一案双查”网络安全执法工作制，同步检查相关运营者网络安全义务履行情况，督促运营者做好网络安全防范措施，避免运营者因未尽网络安全主体责任义务，导致信息系统存有网络安全风险漏洞，进而给滋生不法活动留下空间。

四、专家评析

本案对于互联网服务提供者留存日志信息，及时向公安机关提供有关犯罪线索、风险信息等日志信息具有典型意义。日志信息对公安机关侦破电信网络诈骗案件和破坏计算机信息系统案件具有重要作用，是网络追踪犯罪人和留存犯罪证据的重要载体。本案中，广州某科技公司本来是病毒攻击的受害者，却在公安机关侦办案件过程中被处罚，这为广大网络科技企业起到警示作用。涉案企业未保留涉案日志信息，直接进行系统清洗和数据恢复以开展业务，导致违法信息没有得到保存和移送。网络环境中的

---

① 《2020年上半年广州市网络安全十大案例（第一批）》，载“广州网警巡查执法”微信公众号，https：//mp. weixin. qq. com/s/FGdnOV28S98RT - ArWq0Ncw，最后访问时间：2022年9月5日。

设备每天都会产生大量网络日志，就是这些日志为有关部门监测网络环境提供了重要的支持。其中，有关违法犯罪的网络日志信息可以成为公安部门重要的案件侦查信息和线索。《中华人民共和国反电信网络诈骗法》规定了网络服务提供者的记录并留存其提供服务日志信息和移送犯罪线索的义务，切实要求网络服务提供企业落实证据存留，为公安部门侦查、追踪犯罪提供支持，同时也为检察部门提起公诉存留犯罪证据。

第四十二条　【非法制造、买卖、提供、使用设备、软件以及支持、帮助电信诈骗的行政责任】违反本法第十四条、第二十五条第一款规定的，没收违法所得，由公安机关或者有关主管部门处违法所得一倍以上十倍以下罚款，没有违法所得或者违法所得不足五万元的，处五十万元以下罚款；情节严重的，由公安机关并处十五日以下拘留。

【条文主旨】

本条是关于非法制造、买卖、提供、使用非法设备、软件以及帮助实施电信网络诈骗活动的单位或个人的行政责任的规定。

【条文理解】

本条规定是对违反本法第十四条、第二十五条第一款规定的行政责任，对本条的理解需要结合本法第十四条、第二十五条第一款的相关规定。本法第十四条规定了不得非法制造、买卖、提供或者使用用于实施电信网络诈骗等违法犯罪的设备、软件。本法第二十五条第一款规定了不得为他人实施电信网络诈骗活动提供个人信息、洗钱等支持或者帮助的行为。具体来讲，关于本条规定的理解，应当注意以下几个问题：

一、关于“非法制造、买卖、提供或者使用用于实施电信网络诈骗等违法犯罪的设备、软件”的理解

这一规定的目的是打击电信网络诈骗设备、软件的制造、买卖、提供、使用行为，从电信网络诈骗的渠道源头遏制违法犯罪行为。从非法设备和软件的生产端、销售端、供应端，到非法设备和软件的使用端，本条规定涵盖了非法设备和软件黑灰产业的全链条。值得注意的是，提供非法设备和软件的行为不要求行为人有牟利的目的，即便是无偿提供给对方使用，也可以依据本条进行处罚。

关于什么是用于实施电信网络诈骗等违法犯罪的设备、软件，本法第十四条规定了四类：一是电话卡批量插入设备；二是具有改变主叫号码、虚拟拨号、互联网电话违规接入公用电信网络等功能的设备、软件；三是批量账号、网络地址自动切换系统，批量接收提供短信验证、语音验证的平台；四是其他用于实施电信网络诈骗等违法犯罪的设备、软件。比如，“猫池”是典型的主要用于电信网络诈骗的“作案物料”，是一种新型网络通信硬件设备，该设备能将传统电话信号转化为网络信号，一台“猫池”设备可同时支持多个手机号通话，并支持群发短信、远程控制、卡机分离等功能。不仅能够实现集群发布，而且使用方便、成本低廉，已经成为电信诈骗者十分常用的诈骗用具。上述四类行为的共性是都是专门或者主要用于电信网络诈骗的设备或软件，对于并非专门或者主要用于电信网络诈骗的设备和软件，并不在本条的规制范围之内。比如，许多违法犯罪分子通过微信、QQ 等即时通讯软件进行电信诈骗，但这些软件并非专门或者主要用于电信网络诈骗，因此，并不能依据本条处罚运营这些软件的公司。

二、关于“支持或帮助实施电信网络诈骗活动”的理解

现阶段，涉及电信网络诈骗的黑灰产业已经形成了一条完整的产业链，主要包含推广、技术、物料（信息类物料和工具类物料）、支付等环节。具体而言：在宣传推广环节，主要包括搜索引擎排名、微信公众号广告、短信群发等推广引流活动；在信息类物料供应环节，主要包括提供银行卡“四件套”（身份证原件、身份证对应的手机卡、身份证对应的银行卡和网银 U 盾）、企业“八件套”（对公银行卡、U 盾、法人身份证、公司营业执照、对公账户、公章、法人私章、对公开户许可证）、精准公民个人信息以及计算机信息系统数据等；在工具类物料供应环节，主要包括提供“猫池”、“卡池”、手机群控设备等；在技术支持环节，主要包括非法 App 制作研发、网站开发维护、虚拟定位、服务器租赁、网站域名技术服务、伪客户端工具平台等；在资金结算环节，主要包括支付渠道、跑分平台、卡商平台、电商平台、话费充值、地下钱庄等。[①] 本法第二十五条第一款规定了任何单位和个人不得为他人实施电信网络诈骗活动提供支持或

---

① 喻海松：《网络犯罪黑灰产业链的样态与规制》，载《国家检察官学院学报》2021 年第 1 期。

者帮助，主要包括三种行为：一是出售、提供个人信息；二是帮助他人通过虚拟货币交易等方式洗钱；三是其他为电信网络诈骗活动提供支持或者帮助的行为。这些行为主要涵盖了电信网络诈骗的前端和后端，需要对此类支持和帮助电信网络诈骗活动的行为进行处罚。

三、关于“没收违法所得，由有关主管部门或者公安机关处违法所得一倍以上十倍以下罚款，没有违法所得的，处五十万元以下罚款”的理解

此规定是针对违反本法第十四条、第二十五条规定，非法制造、销售、提供或者使用专门或者主要用于电信网络诈骗的设备、软件的，或者从事相关涉诈产业的行为的行政处罚后果。以是否有违法所得为区分，处罚类型分为违法所得一倍以上十倍以下罚款和五十万元以下罚款两种。对于有违法所得的单位和个人，没收全部违法所得，并在此基础上由有关主管部门或者公安机关处违法所得一倍以上十倍以下罚款。这里的主管部门，主要包括市场监管部门以及网信、工信、电信等行业主管部门。对于没有违法所得的单位和个人，处五十万元以下罚款。这里的没有违法所得，主要指无偿提供专门或者主要用于电信网络诈骗的设备、软件的情形，或者不能查清是否有违法所得的情形。

四、关于“情节严重的，由公安机关并处十五日以下拘留”的理解

此规定是前述基础处罚规定的情节加重规定。是否为情节严重，需要综合非法制造、销售、提供或者使用专门或者主要用于电信网络诈骗的设备、软件，或者从事涉诈产业的规模大小、业务频次、违法所得金额以及电信网络诈骗犯罪的贡献等判断。对于情节严重的，由公安机关并处十五日以下拘留。值得注意的是，这里是“并处”拘留，这就意味着对于情节严重的情形，不仅要没收违法所得，由有关主管部门或者公安机关处违法所得一倍以上十倍以下罚款，没有违法所得的，处五十万元以下罚款，还要由公安机关并处十五日以下拘留。处以拘留，对个人来说不存在适用困难，对方为涉案单位的，应当认为是对单位的法定代表人或高级管理人员处十五日以下拘留。

【适用指南】

对本条规定的具体适用，实践中应当注意的问题是：

一、关于识别用于实施电信网络诈骗等违法犯罪的设备、软件

互联网设备和软件具有开放性和公用性，导致许多互联网设备和软件具有两面性。一方面，服务社会公众，方便大家的生活；另一方面，也成为违法犯罪分子进行网络诈骗的工具。对此，需要准确识别哪些设备和软件是专门或者主要用于电信网络诈骗，既不放过一个主要用于电信网络诈骗的设备和软件，也不扩大打击范围导致合法运营的软件和设备遭受打击。一般而言，“猫池”、“卡池”、伪基站、手机群控等设备以及钓鱼网站、改号软件、虚假赌博网站和 App 等软件，是专门或主要用于电信网络诈骗的设备、软件。对于虚拟定位、服务器租赁、网站域名技术服务等行为，虽然在一定程度上违法，但可能并非专门或者主要用于电信网络诈骗。比如，虚拟定位一般用于游戏定位，使玩家可以随意切换网络地址，或者用于虚拟打卡等。企业需要存储大量数据，自建服务器容量不够就需要租赁服务器，租用服务器不仅可以为企业节省成本，还可以随着企业对服务器的需求不断更新升级。这些软件和设备具有两面性，在执法实践中需要准确识别是不是非法制造、销售、提供或者使用专门或者主要用于电信网络诈骗的设备、软件。对于这些设备和软件，在执法过程中既不能完全不管，也不能全部管死，需要具体把握制造、销售、提供和提供者的目的和动机，进而准确对主要用于电信网络诈骗的设备、软件制造者、销售者、提供者和使用者进行行政处罚。

二、关于行政处罚和刑事追诉的衔接问题

我国刑法第二百八十七条之二第一款规定：“明知他人利用信息网络实施犯罪，为其犯罪提供互联网接入、服务器托管、网络存储、通讯传输等技术支持，或者提供广告推广、支付结算等帮助，情节严重的，处三年以下有期徒刑或者拘役，并处或者单处罚金。”《最高人民法院、最高人民检察院关于办理非法利用信息网络、帮助信息网络犯罪活动等刑事案件适用法律若干问题的解释》第十一条规定，为他人实施犯罪提供技术支持或者帮助，具有下列情形之一的，可以认定行为人明知他人利用信息网络实施犯罪，但是有相反证据的除外：（1）经监管部门告知后仍然实施有关行为的；（2）接到举报后不履行法定管理职责的；（3）交易价格或者方式明显异常的；（4）提供专门用于违法犯罪的程序、工具或者其他技术支持、帮助的；（5）频繁采用隐蔽上网、加密通信、销毁数据等措施或者使用虚假身份，逃避监管或者规避调查的；（6）为他人逃避监管或者规避调查提供技术支持、帮助的；（7）其他足以认定行为人明知的情形。《中华人民共和国反电信网络诈骗法》中的本条规定，是对电信网络诈骗提供上游产业帮助的行为进行的行政处罚，和刑法中的帮助信息网络犯罪活动罪的罪行存在交叉关系。质言之，违反本条规定的行为可能触犯刑法中的帮助信息网络犯罪活动罪。因此，执法机关在依据本条规定办理案件时，需要注意涉案行为的严重程度是否构成了犯罪。对于可能构成犯罪的案件，及时移交公安机关立案侦查，并将执法过程中收集的证据材料、案件线索一并移送。

【相关规定】

《中华人民共和国刑法》第二十五条、第二十七条、第二百八十七条之二；《中华人民共和国个人信息保护法》；《最高人民法院、最高人民检察院关于办理非法利用信息网络、帮助信息网络犯罪活动等刑事案件适用法律若干问题的解释》第十一条、第十二条；《最高人民法院、最高人民检察院、公安部关于办理电信网络诈骗等刑事案件适用法律若干问题的意见》第二条、第三条、第四条等。

【案例评析】

姜某等4人架设虚拟自动拨号设备为电信诈骗提供帮助案[①]

一、案情简介

2019年8月，被告人姜某、陈某共谋通过网络开展电话坐席业务，由姜某负责在网上购买GOIP等设备（又称“猫池”，是一种虚拟拨号设备，是诈骗分子普遍使用的一种新型诈骗工具）邮寄给陈某，陈某负责安装、调试。随后，陈某找到合伙经营某通信公司营业部的谢某、朱某，以电话营销房产、教育信息为由，将8台GOIP设备安装到某通信公司营业部的一间办公用房内，并商定按照拨打分钟数支付报酬。朱某知道这并不是公司的正常业务，不属于合法行为，但因为想到能完成公司办电话卡的指标任务，又能把号卡中的“分钟数”卖出去获取一些收益，便答应了。随后，谢某、朱某提供大量手机卡插入GOIP设备中使用，平时设备的维护由陈某通过微信指挥谢某操作。

2020年2月，谢某、朱某接到某通信公司通知，其营业部开通的手机卡中有4个号码涉嫌诈骗。某通信公司要求谢某、朱某立即进行核实。随后，谢某、朱某便询问陈某、姜某二人。在姜某告知其不可能实施诈骗活动后，谢某、朱某遂不再理会此事，继续开展该“业务”。经查，2019年

---

① 四川省大邑县人民法院（2021）川0129刑初10号刑事裁定书，载中国裁判文书网，https：//wenshu. court. gov. cn/website/wenshu/181107ANFZ0BXSK4/index. html？docId=247c4a1c333f4e438948adce006892d7，最后访问时间：2022年9月5日。

12 月至 2020 年 3 月，安装在谢某、朱某营业部的 GOIP 设备向外拨打诈骗电话致涂某等 20 名被害人报案，涉案金额 29 万余元。姜某获取违法所得 198461 元，分给陈某 3833 元，通过银行转款给朱某 1.2 万元。

二、本案核心问题

本案中姜某、陈某、谢某、朱某是否构成帮助信息网络犯罪活动罪。

三、法院裁判要旨

被告人姜某、陈某、谢某、朱某购买 GOIP 设备，并提供大量手机卡插入 GOIP 设备中使用。根据刑法第二百八十七条之二的规定，明知他人利用信息网络实施犯罪，仍为其犯罪提供互联网接入、服务器托管、网络存储、通讯传输等技术支持，或者提供广告推广、支付结算等帮助的行为属于帮助信息网络犯罪活动罪。因此，姜某等四名被告人明知他人利用信息网络实施犯罪而为其提供帮助，且造成二十名被害人经济损失共计 29 万余元，依照相关法律规定，四名被告人犯罪情节严重，妨害社会管理秩序，其行为均已构成帮助信息网络犯罪活动罪。

四、专家评析

本案对于帮助信息网络犯罪活动罪的理解具有典型意义。GOIP 设备是一种能够实现异地漫游的网络通讯设备，可以将传统的电话信号转换为网络信号。一台 GOIP 设备可以同时接入上百张手机卡，支持电话呼叫、短信群发、远程控制、人机分离等功能，从而成为不法分子远程操纵实施电信网络诈骗的重要工具，既让被害人损失惨重，也给案件侦破工作带来困难。2020 年开展“断卡”行动以来，公安机关加大了对涉诈电话卡的打击力度，GOIP 设备自然也成为主要打击的对象。本案中，被告人姜某、陈某、谢某、朱某利用 GOIP 设备为电信网络诈骗提供帮助的行为，不仅可以依据刑法帮助信息网络犯罪活动罪定罪处刑，还受到本法第三十五条的规制。当前，公安机关对于电信网络诈骗深入源头治理，斩断涉诈产业链条，在推广、技术、物料、支付等环节瓦解电信诈骗，通过打击黑灰产业链条达到打击电信网络诈骗的目的。本条进一步明确了单位和个人不得非法制造、销售、提供或者使用专门或者主要用于电信网络诈骗的设备、软件，顺应了电信网络诈骗犯罪治理的趋势。

第四十三条　【违反合理注意义务的行政责任】违反本法第二十五条第二款规定，由有关主管部门责令改正，情节较轻的，给予警告、通报批评，或者处五万元以上五十万元以下罚款；情节严重的，处五十万元以上五百万元以下罚款，并可以由有关主管部门责令暂停相关业务、停业整顿、关闭网站或者应用程序，对其直接负责的主管人员和其他直接责任人员，处一万元以上二十万元以下罚款。

【条文主旨】

本条是关于电信业务经营者、互联网服务提供者违反合理注意义务的行政责任的规定。

【条文理解】

本条规定是对违反本法第二十五条第二款规定的行政责任，对本条的理解需要结合本法第二十五条第二款的相关规定。本法第二十五条第二款是对电信业务经营者、互联网服务提供者需要履行的合理注意义务的规定，对从事涉诈支持、帮助活动进行监测识别和处置。具体来讲，关于本条规定的理解，应当注意以下几个问题：

一、关于“违反本法第二十五条第二款规定”的理解

这一规定的目的是强化电信业务经营者和互联网服务提供者的网络监管责任，监测和防止不法分子利用网络服务从事涉诈支持、帮助活动。本法第二十五条第二款对电信业务经营者、互联网服务提供者规定了应当履行的合理注意义务，对利用以下四种业务从事涉诈支持、帮助活动进行监测识别和处置。具体而言：一是提供互联网接入、服务器托管、网络存储、通讯传输、线路出租、域名解析等网络资源服务；二是提供信息发布或者搜索、广告推广、引流推广等网络推广服务；三是提供应用程序、网站等网络技术、产品的制作、维护服务；四是提供支付结算服务。电信业务经营者和互联网服务提供者属于提供互联网服务的中间平台，汇集与掌握了大量网络数据和网络信息，对于寄生在网络空间的电信网络诈骗活动具有天然的治理优势。因此，对电信业务经营者和互联网服务提供者赋予网络监管义务，督促它们发挥“反诈看门人”的作用，是电信网络诈骗犯

罪多元治理的关键环节。

二、关于“由有关主管部门责令改正，情节较轻的，给予警告、通报批评，或者处五万元以上五十万元以下罚款”的理解

该规定是针对电信业务经营者、互联网服务提供者违反合理注意义务的基础性处罚。首先，对于违法行为由有关主管部门责令改正。责令改正是对违反合理注意义务的电信业务经营者和互联网服务提供者违法行为的纠正，要求其及时改正其违法行为以恢复正常的法秩序。其次，对于情节较轻的行为人，在责令改正违法行为的基础上，还要给予警告、通报批评，或者处五万元以上五十万元以下罚款的行政处罚。值得注意的是，警告、通报批评和罚款是择一处罚而非并处，主管部门需要依据违法事实选择处以何种行政处罚。

三、关于“情节严重的，处五十万元以上五百万元以下罚款，并可以由有关主管部门责令暂停相关业务、停业整顿、关闭网站或者应用程序，对其直接负责的主管人员和其他直接责任人员，处一万元以上二十万元以下罚款”的理解

此处是对违反本法第二十五条第二款规定情节严重时的处罚，违法情节需要综合电信业务经营者和互联网服务提供者提供电信网络诈骗的网络资源服务、网络推广服务、网络技术服务和支付结算服务的次数、违法所得数额进行判断。对于违法情节严重的电信业务经营者和互联网服务提供者，处五十万元以上五百万元以下罚款。此外，还可以由有关主管部门责令暂停相关业务、停业整顿、关闭网站或者应用程序，对其直接负责的主管人员和其他直接责任人员，处一万元以上二十万元以下罚款。值得注意的是，此处为“可以”而非“应当”，这就意味着主管部门可以视违法情节和处罚必要性选择适用或者不适用。

【适用指南】

对本条规定的具体适用，实践中应当注意的问题是：

一、违法情节轻重的认定问题

本条规定了“情节较轻”和“情节严重”两个处罚区间，二者规定的罚款数额相差十倍，需要结合案件事实对情节轻重进行审慎判断。一般而言，可以结合以下几个因素进行认定：第一，电信业务经营者、互联网服务提供者履行合理注意义务的程度。电信业务经营者、互联网服务提供者应当设置电信网络诈骗活动的检测机制、识别机制和处置机制，防止为电信网络诈骗提供网络资源服务、网络推广服务、网络技术服务和支付结算服务。如企业内部已经建立了完善的合规内控机制，则可以认为企业履行了合理的注意义务，即便出现了本法第二十五条第二款规定的情况，也不能认定为情节严重。第二，提供服务的次数。为电信网络诈骗活动提供帮助服务的次数，表明了电信业务经营者、互联网服务提供者为电信网络诈骗提供支持和帮助的主观恶性。支持和帮助次数越多，则表明主观恶性越大，其情节也更为严重。第三，违法所得数额。违法所得数额是为电信网络诈骗提供网络资源服务、网络推广服务、网络技术服务和支付结算服务所获得的违法收入。违法收入越多，则表明违法情节越严重。此外，主管部门执法过程中还需要结合电信业务经营者、互联网服务提供者的违法补救措施、事后配合执法态度来综合判断其是否属于本条规定的“情节严重”。

二、关于行政处罚和刑事追诉的衔接问题

我国刑法第二百八十六条之一第一款规定：“网络服务提供者不履行法律、行政法规规定的信息网络安全管理义务，经监管部门责令采取改正措施而拒不改正，有下列情形之一的，处三年以下有期徒刑、拘役或者管制，并处或者单处罚金：（一）致使违法信息大量传播的；（二）致使用户信息泄露，造成严重后果的；（三）致使刑事案件证据灭失，情节严重的；（四）有其他严重情节的。”刑法第二百八十七条之二第一款规定：“明知他人利用信息网络实施犯罪，为其犯罪提供互联网接入、服务器托管、网络存储、通讯传输等技术支持，或者提供广告推广、支付结算等帮助，情节严重的，处三年以下有期徒刑或者拘役，并处或者单处罚金。”本条是电信业务经营者、互联网服务提供者违反合理注意义务的行政责任，与刑法中的拒不履行信息网络安全管理义务罪和帮助信息网络犯罪活动罪存在交叉关系。其中，本条是拒不履行信息网络安全管理义务罪的行政前置程序，即主管部门依据本条责令其改正违法行为拒不改正的，才可能构成拒不履行信息网络安全管理义务罪。执法过程中，对于可能涉嫌犯罪的案件，依据“刑事优先”的原则，应当及时移送公安机关立案侦查，并将执法过程中收集的证据材料、案件线索一并移送。

【相关规定】

《中华人民共和国刑法》第二十五条、第二十七条、第二百八十六条之一、第二百八十七条之二；《中华人民共和国个人信息保护法》；《最高人民法院、最高人民检察院关于办理非法利用信息网络、帮助信息网络犯罪活动等刑事案件适用法律若干问题的解释》第一条、第十一条、第十二条；《最高人民法院、最高人民检察院、公安部关于办理电信网络诈骗等刑事案件适用法律若干问题的意见》第二条、第三条、第四条等。

【案例评析】

齐某为电信网络诈骗获得提供支付结算帮助案①

一、案情简介

2021年8月7日，被告人齐某带着自己名下的5张银行卡去往河南省新乡市，并于2021年8月8日至8月11日期间，用自己的银行卡为电信网络诈骗提供支付结算帮助，获利人民币3000元。

2021年8月8日，徐某乙被诈骗的20000元人民币，被转入齐某名下的银行卡账户内；2021年8月10日，易某被诈骗的100000元人民币、徐某甲被诈骗案中被诈骗的50000元人民币、段某被诈骗案中被诈骗的50000元人民币，合计200000元人民币被转入齐某名下的银行卡账户内；2021年8月10日，王某被诈骗的18000元人民币被转入齐某名下的银行卡账户内。齐某名下3张银行卡用于帮助电信网络诈骗支付结算金额为238000元人民币。

二、本案核心问题

本案中齐某是否构成帮助信息网络犯罪活动罪。

三、法院裁判要旨

被告人齐某明知他人利用信息网络实施犯罪，通过自己的银行卡为其提供支付结算帮助。根据刑法第二百八十七条之二的规定，明知他人利用信息网络实施犯罪，仍为其犯罪提供互联网接入、服务器托管、网络存储、通讯传输等技术支持，或者提供广告推广、支付结算等帮助的行为属于帮助信息网络犯罪活动罪。因此，齐某的行为构成帮助信息网络犯罪活动罪，判处有期徒刑八个月，并处罚金人民币5000元。

四、专家评析

本案对于帮助信息网络犯罪活动罪的理解具有典型意义。目前，电信业务经营者、互联网服务提供者为电信网络诈骗活动提供支付结算帮助的

---

① 辽宁省绥中县人民法院（2021）辽1421刑初419号刑事判决书，载中国裁判文书网，https://wenshu.court.gov.cn/website/wenshu/181107ANFZ0BXSK4/index.html?docId=942e6241c03e42b0b335ae150045b922，最后访问时间：2022年9月5日。

案件较少，主要为个人或团伙。支付结算属于电信网络诈骗的后端，不法分子通过获取他人的银行卡等账户进行违法所得的转移，进而形成一个完整的电信网络诈骗闭环。为电信网络诈骗活动提供支付结算，不仅使得被害人被诈骗的钱财被转移，而且公安机关难以查找犯罪线索。对于电信业务经营者、互联网服务提供者而言，其所能提供的支付结算帮助的数额更大，社会危害性也更大。因此，电信业务经营者、互联网服务提供者需要强化检测机制、识别机制和处置机制，防范自己和平台用户利用网络服务从事不法支付结算的帮助行为。

第四十四条　【非法买卖、出租、出借通讯、支付设备的行政处罚】违反本法第三十一条第一款规定的，没收违法所得，由公安机关处违法所得一倍以上十倍以下罚款，没有违法所得或者违法所得不足二万元的，处二十万元以下罚款；情节严重的，并处十五日以下拘留。

【条文主旨】

本条是关于单位和个人实施或帮助实施非法买卖、出租、出借电话卡、物联网卡、银行账户、支付账户、互联网账号等帮助行为的行政责任的规定。

【条文理解】

对本条的理解要结合本法第三十一条第一款的相关规定。本法第三十一条第一款规定，任何单位和个人不得非法买卖、出租、出借电话卡、物联网卡、电信线路、短信端口、银行账户、支付账户、互联网账号等，不得提供实名核验帮助；不得假冒他人身份或者虚构代理关系开立上述卡、账户、账号等。

一、关于“违反本法第三十一条第一款规定”的理解

2020 年开展“断卡”行动以来，电话卡、物联网卡和银行卡等开卡、带队、收卡、贩卡的违法犯罪团伙成为重点打击的对象。① 本法第三十一条第一款是禁止性规定，其目的是遏制为电信网络诈骗提供电话卡、物联网卡、银行账户、支付账户、互联网账号的行为，从物料源头上打击电信网络诈骗。这里的单位应当作最广义的理解，涵盖政府单位、事业单位、企业单位三类，其中企业单位又可以涵盖国有、民营、私营、股份制、外资、合资等多种类型。“非法买卖、出租、出借”涵盖了向电信网络诈骗者提供涉诈用卡和涉诈账户的行为，包括以牟利为目的的提供和无偿提供。

关于对电话卡、物联网卡、银行账户、支付账户、互联网账号的理解：（1）电话卡。电话卡主要分为三类，即 IC 卡、IP 卡和 SIM 卡。IC 卡主要用于公用固定电话，通过 IC 卡片控制通话和付费，目前这一类型的电话卡已不常见；IP 卡是指可通过 TCP/IP 协议实现的一种电话应用；SIM 卡内含大规模集成电路的智能卡片，用来登记用户的重要数据和信息，SIM 卡是目前最为常见的电话卡。（2）物联网卡。物联网卡是面向物联网用户提供的通信接入业务，为物联网终端提供无线数据、语音、短信等基础通信服务，并为物联网客户提供通信连接管理、终端管理等运营服务。（3）银行账户。银行账户，是客户在银行开立的存款账户、贷款账户、往来账户的总称，主要分为基本账户、专用账户和辅助账户三类。（4）支付账户。支付账户，是指用户通过网络进行付款、转账、消费的账户，主要为第三方支付平台。（5）互联网账号。互联网账号，是指互联网用户在互联网平台所注册、使用和管理的账号。

“不得假冒他人身份或者虚构代理关系开立上述卡、账户、账号”主要针对提供卡和账号与实名核验并非同一人的情形。实名认证是有效落实、追查持卡人和注册账户人责任的手段，为了逃避打击，为电信网络诈骗提供卡、账户、账号的不法分子会找他人进行帮助实名核验。对于此处帮助实名核验的理解，应当以明知为前提，即只有行为人知道或者应当知道对方实施非法买卖、出租、出借电话卡、物联网卡、银行账户、支付账户、互联网账号行为，仍向其提供实名核验的帮助的，才能认定为应当受到行政处罚的行为。对于并不知情、被不法分子利用的情况，不能依据本条对行为人进行处罚。

---

① 《全国“断卡”行动开展首轮集中收网行动》，载公安部网站，https：//www.mps.gov.cn/n2254314/n2254487/c7725322/content.html，最后访问时间：2022 年 9 月 5 日。

二、关于“没收违法所得，由公安机关处违法所得一倍以上十倍以下罚款，没有违法所得或者违法所得不足二万元的，处二十万元以下罚款”的理解

此处是对违反本法第三十一条第一款规定的行政处罚基础性规定。非法买卖、出租、出借电话卡、物联网卡、银行账户、支付账户、互联网账号的行为，作为电信网络诈骗黑灰产业链条的一环，其目的是谋取非法利益。因此，对违法所得进行收缴，是对上述违法行为进行处罚的应有之义。“任何人不得从其违法行为中获利”已然成为现代法治社会中的一项重要社会共识。因此，在没收违法所得的基础上，公安机关以违法所得数额为基准，对其处以违法所得一倍以上十倍以下罚款。对于没有违法所得或者违法所得不足二万元的案件，直接由公安机关处二十万元以下罚款。值得注意的是，这里的处罚主体只能为公安机关，市场监管部门、网信部门、工信部门等行业主管部门并没有对前述违法行为处以行政处罚的权限，只能移交公安部门处理。

三、关于“情节严重的，并处十五日以下拘留”的理解

此处是对违反本法第三十一条第一款规定且情节较重时的行政处罚规定，这里的情节较重需要结合非法买卖、出租、出借电话卡、物联网卡、银行账户、支付账户、互联网账号和为非法买卖、出租、出借的上述卡、账户、账号提供实名核验帮助的次数，提供电话卡、物联网卡和账户的数量，获利的多少等因素进行综合判断。对于情节严重的行为，并处十五日以下拘留。需要注意的是，这里规定的是“并处”拘留。这也就意味着，对于情节严重的行为，不仅要没收违法所得，由公安机关处违法所得一倍以上十倍以下罚款，没有违法所得或者违法所得不足二万元的，处二十万元以下罚款，还要同时处以十五日以下拘留。

【适用指南】

对本条规定的具体适用，实践中应当注意的问题是：

一、关于为非法买卖、出租、出借的上述卡、账户、账号提供实名核验帮助行为的认定问题

实名核验帮助属于非法买卖、出租、出借电话卡、物联网卡、银行账户、支付账户、互联网账号的帮助行为，行为人在主观上要知道或应当知道对方从事上述非法涉诈业务，否则不能依据本条进行行政处罚。如何认定行为人主观上的“明知”，是执法实践中需要重点把握的问题。实践中，要严格通过一系列客观表征认定相关单位和个人对他人提供实名核验帮助行为的明知，特别是慎重适用推定明知标准，以防止义务主体设置和打击范围的不当扩大。执法中，应当根据行为人为非法买卖、出租、出借电话卡、物联网卡、银行账户、支付账户、互联网账号提供实名核验帮助的次数，并结合行为人的认知能力、既往经历、交易对象、与从事涉诈产业行为人的关系、提供实名核验帮助的时间和方式、获利情况以及行为人的供述等主客观因素，予以综合认定。一般而言，非法买卖、出租、出借电话卡、物联网卡、银行账户、支付账户、互联网账号的单位和个人产业规模越大、宣传手段越明显，那么提供实名核验的行为人知晓其为涉诈产业的概率越高。此外，行为人为了高额回报而为他人提供实名核验帮助的行为，也可以认定为行为主观上为明知。由于以上结合客观特征进行的明知认定是一种推断，如果行为人能提供相反证据证明的，则不能认定为明知。此处对明知认定推断的严格控制，是为了防止本条处罚打击面不当扩大。部分行为人是在不知情的情况下被利用进行实名认证帮助，其本身就是受害者，在这种情况下受到行政处罚是对受害者的不公。

二、关于行政处罚与刑事处罚的程序衔接

本条所规定的非法买卖、出租、出借电话卡、物联网卡、银行账户、支付账户、互联网账号行为不仅涉及行政责任，还涉及刑事责任。我国刑法第二百八十七条之二第一款规定："明知他人利用信息网络实施犯罪，为其犯罪提供互联网接入、服务器托管、网络存储、通讯传输等技术支持，或者提供广告推广、支付结算等帮助，情节严重的，处三年以下有期徒刑或者拘役，并处或者单处罚金。"《最高人民法院、最高人民检察院、公安部关于办理电信网络诈骗等刑事案件适用法律若干问题的意见（二）》第七条规定，为他人利用信息网络实施犯罪而实施下列行为，可以认定为刑法第二百八十七条之二规定的"帮助"行为：（1）收购、出售、出租信用卡、银行账户、非银行支付账户、具有支付结算功能的互联网账号密码、网络支付接口、网上银行数字证书的；（2）收购、出售、出租他人手机卡、流量卡、物联网卡的。[①] 因此，本条的行为属于帮助信息网络犯罪活动罪中的提供互联网接入、通讯传输、支付结算帮助，二者在行为规制范围上存在交叉关系。本条明确规定了单位和个人应当承担的行政责任，本法第四十五条明确规定了构成犯罪的要追究刑事责任。因此，执法机关

---

① 《最高人民法院、最高人民检察院、公安部关于办理电信网络诈骗等刑事案件适用法律若干问题的意见（二）》，载中国政府网，http：//www.gov.cn/zhengce/zhengceku/2021-06/22/content_5620164.htm，最后访问时间：2022 年 9 月 5 日。

（即公安机关）在办理相关案件时，要重点把握行为人的相关行为的严重程度是否已经构成犯罪。对于可能构成犯罪的案件，公安机关应当及时移交刑侦部门进行立案侦查，并将执法过程中收集的证据材料、案件线索一并移送，从而推进案件从行政程序到刑事程序的衔接与转换。对于严重程度不构成犯罪的案件，公安机关应当及时按照本条对行为人进行行政处罚。通过行政处罚和刑事处罚的二元衔接，对非法买卖、出租、出借电话卡、物联网卡、银行账户、支付账户、互联网账号以及为上述卡、账户、账号提供实名核验帮助的单位和个人进行打击，从而促使涉诈黑灰产业链条逐渐萎缩，进而从源头上治理电信网络诈骗。

【相关规定】

《中华人民共和国刑法》第二十五条、第二十七条、第二百五十三条之一、第二百八十七条之二；《最高人民法院、最高人民检察院关于办理非法利用信息网络、帮助信息网络犯罪活动等刑事案件适用法律若干问题的解释》第十一条；《工业和信息化部、公安部关于依法清理整治涉诈电话卡、物联网卡以及关联互联网账号的通告》；《最高人民法院、最高人民检察院、公安部关于办理电信网络诈骗等刑事案件适用法律若干问题的意见（二）》第七条、第八条等。

【案例评析】

王某出售银行卡被判帮助信息网络犯罪活动罪①

一、案情简介

2021 年 3 月中下旬，被告人王某在陈某的介绍下，明知他人收购银行卡可能用于信息网络犯罪活动，仍将自己办理的尾号为 3377 的某银行借记卡和关联 U 盾、电话卡、身份证复印件以人民币 3000 元的价格出售给他人使用。该银行卡被他人用于信息网络犯罪活动资金支付结算，流水金额共计人民币 125.4961 万元，其中居住于吴江的被害人徐某向该银行卡账户转入人民币 103.7504 万元，被害人刘某转入该银行卡人民币 2.16 万元。

---

① 江苏省苏州市吴江区人民法院（2021）苏 0509 刑初 563 号刑事判决书，载中国裁判文书网，https：//wenshu.court.gov.cn/website/wenshu/181107ANFZ0BXSK4/index.html？docId=5b40c66ec203456ebd56ae0c0003ac08，最后访问时间：2022 年 9 月 5 日。

二、本案核心问题

被告人王某是否构成帮助信息网络犯罪活动罪。

三、法院裁判要旨

本案被告人王某明知他人利用信息网络实施犯罪，仍出售自己的银行卡和关联 U 盾、电话卡、身份证复印件等物品为犯罪提供支付结算帮助，情节严重。根据我国刑法第二百八十七条之二的规定，明知他人利用信息网络实施犯罪，为其犯罪提供互联网接入、服务器托管、网络存储、通讯传输等技术支持，或者提供广告推广、支付结算等帮助，情节严重的，处三年以下有期徒刑或者拘役，并处或者单处罚金。因此，本案被告人王某的行为已构成帮助信息网络犯罪活动罪。

四、专家评析

本案对于警示民众具有典型意义。非法为电信网络诈骗提供电话卡和银行卡行为是"断卡"行动的主要打击对象，从通讯渠道和支付结算渠道上阻断电信网络诈骗。部分民众缺乏反电信网络诈骗和个人信息保护意识，为了少许利益出租、出售自己的电话卡、银行卡、身份信息等，殊不知这会为电信网络诈骗分子提供作案工具。本案中，被告人王某在明知他人收购银行卡可能用于信息网络犯罪活动的情形下，仍将自己的银行卡、电话卡、身份证复印件等物品出售给他人使用，为了 3000 元非法利益触犯刑法。社会公众一定要提升个人信息保护意识，妥善保护好自己的身份证、银行卡、手机卡等，一旦丢失要立即挂失，对于废弃不用的应及时办理注销业务，不随意丢弃和买卖。银行卡只限发卡银行批准的持有人本人使用，持有人切勿为了蝇头小利将银行卡出租、出借或者出售。一旦被犯罪分子用于电信网络诈骗活动，持有人出租、出借或者出售银行卡的行为可能构成帮助信息网络犯罪活动罪。即便危害程度没有达到构成犯罪的程度，也可能由公安机关依据本条进行行政处罚。

第四十五条 【滥用职权、玩忽职守、徇私舞弊的法律责任】反电信网络诈骗工作有关部门、单位的工作人员滥用职权、玩忽职守、徇私舞弊，或者有其他违反本法规定行为，构成犯罪的，依法追究刑事责任。

【条文主旨】

本条是关于如果有关主管部门未能妥善履行职责，则需要按照滥用职权罪、玩忽职守罪、徇私舞弊不移交刑事案件罪等罪名追究其法律责任的规定。

【条文理解】

本条为针对有关主管部门的法律责任所进行的规定，即如有关主管部门的人员未能依法履行职责，并且需要承担法律责任的，则需要对法律责任予以认定。具体来讲，关于本款规定的理解，应当注意以下几个问题：

一、关于“反电信网络诈骗工作有关部门、单位的工作人员”的理解

按照《中华人民共和国反电信网络诈骗法》第六条的规定，国务院是负责全国范围的反电信诈骗的协调统筹机关，地方各级政府是地方各级反电信诈骗的主管机关，各个地方的公安机关则是具体负责实施的组织协调反电信网络诈骗工作的机关，而其他如金融、电信、网信、市场监管等有关主管部门则承担监管主体责任，将其监管到的信息及时提交给公安机关以供其进行侦查工作。除此之外，本法还将电信业务经营者、银行业金融机构、非银行支付机构、互联网服务提供者纳入反电信网络诈骗工作的有关部门、单位。因此，从上述条文可以看出，目前我国的反电信网络诈骗的组织机构属于国务院统筹全国，地方各级政府主管各自行政区域的整体工作，公安等具体的职能部门紧密合作，并且结合民营企业的力量来进行反电信诈骗工作，此种工作模式能最大限度地调动各方的资源，在具体的工作中发挥各自的优势，通力合作，互帮互助，实现反电信网络诈骗的目标。

二、关于“滥用职权、玩忽职守、徇私舞弊”的理解

滥用职权，按照我国刑法第三百九十七条的规定，是指国家机关工作人员滥用职权，致使公共财产、国家和人民利益遭受重大损失的行为。滥用职权是不法行使职务上的权限的行为。首先，滥用职权应是滥用国家机关工作人员的一般职务权限，如果行为人实施的行为与其一般的职务权限没有任何关系，则不属于滥用职权。其次，行为人或者是以不当目的实施职务行为或者是以不法方法实施职务行为；在出于不当目的的实施职务行为的情况下，即使从行为的方法上看没有超越职权，也属于滥用职权。最后，滥用职权的行为违反了职务行为的宗旨，或者说与其职务行为的宗旨相违背。

玩忽职守则是指严重不负责任，不履行职责或者不正确履行职责的行为。不履行，是指行为人应当履行且有条件、有能力履行职责，但违背职责没有履行，其中包括擅离职守的行为；不正确履行，是指在履行职责的过程中，违反职责规定，马虎草率、粗心大意。由于不同的国家机关工作人员具有不同的职责，而且同一国家机关工作人员在不同时期、不同条件下的职责不一定相同，因此，玩忽职守行为有各种不同的具体表现。

徇私舞弊则是指具有相应职责的人员在发现有违法的情况下不予查处，反而因私人的原因放纵违法行为的存在。

三、关于“法律责任”的理解

从法理学上来讲，法律责任是一个大范围的概念，它的内涵包括但不限于民事责任、行政责任和刑事责任等。法律责任是指行为主体因为违法行为、违约行为或者仅仅因为法律的规定而应该承担的一种不利的法律后果，在本条的语境之下，就是有关的单位或者人员，因为违法行为所导致的对方当事人受到损害的一种法律后果。因此，在判断是否需要有关单位和个人承担法律责任时，需要严格按照实体法律规定和程序法律规范加以认定。同时，因为法律责任是一个大范围的概念，包括民事责任、行政责任和刑事责任等，所以会出现法律责任的竞合。例如，反电信网络诈骗工作有关部门、单位的工作人员滥用职权的，可能同时会导致侵权的民事法律责任和犯罪的刑事法律责任，这就需要结合具体的情况来处理法律竞合的问题。特定法律主体所实施的这个具体法律行为同时符合了两个或两个以上的不同法律规范所规定的行为模式的构成要件，这就导致了该法律主体应该承担这些不同法律规范所规定的法律后果。

就本条而言，不管是反电信网络诈骗工作有关部门、单位的工作人员的滥用职权的行为、玩忽职守的行为、徇私舞弊的行为，还是违反规定泄露国家秘密、商业秘密和个人隐私的行为，都因为存在相关的民事侵权、行政违法和刑事犯罪三种类型而可能出现三种法律责任的竞合。因此，需要有关单位按照法定的程序去认定反电信网络诈骗工作有关部门、单位的工作人员的滥用职权、玩忽职守、徇私舞弊的行为如何进行责任的追究。

【适用指南】

对该条规定的具体适用，实践中应当注意的问题是：

一、反电信网络诈骗工作有关部门、单位的工作人员需恪尽职守

该法条所要求的主体是反电信网络诈骗工作有关部门、单位的工作人员，即属于特殊主体，这是因为反电信网络诈骗工作有关部门、单位的工作人员本身就有相应的职责义务，这就要求他们在工作中必须恪尽职守。如果主管部门的员工在工作中不能尽到自己的职责，因为故意或者过失导致犯罪分子有机可乘，那么相应的工作人员应当对此承担责任。并且，反电信网络诈骗的工作人员往往会接触到相关的个人隐私、商业秘密甚至国家秘密，因此法律也对相关的反电信网络诈骗工作有关部门、单位的人员进行更加严格的要求，要求他们不能泄露国家秘密、商业秘密和个人隐私，如果有泄露行为，就需要对自己的行为承担相应的法律责任。

二、本法条在适用过程中要严格结合反电信网络诈骗工作有关部门、单位的人员的主观心态来进行适用

从本条的规定中可以看出，滥用职权和玩忽职守所代表的是两种不同的心态，滥用职权为故意，而玩忽职守为过失。这体现了我国对于相关的工作人员的严格要求，即不分故意或过失，只要是存在滥用职权、玩忽职守、徇私舞弊的行为，都需要追究责任，而之所以这样规定，是因为我国目前对于电信网络诈骗的严打态势。具有相应职责的工作人员需要在工作中恪忠职守，对于电信网络诈骗的行为进行严厉的打击。

【相关规定】

《中华人民共和国刑法》第三百九十七条、第三百九十八条、第四百零二条、第二百五十三条之一。

【案例评析】

反诈骗工作有关部门工作人员逃避处罚、徇私枉法、滥用职权的司法认定①

一、案情简介

2017年11月，被告人曾某和彭某到北京办事时，一名在外经商人员熊某甲与彭某往来频繁，关系密切，因此熊某甲接待了二人并因此结识了曾某。2018年4月10日，甲市公安局刑事侦查支队（以下简称“刑侦支队”）查获了两处涉嫌电信诈骗的犯罪团伙，现场抓获涉案人员50名。被

① 湖北省天门市人民法院（2020）鄂9006刑初116号刑事判决书，载中国裁判文书网，https://wenshu.court.gov.cn/website/wenshu/181107ANFZ0BXSK4/index.html?docId=63eb10167aef4ec2bdbaac9500c45db2，最后访问时间：2022年9月2日。

告人曾某到刑侦支队组织召开会议，会议明确曾某为该案的总指挥，2018年4月11日，甲市公安局乙派出所与丙派出所分别对承办的网络销售假药的嫌疑人以“某公司诈骗案”和“20180410网络诈骗案”立案侦查。案发后，某公司负责人熊某乙联系其弟弟熊某甲，要求熊某甲通过关系将抓获的涉案人员“捞出来”，并且不要牵连她自己。熊某甲遂请托彭某找被告人曾某帮忙处理此事，经彭某介绍，熊某甲又通过给曾某打电话或当面请托曾某帮忙。承办民警得知其承办的某公司诈骗团伙的主犯是熊某乙且涉案诈骗金额巨大，遂到曾某的办公室向曾某汇报了案情以及主犯是熊某乙且尚未到案的情况。曾某表示“知道了”，但没有对熊某乙采取侦控措施作出任何指示和安排。2018年11月29日，经曾某审批同意，承办民警办理了熊某乙的《拘留证》，但曾某指示承办民警不要采取网上追逃手段，且未安排办案民警对熊某乙采取其他具体侦控措施。2019年3月22日，曾某主持召开电信诈骗案件专项会，安排对熊某乙进行抓捕，而熊某乙一直未被抓捕归案。曾某被采取留置措施后，甲市公安局于2019年4月24日成立了某公司诈骗案专案组，重启该案的侦办工作，并于同年5月9日将熊某乙抓获归案，随后还抓获了该案诈骗团伙的其他涉案人员。

二、本案核心问题

被告人曾某明知他人涉嫌电信诈骗犯罪，但是因为个人的原因不积极采取法定的抓捕措施，未能及时将犯罪嫌疑人抓捕归案，导致犯罪嫌疑人逍遥法外。被告人曾某的行为是否涉及滥用职权类的犯罪。

三、法院裁判要旨

被告人曾某作为有查禁犯罪活动职责的国家机关工作人员，徇私枉法，对明知是有罪的人而故意包庇使其不受追诉，其行为已构成徇私枉法罪。

四、专家评析

本案对于督促国家机关工作人员依法行使职权，积极履行法定职责具有一定的意义。近年来，信息技术的广泛应用让我们的生产生活变得更高效便捷，但是同时也导致我国的电信网络诈骗犯罪高发，涉嫌电信网络诈骗的犯罪嫌疑人也随之增多。这就要求我们加大对于该类犯罪的打击力度，而刑法的威慑就在于其强制力，刑事强制措施和刑事处罚的执行方可实现刑法震慑犯罪的作用。本案中，被告人曾某明知他人涉嫌违法犯罪，并且相关的承办民警也多次向其汇报该犯罪嫌疑人属于主要犯罪人员，对于案件的侦破具有重大的意义，但是被告人曾某却因为收受他人的请托，而未对犯罪嫌疑人采取行之有效的侦查措施，导致犯罪嫌疑人迟迟不能归案，案件迟迟不能侦破。被告人曾某的徇私枉法的行为，已经直接影响刑事案件的侦办，给社会造成了严重危害。因此，要从源头整治电信网络诈骗犯罪，除了公民要提高保护意识以外，国家对具有反电信网络诈骗工作有关部门、单位的人员的行为也需加强监管，因为他们作为国家保护公民的人身财产安全和制止违法犯罪的最后一道屏障，要做到恪尽职守，不能滥用职权，徇私舞弊进而放纵犯罪，使刑法失去原有的威慑力。此时，该条款的出台进一步明确了反电信网络诈骗工作有关部门、单位的人员在办理电信网络诈骗的活动中所需要尽到的义务，并且对相关的刑法的规定作出了细化的规定。

第四十六条　【民事责任】组织、策划、实施、参与电信网络诈骗活动或者为电信网络诈骗活动提供相关帮助的违法犯罪人员，除依法承担刑事责任、行政责任以外，造成他人损害的，依照《中华人民共和国民法典》等法律的规定承担民事责任。

电信业务经营者、银行业金融机构、非银行支付机构、互联网服务提供者等违反本法规定，造成他人损害的，依照《中华人民共和国民法典》等法律的规定承担民事责任。

【条文主旨】

本条是关于组织、策划、实施、参与电信网络诈骗活动或者为电信网络诈骗活动提供相关帮助的违法犯罪人员，以及电信业务经营者、银行业金融机构、非银行支付机构和互联网服务提供者的民事责任的规定。

【条文理解】

一、本条中的民事责任承担主体

本条中的民事责任承担主体包括组织、策划、实施、参与电信网络诈骗活动或者为电信网络诈骗活动提供相关帮助的违法犯罪人员，以及电信业务经营者、银行业金融机构、非银行支付机构、互联网服务提供者。

《中华人民共和国反电信网络诈骗法》第三十八条规定了组织、策划、实施、参与电信网络诈骗活动或者为电信网络诈骗活动提供相关帮助的违法犯罪人员的刑事责任和行政责任。刑事责任、行政责任和民事责任作为法理学中的法律责任范畴的下位概念，三者相互独立。组织、策划、实施、参与电信网络诈骗活动或者为电信网络诈骗活动提供相关帮助的违法犯罪人员，除需依法承担刑事责任、行政责任外，造成他人损害的，还需承担民事责任。

《中华人民共和国反电信网络诈骗法》从强化电信、金融和互联网等行业监管的源头治理之视角出发，在第二章“电信治理”、第三章“金融治理”和第四章“互联网治理”等内容中规定了电信业务经营者、银行业金融机构、非银行支付机构、互联网服务提供者在电信网络诈骗违法犯罪治理中的法定义务。本条位于《中华人民共和国反电信网络诈骗法》第六章“法律责任”的内容中，与第二章“电信治理”、第三章“金融治理”和第四章“互联网治理”等内容中的法定义务相照应，作为电信业务经营者、银行业金融机构、非银行支付机构、互联网服务提供者违反本法规定、未履行法定义务的法律后果规范。因此，根据体系解释规则，对电信业务经营者、银行业金融机构、非银行支付机构和互联网服务提供者在内涵和外延的界定上应注意保持同第二章“电信治理”、第三章“金融治理”和第四章“互联网治理”中之主体的协调一致。

二、本条中民事责任承担主体的主观过错

“故意，是指行为人预见到自己的行为会导致某一损害后果而希望或者放任该后果发生的一种主观心理状态。过失，是指行为人因疏忽或者轻信而使自己未履行应有注意义务的一种心理状态。”① 组织、策划、实施、参与电信网络诈骗活动或者为电信网络诈骗活动提供相关帮助的违法犯罪人员，显然具备故意的主观过错。此外，电信、金融和互联网等行业在现代社会给人们的生产生活带来了诸多便利，促进着社会的发展和进步。尽管本条并未明确提及电信业务经营者、银行业金融机构、非银行支付机构、互联网服务提供者的主观过错，但是为了防止过度限制四类主体的经营活动、阻碍人们的生产生活和社会发展进步，笔者认为，应要求四类主体对其违反本法规定、未履行法定义务的行为具有故意或者过失的主观过错。电信业务经营者、银行业金融机构、非银行支付机构、互联网服务提供者在故意或者过失的心理态度支配下实施违反本法规定、未履行法定义务的行为，造成他人损害的，需依法承担民事责任。

---

① 中共中央宣传部宣传教育局、全国人大常委会法制工作委员会民法室、司法部普法与依法治理局编：《〈中华人民共和国民法典〉侵权责任编学习读本》，中国民主法制出版社2021 年版，第 4 页。

三、本条中民事责任承担主体的行为方式

组织、策划、实施、参与电信网络诈骗活动或者为电信网络诈骗活动提供相关帮助的违法犯罪人员的行为方式，表现为组织、策划、实施、参与电信网络诈骗活动或者为电信网络诈骗活动提供相关帮助的作为方式。至于电信业务经营者、银行业金融机构、非银行支付机构和互联网服务提供者，其行为方式多表现为不作为，即知道或者应当知道他人可能利用或者正在利用其产品、服务实施电信网络诈骗违法犯罪活动，却仍然违反本法规定、不履行法定义务，最终造成他人损害，构成民事侵权。电信业务经营者、银行业金融机构、非银行支付机构和互联网服务提供者在知道他人正在利用其产品、服务实施电信网络诈骗违法犯罪活动的情况下，作为具有专业优势和技术手段的主体，应当及时采取必要措施。结合《最高人民法院关于审理侵害信息网络传播权民事纠纷案件适用法律若干问题的规定》① 第七条第三款，必要措施包括删除、屏蔽、断开链接等。电信业务经营者、银行业金融机构、非银行支付机构和互联网服务提供者违反本法规定、不履行法定义务之内容，则结合《中华人民共和国反电信网络诈骗法》第二章“电信治理”、第三章“金融治理”和第四章“互联网治理”等内容予以分别确定。

四、本条中民事责任承担主体的行为结果

在结果上，组织、策划、实施、参与电信网络诈骗活动或者为电信网络诈骗活动提供相关帮助的违法犯罪人员的行为，以及电信业务经营者、银行业金融机构、非银行支付机构、互联网服务提供者违反本法规定、不履行法定义务的行为，应造成他人的损害。所造成的他人损害的具体判定，主要结合电信网络诈骗行为所指向的对象遭受的损失进行判定。所造成的他人损害是本条中民事责任承担主体的行为之事实层面上的结果，而构成民事侵权则是本条中民事责任承担主体的行为之法律层面上的结果。换言之，本条中民事责任承担主体需依法承担民事责任的前提是其行为构成民事侵权。

行为人实施了某一行为、行为人行为时具有过错、存在损害结果、行为人的行为和损害结果间存在因果关系是过错型民事侵权成立的四个要

---

① 《最高人民法院关于审理侵害信息网络传播权民事纠纷案件适用法律若干问题的规定》，载国家法律法规数据库网站，https：//flk. npc. gov. cn/detail2. html？ZmY4MDgxODE3OTlkZWY5ODAxNzlhZDE4NjMzMDE0MTU%3D，最后访问时间：2022 年 8 月 19 日。

件。[1] 当本条中民事责任承担主体的行为符合前述四个要件时，其行为便构成过错型民事侵权，此时这些主体便需依法承担民事责任。《中华人民共和国民法典》第一百七十九条规定了“停止侵害”“排除妨碍”“消除危险”“返还财产”“恢复原状”“修理、重作、更换”“继续履行”“赔偿损失”“支付违约金”“消除影响、恢复名誉”和“赔礼道歉”共十一种承担民事责任的方式。在电信网络诈骗案件中，民事责任承担主体需根据案件具体情况而承担停止侵害、赔偿损失、赔礼道歉等民事责任。

【适用指南】

一、执法人员适用要点

执法人员在实践中适用本条时，要注意就本条中的主体、主观过错、行为方式、损失后果及因果关系进行分别认定，这是判定有关主体是否需要承担相应民事责任以及如何承担民事责任的前提。对本条中的主体、主观过错、行为方式、损失后果及因果关系进行分别认定，得出有关主体需要承担相应民事责任的结论后，再就如何承担民事责任这一层面进行具体认定。由于本条中民事责任承担主体在电信网络诈骗案件的民事责任承担中承担的是过错责任，因此执法人员在判定如何承担民事责任时，需以《中华人民共和国民法典》中的过错责任归责原则为基础，结合相应电信网络诈骗案件的损失情况，进行如何承担民事责任的具体判定。

二、受害者维权适用要点

《中华人民共和国民事诉讼法》第六十七条第二款规定：“当事人及其诉讼代理人因客观原因不能自行收集的证据，或者人民法院认为审理案件需要的证据，人民法院应当调查收集。”《中华人民共和国民事诉讼法》第七十条第一款规定：“人民法院有权向有关单位和个人调查取证，有关单位和个人不得拒绝。”《最高人民法院关于适用〈中华人民共和国民事诉讼法〉的解释》[2] 第九十四条规定：“民事诉讼法第六十七条第二款规定的当事人及其诉讼代理人因客观原因不能自行收集的证据包括：（一）证据由国家有关部门保存，当事人及其诉讼代理人无权查阅调取的；（二）涉

---

① 中共中央宣传部宣传教育局、全国人大常委会法制工作委员会民法室、司法部普法与依法治理局编：《〈中华人民共和国民法典〉侵权责任编学习读本》，中国民主法制出版社2021年版，第4~5页。

② 《最高人民法院关于适用〈中华人民共和国民事诉讼法〉的解释》，载最高人民法院网站，https：//www. court. gov. cn/fabu－xiangqing－353651. html，最后访问时间：2022年9月17日。

及国家秘密、商业秘密或者个人隐私的；（三）当事人及其诉讼代理人因客观原因不能自行收集的其他证据。当事人及其诉讼代理人因客观原因不能自行收集的证据，可以在举证期限届满前书面申请人民法院调查收集。”“近年来电信网络诈骗呈现出专业化、公司化、智能化、精准化等特点，公安机关在侦办电信网络诈骗犯罪案件时面临着发现难、取证难、缉捕难、追赃难等侦办难题。”① 公安机关在侦办电信网络诈骗犯罪案件时尚且会遇到如此多的难题，电信网络诈骗犯罪案件中的有关单位、个人在提起民事诉讼时的举证困难程度可想而知。

因此，就电信网络诈骗案件中提起民事诉讼的有关单位和个人而言，鉴于在此类案件中收集有关情况和证据需要相应的技术性、专业性手段，具有颇大的取证难度，建议充分运用民事诉讼法及司法解释中关于民事诉讼当事人的申请调查取证权的规定来维护自身合法权益。《最高人民法院关于民事诉讼证据的若干规定》② 第二十条规定：“当事人及其诉讼代理人申请人民法院调查收集证据，应当在举证期限届满前提交书面申请。申请书应当载明被调查人的姓名或者单位名称、住所地等基本情况、所要调查收集的证据名称或者内容、需要由人民法院调查收集证据的原因及其要证明的事实以及明确的线索。”故而，电信网络诈骗案件中的提起民事诉讼的有关单位和个人在运用民事诉讼法及司法解释中关于民事诉讼当事人的申请调查取证权时，要注意依据《最高人民法院关于民事诉讼证据的若干规定》第二十条进行。

【相关规定】

《最高人民法院关于审理侵害信息网络传播权民事纠纷案件适用法律若干问题的规定》第七条第三款；《中华人民共和国民法典》第一百七十九条；《中华人民共和国民事诉讼法》第六十七条第二款、第七十条第一款；《最高人民法院关于适用〈中华人民共和国民事诉讼法〉的解释》第九十四条；《最高人民法院关于民事诉讼证据的若干规定》第二十条。

---

① 蔡佩玉：《当前电信网络诈骗的侦办难题与原因及应对策略》，载《广州市公安管理干部学院学报》2020 年第 3 期。

② 《最高人民法院关于民事诉讼证据的若干规定》，载国家法律法规数据库网站，https：//flk. npc. gov. cn/detail2. html？ZmY4MDgwODE3NzdkMGM5NDAxNzdjY2QyOWQ4OTRkZWQ%3D，最后访问时间：2022 年 8 月 19 日。

【案例评析】

电信业务经营者需重视认真核实相关业务办理者的个人信息[①]

一、案情简介

2013 年 3 月 29 日，符志某在某公司开通手机号码 135××××8015，业务受理单载明“鉴权方式：服务密码认证”。2016 年 5 月 2 日，案外人持载有符志某身份信息、照片为案外人伪造的临时身份证至某公司办理前一号码补卡业务，某公司未要求案外人提供服务密码便受理并将补卡交付。后符志某名下尾号 0047 银行卡有多笔支出。至 2016 年 5 月 3 日 8 时 6 分，该账户余额由 65336 元减少至 53610 元。符志某主张减少金额 11726 元系由案外人使用手机补卡得以操作与 135××××8015 号码绑定的符志某的 App 账户所致，尾号 0047 银行卡系与符志某 App 账户绑定之银行卡，卡内减少资金即符志某被盗资金。[②] 符志某主张某公司在办理补卡业务时未尽到核验补卡申请人身份的合同义务，未要求案外人提供电信服务合同的服务密码，致案外人持伪造身份证件办理了补卡，导致损害事实发生。另查，申请补卡业务的案外人所持临时身份证照片系案外人本人照片，其外貌与符志某于某公司处留存之身份证件照片有明显差别；本案手机补卡开通后可完全替代原手机卡功能；符志某已就本案报警，公安机关立案，但尚未侦破。

二、本案核心问题

本案中的某公司是否应承担侵权责任；如果应承担侵权责任，本案中的某公司需要对符志某承担的损失赔偿为多少。

三、法院裁判要旨

认定本案中的某公司是否应承担侵权责任，需认定构成侵权的四个要

---

① 广东省深圳市中级人民法院（2017）粤 03 民终 11278 号民事判决书，载中国裁判文书网，https：//wenshu. court. gov. cn/website/wenshu/181107ANFZ0BXSK4/index. html？docId = 83b382de4fa944fb82aaa85600feced9，最后访问时间：2022 年 8 月 19 日。

② 至于该种行为是盗窃还是诈骗，在学界存在争议。有的学者认为“机器不可能被骗”。（张明楷：《刑法学（第五版）》，法律出版社 2016 年版，第 1010 页。）按照这种观点，该案件中的行为应属于盗窃。有的学者则认为“行为人非法获取他人支付账号、密码并在网络上使用，而非法占有他人财物的行为，存在受骗人，受骗人为‘机器人’或信息计算程序，该行为应定性为诈骗类犯罪，而非盗窃犯罪”。（刘宪权：《金融犯罪刑法学原理》，上海人民出版社 2017 年版，第 527 页。）

件，即有加害行为、有损害事实的存在、加害行为与损害事实存在因果关系、行为人有过错。对于符志某损失是否确定的问题，法院认为，公安侦查和刑事审判并非民事诉讼的法定前置程序，当事人是否存在损失及损失多少，应根据客观情况结合证据予以认定。对于某公司的行为是否存在过错的问题，根据已查明的事实，不明案外人通过伪造的临时身份证补办符志某的手机卡，在该不明案外人与符志某相貌相差很大的情况下，某公司没有认真核实身份，导致该案外人成功补办符志某 SIM 卡后转走账户内资金，某公司存在明显过错。对于某公司的行为与损失的因果关系问题，法院认为，账户密码和对手机的控制相当于账户资金的双重安全门，如果不能控制符志某的手机，案外人不可能实现款项的成功转移，符志某账户资金失守，与某公司审查不严的行为有直接的因果关系。考虑到某公司过错程度，法院酌定某公司承担符志某损失的50%。

四、专家评析

在本案中，一审法院将本案案由认定为电信服务合同纠纷，后二审法院纠正为侵权法律关系。因当时《中华人民共和国民法典》并未出台，二审法院以《中华人民共和国侵权责任法》（现已失效）第六条、第十五条、第二十六条作为裁判依据。总的来说，该案件的最终处理，在事实认定、法律适用及处理结果上，应当说都是妥当的。实际上，电信业务经营者、银行业金融机构、非银行支付机构、互联网服务提供者在电信网络诈骗案件中构成民事侵权时应依法承担民事责任，并非于《中华人民共和国反电信网络诈骗法》第四十六条第二款中首次规定。2016 年《最高人民法院、最高人民检察院、公安部关于办理电信网络诈骗等刑事案件适用法律若干问题的意见》① 中就规定："金融机构、网络服务提供者、电信业务经营者等在经营活动中，违反国家有关规定，被电信网络诈骗犯罪分子利用，使他人遭受财产损失的，依法承担相应责任。构成犯罪的，依法追究刑事责任。"《中华人民共和国反电信网络诈骗法》第四十六条沿袭了前述规定，并作了进一步的立法完善，有利于维护电信网络诈骗受害人的合法权益。

---

① 《最高人民法院、最高人民检察院、公安部关于办理电信网络诈骗等刑事案件适用法律若干问题的意见》，载最高人民法院网站，https：//www. court. gov. cn/fabu - xiangqing - 33361. html，最后访问时间：2022 年 8 月 19 日。

第四十七条　【公益诉讼】人民检察院在履行反电信网络诈骗职责中，对于侵害国家利益和社会公共利益的行为，可以依法向人民法院提起公益诉讼。

【条文主旨】

本条是关于人民检察院对侵害国家利益和社会公共利益的电信网络诈骗行为提起公益诉讼的规定。

【条文理解】

本条为反电信网络诈骗法终审稿新增条款。之所以补充本条规定，是因为有的常委会组成人员、部门提出，电信网络诈骗犯罪多发高发，严重侵害国家利益、社会公共利益，有必要增加检察机关可以依法提起公益诉讼的规定。① 对此，本条明确规定在电信网络诈骗刑事案件中，人民检察院对于侵害国家和社会公共利益的行为，可以依法提起公益诉讼。可见，电信网络诈骗行为不仅可能涉及刑事责任，在致使国家利益和社会公共利益受损的情形下，还应当依法承担相应的民事责任、行政责任。在此类刑事案件中，需要追究被告人侵害国家利益和社会公共利益的民事责任的，检察机关可以一并提起附带诉讼，由同一审判组织一并审理，以节约司法资源。具体来说，关于本条规定的理解，应当重点注意检察公益诉讼的背景及检察公益诉讼的提起条件。具体分析如下：

一、检察公益诉讼

（一）检察公益诉讼立法历程

2014 年 10 月，党的十八届四中全会提出“探索建立检察机关提起公益诉讼制度”，拉开了检察公益诉讼改革序幕。经过全国人大常委会授权，最高人民检察院在部分地区开展了两年试点工作，取得了显著成效。从 2017 年 7 月 1 日起，修改后的民事诉讼法和行政诉讼法实施，公益诉讼制度被正式写入这两部法律，标志着检察机关提起民事公益诉讼、行政公益

---

① 《全国人民代表大会宪法和法律委员会关于〈中华人民共和国反电信网络诈骗法（草案）〉审议结果的报告》，载中国人大网，https：//www. pkulaw. com/chl/67fd051979238cd1bdfb. html？ keyword = % E7% 9A% 84% E8% A7% A3% E9% 87% 8A% 20&way = listView，最后访问时间：2022 年 9 月 10 日。

诉讼制度基本确立和形成，改变了我国公共利益保护中诉讼主体缺位的问题。2018 年 3 月，最高人民法院、最高人民检察院出台《关于检察公益诉讼案件适用法律若干问题的解释》①，对人民检察院提起公益诉讼案件的管辖、诉讼程序、判决等进行明确规定。

截至目前，从民事诉讼法、行政诉讼法到人民检察院组织法、检察官法，以及英雄烈士保护法、未成年人保护法、安全生产法、军人地位和权益保障法、个人信息保护法、反垄断法、反电信网络诈骗法等一系列单行法，这些法律都先后增加了公益诉讼检察条款。同时，最高人民法院、最高人民检察院出台司法解释，最高人民检察院制定办案规则，地方人大常委会通过加强公益诉讼的专项决定，中国的公益诉讼检察法律规范体系不断丰富。②

（二）检察公益诉讼实践发展

从 2017 年 7 月至 2021 年 6 月，检察机关共提起诉讼 19695 件，包括行政公益诉讼 2336 件，民事公益诉讼 17356 件（含刑事附带民事公益诉讼 15320 件）。③ 根据最高人民检察院发布的检察公益诉讼起诉典型案例，公益诉讼领域涵盖食品药品安全、国有财产保护、国有土地使用权出让、英烈权益保护、生态环境保护以及安全生产、产品质量安全、文物保护等所有法定领域和部分新领域。2017 年，民事诉讼法和行政诉讼法所列明的检察公益诉讼案件范围都以“等”字结尾，这意味着除法律明确规定领域外，检察公益诉讼为其他相当重大公共利益的保护留下了空间。2021 年，公益诉讼范围进一步拓展，增加了军人地位和权益保障、安全生产和个人信息保护三个领域。2022 年，鉴于电信网络诈骗活动总体高位运行，严重危害广大群众的切身利益，严重破坏社会诚信和国家形象，检察公益诉讼范围在电信网络诈骗领域进一步拓展。

二、检察公益诉讼提起条件

（一）在履行反电信网络诈骗职责中

打击治理电信网络诈骗违法犯罪是一个复杂的社会治理问题，涉及金

---

① 《关于检察公益诉讼案件适用法律若干问题的解释》，载最高人民检察院网站，https：//www. spp. gov. cn/spp/zdgz/201803/t20180303_ 368652. shtml，最后访问时间：2022 年 9 月 5 日。

② 《公益诉讼检察条款写进多部法律 五年来共立案公益诉讼 67 万余件》，载《中国青年报》2022 年 7 月 18 日。

③ 《最高检发布检察公益诉讼起诉典型案例 公益诉讼全面开展 4 年提起诉讼近 2 万件》，载最高人民检察院网站，https：//www. spp. gov. cn/spp/xwfbh/wsfbt/202109/t20210915_ 529543. shtml#1，最后访问时间：2022 年 9 月 5 日。

融、电信、互联网等多个行业领域，需要公安机关、司法机关、金融、通信、互联网等行业主管部门、金融机构、电信业务经营者、互联网服务提供者共同打击防范。那么，作为重要的司法机关，人民检察院“在履行反电信网络诈骗职责中”，主要扮演什么角色？

根据反电信网络诈骗法第一章总则第六条的规定，人民检察院需要发挥检察职能作用，依法防范、惩治电信网络诈骗活动。《中共中央关于加强新时代检察机关法律监督工作的意见》① 指出，人民检察院是国家的法律监督机关，是保障国家法律统一正确实施的司法机关，是保护国家利益和社会公共利益的重要力量，是国家监督体系的重要组成部分。根据《中华人民共和国宪法》《中华人民共和国人民检察院组织法》的规定，检察机关的定位为国家法律监督机关，既承担着诉讼职能，又承担着监督职能。该条设置的背景是检察公益诉讼制度，在履行反电信网络诈骗职责中，检察机关无疑承担的是双项职能，即监督职能与诉讼职能。

具体而言，在公益诉讼领域，检察机关的角色是社会公益代言人，不仅需要承担打击犯罪的职责，而且需要积极回应社会公众对于公平正义的现实需求。在电信网络诈骗监督过程中，如果发现相关违法犯罪行为直接损害国家利益和社会公共利益，检察机关可对行为人提起民事公益诉讼；在电信网络诈骗监督过程中，如果发现负有监督管理职责的行政机关收到检察建议后仍不依法履行职责或者纠正违法行为，导致国家利益和社会公共利益受损，检察机关可以提起行政公益诉讼，请求人民法院判令被告依法履行职责或者纠正违法行为。② 总之，人民检察院通过行使检察权，发挥监督职能，维护国家安全和社会秩序，保障国家利益和社会公共利益。只有充分注重发挥刑事检察和公益诉讼检察双向合力，才能真正实现由“犯罪治理”向“社会治理”不断拓展。

（二）侵害国家利益和社会公共利益

1. 国家利益和社会公共利益的内涵

从语义层面来看，在“侵害国家利益和社会公共利益的行为”的表述中，连词“和”用于国家利益与社会公共利益两个词语之间，表示两者是完全平等，没有任何偏重的。可见，这里的国家利益与社会公共利益并非

---

① 《中共中央关于加强新时代检察机关法律监督工作的意见》，载中国政府网，http：//www.gov.cn/zhengce/2021－08/02/content_ 5629060.htm，最后访问时间：2022 年 9 月 5 日。

② 《最高人民法院、最高人民检察院关于检察公益诉讼案件适用法律若干问题的解释》，载最高人民检察院网站，https：//www.spp.gov.cn/spp/zdgz/201803/t20180303_ 368652.shtml，最后访问时间：2022 年 9 月 18 日。

绝对对立、泾渭分明的关系。相反，两种利益之间是相辅相成、不可偏废的关系。

从立法层面来看，国家利益与社会公共利益尚缺乏具体的界定。

从司法层面来看，由于缺乏国家利益和社会公共利益的法律规定，法官在处理该类案件时有更多的自由裁量权。根据相关审理和判决，裁判理由与案件事实中大多没有刻意区分国家利益与社会公共利益。法官在个案判定时更多地主张以“该行为损害社会公共利益、国家利益”作为审理公益诉讼案件的法定理由。

从理论层面来看，国家利益和社会公共利益是区别于个体利益而现实存在的独特利益。代表性观点认为，国家利益指国家为了满足自身生存安全和发展需要而产生的利益需求，主要体现为国际上以民族整体利益为内容的国家利益和国内政府所代表的全国性利益；① 社会公共利益，指社会上不特定多数成员共同利益需要的满足，② 而不是某个单位、部门或者集团的利益，更不是某一个人的利益。社会公共利益主要体现为不特定多数成员的生命安全、身体健康、财产安全等共同利益。

2. 国家利益和社会公共利益的外延

电信网络诈骗犯罪不是刑法分则明文规定的独立罪名，而是兼具传统诈骗犯罪和信息网络犯罪双重特征的新型犯罪。通常，电信网络诈骗行为人会利用电话、短信、互联网等电信网络技术，手段极具隐蔽性与迷惑性，社会危害性极大。伴随着技术手段的加速迭代，电信网络诈骗犯罪已不是单一的诈骗犯罪，而是衍生出大量上下游关联犯罪，形成了完整的网络黑色产业链，主要涉及帮助信息网络犯罪活动罪，掩饰、隐瞒犯罪所得、犯罪所得收益罪，侵犯公民个人信息罪，妨害信用卡管理罪，买卖国家机关公文、证件、印章罪，偷越国（边）境罪，非法利用信息网络罪等。

具体而言，在办案实践中，国家利益和社会公共利益范围的理解应当是有弹性的，而不应是机械的。当前，电信网络诈骗违法犯罪行为已经形成“全链条”格局，信息链、资金链、技术链、人员链等各个环节，对国家利益和社会公共利益都会造成巨大的冲击。该类行为的危害性不仅在于造成特定主体的经济损失，而且会严重破坏市场经济秩序、信息网络秩序、信用环境，甚至严重侵蚀国家安全与稳定的根基。概言之，电信网络

---

① 李文仲、郝晓鑫：《如何解读政采中的国家利益和社会公共利益》，载《中国财经报》2013 年 8 月 2 日。

② 《如何认定是否侵害“社会公共利益”》，载《检察日报》2019 年 4 月 12 日。

诈骗行为侵害的往往不限于个人、特定的群体或集体的利益，而是与国家利益和社会公共利益密切相关。

【适用指南】

对该条规定的具体适用，实践中应当注意的问题是：

随着本法的实施，电信网络诈骗领域成为检察公益诉讼的新范畴。如前所述，检察人员需要重点熟悉检察公益诉讼的法律规定，准确把握检察公益诉讼的提起条件和适用程序。检察人员不能将打击电信网络诈骗犯罪视为单纯的刑事司法问题，而是要丰富打击电信网络诈骗犯罪的手段，督促有关单位积极履行管理职责，强化对电信诈骗犯罪的全链条打击，形成法律监督合力，不断提升社会治理效果。在适用过程中，由于该法尚未具体实施，电信网络诈骗相关公益诉讼案例尚未出现，检察人员可将其他检察公益诉讼领域发布的典型案例作为参考。

第四十八条　【救济措施】 有关单位和个人对依照本法作出的行政处罚和行政强制措施决定不服的，可以依法申请行政复议或者提起行政诉讼。

【条文主旨】

本条是关于法律赋予相关人员被有关部门采取具体行政行为之后，如对具体行政行为不服的救济渠道的具体规定。

【条文理解】

本条的内容为有关单位和个人对有关机关依据本法所作出的行政处罚或者行政强制措施不服的，有权通过两个渠道予以救济，即行政复议和行政诉讼。具体来讲，关于本条规定的理解，应当注意以下几个问题：

一、关于“行政复议和行政诉讼”的理解

行政复议和行政诉讼二者为选择关系，当事人可以自行选择采取行政复议或者行政诉讼。其中，行政复议是行政机关根据上级行政机关对下级行政机关的监督权，在当事人的申请和参加下，按照行政复议程序对具体行政行为进行合法性和适当性审查，并作出裁决解决行政侵权争议的活动。具体而言，首先，行政复议是权利救济制度。行政复议的内容和目的，是通过处理行政争议对受到行政侵害的公民、法人和其他组织合法的权益提供法律救济。其次，行政复议是行政监督制度。行政复议的根据是上级行政机关对下级行政机关的层级监督权。这种层级监督权具有维持、撤销或者改变下级行政机关决定的内容。再次，行政复议是一种行政行为制度。行政复议是行政机关行使行政管理权的单方职权行为，可以直接规定公民、法人或者其他组织的权利义务。因此，行政机关的复议行为应当遵守行政活动的基本制度，应当具备具体行政行为的成立条件和合法条件。最后，行政复议是行政裁判制度。行政复议的活动方式是处理行政争议，应当遵守保证公正处理的复议程序。但是按照本法第四十八条的规定，能够进行行政复议的具体行政行为仅限于行政处罚和行政强制措施，并未将其他的行政行为纳入。

而行政诉讼是法院应公民、法人和其他组织的请求，通过审查行政行为合法性的方式，解决特定范围内行政争议的活动。在我国，行政诉讼与刑事诉讼、民事诉讼并称为三大诉讼，是国家诉讼制度的基本形式之一。从上述定义可以看出，行政诉讼是解决特定范围内行政争议的活动。而行政争议是行政机关行使职权实施公务活动时引发的纠纷。此类争议形式多样、种类繁多，既有行政机关与行政机关之间、行政机关与公务人员之间的内部争议，也有行政机关与公民、法人和其他组织之间的外部争议；既有因行政机关实施抽象行政行为引发的争议，也有行政机关实施具体行政行为引发的争议；既有行政机关实施法律行为引起的争议，也有行政机关实施事实行为引起的争议。并非所有的行政争议都能够通过法院的诉讼活动得到解决，法院解决的行政争议是特定范围内的争议。《中华人民共和国行政诉讼法》第二条第一款规定，公民、法人和其他组织认为行政机关和行政机关工作人员的行政行为侵犯其合法权益，有权依照本法向人民法院提起诉讼。《中华人民共和国行政诉讼法》第十三条规定的排除范围内的行政争议不属于行政诉讼解决的争议，由另外的救济途径解决。例如，因行政法规和行政规章引发的争议通过立法法规定的规范审查程序解决。而通过本法的第四十八条的规定，法律将依据本法作出的行政处罚和行政强制措施的行政行为也纳入行政诉讼的受案范围。

二、关于“有关单位和个人”的理解

根据本法内容可知，与具体的行政处罚和行政强制措施无关的第三人不能作为申请行政复议或者提起行政诉讼的主体，此处也是行政法所要求的相关性原则的体现。如有关单位和个人选择申请行政复议的，则行政复议申请人的要求如下：其一，享有行政复议申请权的只能是公民、法人或者其他组织，行使国家权力的机关不能作为行政复议的申请人，如果有权申请行政复议的公民为无民事行为能力人或者限制民事行为能力人的，需要由其法定代理人代为申请行政复议，同时，申请人还可以委托代理人代为参加行政复议。其二，申请人必须认为自身的合法利益受到侵害并且依法提出复议申请。其三，行政复议的被申请人需要是作出被申请复议的具体行政行为的行政机关，被申请复议的具体行政行为是确定被申请人的根据。如有关单位和个人选择提起行政诉讼的，则需判断是否具有行政诉讼原告的地位。行政诉讼原告是指行政行为的相对人以及认为行政行为侵犯其合法权益，而依法向人民法院提起诉讼的公民、法院或者其他组织，只有上述主体才具有诉讼权利能力，有资格作为原告，而行政机关作为行政主体是不具有原告的资格的，这是因为作为行政管理相对人的公民、法人或者其他组织在通常情况下无权否认其效力，也不能够拒绝履行。当相对人拒绝或不履行行政机关设定的义务时，行政机关可以行使行政处罚权，追究其法律责任，或者直接采取或者申请人民法院强制相对人履行。相对人处于被支配和服从的地位，不能抗拒行政机关的意志，也不能靠自身的力量来保障自己的合法权益。为使他们能够防止违法行政行为的侵害和保护自己的合法权益，国家相应地赋予权利，可以要求上级行政机关或司法机关给予救助，其中一项就是赋予行政诉讼的起诉权。赋予公民、法人和其他组织这些权利，有利于保障他们的合法权益，同时有利于促进行政机关依法行政。

【适用指南】

对该条规定的具体适用，实践中应当注意的问题是：

一、有关单位和个人在通过申请行政复议或者提起行政诉讼进行救济时，需要注意行政复议的申请时限和行政诉讼的诉讼时效问题

首先，申请行政复议的，按照行政复议法规定，可以在60日内申请行政复议，法律有关于超过60日的规定时，按照法律的规定。本法并未针对行政复议的期限进行特别规定，因此，只需要按照行政复议法规定的60日作为复议申请期限即可。而该时间的起算，按照行政复议法规定，申请期限应当从申请人知道作出该具体行政行为之日起算。所谓知道之日，通常指了解具体行政行为内容之时。由于实际情况非常复杂，《中华人民共和国行政复议法实施条例》对不同情况下“知道”的确定作出了规定，分别为当场作出决定的、送达成功的、未制作或者未送达决定书的以及行政机关未履行法定职责的。因此，有关单位和个人意欲通过申请行政复议进行救济的，则需注意复议期限的问题。

其次，提起行政诉讼要符合起诉的时间条件，即当事人必须在法律规定的期限内提起诉讼，对超过法律规定期限的起诉，法院有权拒绝受理。而行政诉讼的起诉期限分为一般期限和特别期限两类。一般期限是指由行政诉讼法明确规定，适用于一般行政案件的起诉期限。该期限可分为直接向法院提起行政诉讼的一般期限与不服行政复议提起行政诉讼的一般期限两种。《中华人民共和国行政诉讼法》第四十六条第一款规定，公民、法人或者其他组织直接向人民法院提起诉讼的，应当自知道或者应当知道作出行政行为之日起6个月内提出。因此，直接起诉的一般期限为应当自知道或者应当知道作出行政行为之日起6个月。根据《中华人民共和国行政诉讼法》第四十五条的规定，不服行政复议而起诉的一般期限为15日，即在收到复议决定书之日起15日内向人民法院提起诉讼；若复议机关逾期不作决定的，当事人可以在复议期满之日起15日内向人民法院提起诉讼。公民、法人或者其他组织向复议机关申请行政复议后，复议机关作出维持决定的，应当以复议机关和原行为机关为共同被告，并以复议决定送达时间确定起诉期限。特别期限是指为行政诉讼法所认可，由其他单行法律所规定的起诉期限，即直接向人民法院提起行政诉讼或不服行政复议提起行政诉讼的期限，法律另有规定的，应当适用相关单行法律对提起诉讼期限的规定，而不适用行政诉讼法关于直接向人民法院提起行政诉讼或不服行政复议提起行政诉讼的一般期限的规定。这里的“法律”一般应理解为由全国人民代表大会及其常委会依照立法程序制定的规范性文件。单行法律对特别起诉期限的规定，没有统一标准，需要视具体法律而定。本法并未规定特别的诉讼时效，因此只需要按照行政诉讼法的一般期限计算即可。

二、有关单位和个人在通过申请行政复议或者提起行政诉讼进行救济时，需要注意行政复议的被申请人和行政诉讼的被告的确定问题

不论是行政复议还是行政诉讼，都需要对方当事人适格，这要求有关单位和个人在进行救济时准确认定被申请人或被告。

行政复议被申请人，是作出被申请复议的具体行政行为的行政机关。行政机关与被申请复议的具体行政行为之间的直接关系是确定被申请人的根据，它符合行政活动职权与职责相一致的原则。而作出具体行政行为的行政组织有多种形式，所以行政复议的被申请人也有多种：（1）独立被申请人。作出具体行政行为的一级人民政府和它的工作部门是独立被申请人。（2）共同被申请人。若干行政机关以共同名义作出具体行政行为的，共同作出具体行政行为的行政机关为共同被申请人；行政机关与法律、法规授权的组织以共同的名义作出具体行政行为的，行政机关和法律、法规授权的组织为共同被申请人。但是，如果行政机关与其他组织以共同名义作出具体行政行为的，其他组织不能成为被申请人，只有行政机关是被申请人。（3）继续行使被撤销行政机关权限的被申请人。作出被申请具体行政行为的行政机关在申请提出时已经被撤销，继续行使其权限的行政机关是被申请人。（4）法定授权的组织作为被申请人。法律、法规授权的组织作出具体行政行为，公民、法人或者其他组织不服提出行政复议，该法定授权组织为被申请人。（5）批准机关为被申请人。下级行政机关依照法律、法规、规章规定，经上级行政机关批准作出具体行政行为的，批准机关为被申请人。（6）派出机关、派出机构、内设机构作为被申请人。行政机关的派出机关，以及经法律、法规授权的行政机关设立的派出机构、内设机构或者其他组织对外以自己的名义作出具体行政行为的，该派出机关、派出机构和内设机构为被申请人。而行政机关设立的派出机构、内设机构或者其他组织，未经法律、法规授权，对外以自己的名义作出具体行政行为的，则以该行政机关为被申请人。

而行政诉讼被告，是指由原告指控其行政行为违法，经人民法院通知应诉的行政机关或法律、法规、规章授权的组织。被告是行政机关或者法律、法规、规章授权的组织。行政机关是指依法独立享有与行使行政职权的国家机关。行政机关能够以自己的名义独立行使行政职权，有独立的机构、编制和经费。法律、法规、规章授权的组织虽然不是行政机关，但依法取得一定的行政职权。被告应当是对被诉行政行为承担实体法律责任的行政机关。作为行政诉讼被告，还必须是对被诉行政行为承担实体法律责任的机关，具体有5种情形：（1）行政行为的作出机关。例如，在行政处理决定书上加盖公章的行政机关。（2）委托的行政机关。受委托的组织应当以委托机关的名义作出行政行为，后果也应当由委托的行政机关承担。（3）行政机构的所属机关。行政机构在没有法律、法规、规章授权的情况下，以自己的名义作出行政行为，或者超越法定授权的种类作出行政行为的，都应当由所属的行政机关承担后果。（4）作出撤销行政机关的决定或者继续行使职权的行政机关。作出行政行为的行政机关被撤销或者职权变更的，应当由继续行使其职权的行政机关承担行政行为的法律后果；没有继续行使职权的行政机关，由作出撤销决定的行政机关承担被诉行政行为的法律后果。若行政机关被撤销或者职权变更，没有继续行使其职权的行政机关的，以其所属的人民政府为被告；实行垂直领导的，以垂直领导的上一级行政机关为被告。（5）其他依照法律规定应当对被诉行政行为承担法律后果的行政机关。

三、行政机关作为行政复议的被申请人和行政诉讼的被告，应该注意履行在复议中和诉讼中的举证义务

在行政复议中提交证据证明具体行政行为合法适当的责任，由被申请人负担。履行这一义务的内容，是提交当初作出具体行政行为的证据、依据和其他有关材料，对申请人的申请提出书面答复。根据行政复议的审查方式，被申请人的举证责任在复议程序开始阶段对申请人申请的答复程序中履行。不过，申请原级行政复议的案件略有特殊，由原承办具体行政行为有关事项的部门或者机构提出书面答复，并提交作出具体行政行为的证据、依据和其他有关材料。在行政复议中，并非所有的证据都由被申请人负责提供，在下列两种情况下，申请人应当提供证明材料：一是认为被申请人不履行法定职责的，提供曾经要求被申请人履行法定职责而被申请人未履行的证明材料；二是申请行政复议时一并提出行政赔偿请求的，提供受具体行政行为侵害而造成损害的证明材料。被申请人不按照申请答复程序要求提出书面答复、提交当初作出具体行政行为的证据、依据和其他有关材料的，视为该具体行政行为没有证据、依据，行政复议机关可以决定撤销该具体行政行为。而且直接负责的主管人员和其他直接责任人员还将受到警告、记过、记大过的行政处分，构成犯罪的，将被依法追究刑事责任。

而在行政诉讼中，《中华人民共和国行政诉讼法》第三十七条进一步规定，原告可以提供证明行政行为违法的证据。原告提供的证据不成立的，不免除被告的举证责任。因此，在我国，行政诉讼法确立了被告行政机关在行政诉讼中承担主要举证责任的基本原则，这使行政诉讼举证责任的分配明显区别于民事诉讼举证责任的分配。民事诉讼举证责任的分配采用“谁主张，谁举证”的规则。而行政诉讼则确立被告对被诉行政行为合法性负担举证责任的原则。

【相关规定】

《中华人民共和国行政复议法》；《中华人民共和国行政诉讼法》；《中华人民共和国行政复议法实施条例》；《最高人民法院关于适用〈中华人民共和国行政诉讼法〉的解释》。

第七章　附　　则

第四十九条　【违反相关法律的责任】反电信网络诈骗工作涉及的有关管理和责任制度，本法没有规定的，适用《中华人民共和国网络安全法》、《中华人民共和国个人信息保护法》、《中华人民共和国反洗钱法》等相关法律规定。

【条文主旨】

本条是关于本法与其他相关法律衔接适用的规定。

【条文理解】

电信网络诈骗是一种复杂的社会危害现象，这决定了对应的治理措施应当具有综合性与全面性。特别是随着网络时代的到来，电信网络诈骗借助于不断发展的信息网络技术，对社会不特定社会公众实施非接触式诈骗，呈现出明显的技术化、产业化、链条化、跨域化特征，给综合系统的打击治理提出了更高的要求。在这样的局面下，立法者不可能也没有必要制定一部包罗电信网络诈骗万象的法律试图规制所有与电信网络诈骗相关的行为。同时，正是由于当前电信网络诈骗呈现出技术化、产业化、链条化、跨域化特征，立法者才更应当充分整合各相关法律的优势资源，发挥各相关法律的规制优势，优化反电信网络诈骗法与相关法律法规的衔接，以形成综合性、体系性、全面性的电信网络诈骗法律治理体系，更好地保护人民群众的财产权益和社会安全。因此，反电信网络诈骗法第四十九条才规定，该法没有规定的相关管理和责任制度适用《中华人民共和国网络安全法》《中华人民共和国个人信息保护法》《中华人民共和国反洗钱法》等相关法律法规规定。其他法律对相应行为有更重处罚规定的，从其规定。

在实践中，至少有以下几种相关管理和责任制度应当适用网络安全法、个人信息保护法、反洗钱法等相关法律法规规定：

一是关于网站、通讯群组等设立的管理和责任制度。在实践中，电信网络诈骗实施者除了可以借助他人提供的网站或者群组发布诈骗信息之外，还可以自己设立网站或者群组用于违法犯罪。反电信网络诈骗法并未对此种情形作出规定，所以只能依据以保护网络安全为目的的网络安全法确定违法责任。网络安全法第四十六条规定，任何个人和组织应当对其使用网络的行为负责，不得设立用于实施诈骗，传授犯罪方法，制作或者销售违禁物品、管制物品等违法犯罪活动的网站、通讯群组，不得利用网络发布涉及实施诈骗，制作或者销售违禁物品、管制物品以及其他违法犯罪活动的信息。同时，网络安全法第六十七条规定了违反该规定的法律后果，即设立用于实施违法犯罪活动的网站、通讯群组，或者利用网络发布涉及实施违法犯罪活动的信息，尚不构成犯罪的，由公安机关处五日以下拘留，可以并处一万元以上十万元以下罚款；情节较重的，处五日以上十五日以下拘留，可以并处五万元以上五十万元以下罚款。关闭用于实施违法犯罪活动的网站、通讯群组。单位有前款行为的，由公安机关处十万元以上五十万元以下罚款，并对直接负责的主管人员和其他直接责任人员依照前款规定处罚。

二是关于个人信息处理的管理和责任制度。电信网络诈骗呈现出技术化、产业化、链条化特征的原因之一在于个人信息的违法利用提供了基础条件和信息条件，因此，打击电信网络诈骗的重点内容之一就是规范个人信息的处理和使用。反电信网络诈骗法第二十九条第一款规定，个人信息处理者应当依照个人信息保护法等法律规定，规范个人信息处理，加强个人信息保护，建立个人信息被用于电信网络诈骗的防范机制。这为相关人信息处理的管理和责任制度提供了明确指引。为规范个人数据处理，个人信息保护法在第五条、第六条、第七条、第八条、第九条分别规定了个人信息处理的合法、正当、必要、诚信原则、目的明确和最小必要原则、公开透明原则、质量及安全保障原则，并在第五十一条和第五十二条进一步细化了个人信息处理者在该等原则下的义务，如制定内部管理制度、实行分类管理、采取安全技术措施、确定个人信息处理的操作权限、定期进行安全教育和培训、制定并组织实施个人信息安全事件应急预案以及指定个人信息保护负责人等法律、行政法规规定的措施，确保个人信息处理活动符合法律、行政法规的规定，并防止个人信息的泄露、篡改或丢失。根据个人信息保护法第六十六条的规定，违规处理个人信息的，由履行个人信息保护职责的部门责令改正，给予警告，没收违法所得，对违法处理个人信息的应用程序，责令暂停或者终止提供服务；拒不改正的，并处一百万元以下罚款；对直接负责的主管人员和其他直接责任人员处一万元以上十万元以下罚款。情节严重的，由省级以上履行个人信息保护职责的部门责令改正，没收违法所得，并处五千万元以下或者上一年度营业额百分之五以下罚款，并可以责令暂停相关业务或者停业整顿、通报有关主管部门吊销相关业务许可或者吊销营业执照；对直接负责的主管人员和其他直接责任人员处十万元以上一百万元以下罚款，并可以决定禁止其在一定期限内担任相关企业的董事、监事、高级管理人员和个人信息保护负责人。

三是关于金融机构反洗钱义务的管理和责任制度。电信网络诈骗隐匿性越来越强、规模越来越大的原因之一在于从事洗钱活动的组织和个人为其提供了便利和快捷的资金掩饰渠道。为进一步加大对洗钱违法犯罪活动的打击力度，反洗钱法专门对具有金融市场主导地位的各类金融机构赋予了反洗钱的义务，其第三十二条第一款规定，金融机构下列行为之一的，由国务院反洗钱行政主管部门或者其授权的设区的市一级以上派出机构责令限期改正；情节严重的，处二十万元以上五十万元以下罚款，并对直接负责的董事、高级管理人员和其他直接责任人员，处一万元以上五万元以下罚款：未按照规定履行客户身份识别义务的；未按照规定保存客户身份资料和交易记录的；未按照规定报送大额交易报告或者可疑交易报告的；与身份不明的客户进行交易或者为客户开立匿名账户、假名账户的；违反保密规定，泄露有关信息的；拒绝、阻碍反洗钱检查、调查的；拒绝提供调查材料或者故意提供虚假材料的。

【适用指南】

对于本条规定，实践中应当注意反电信网络诈骗法与网络安全法、个人信息保护法、反洗钱法等法律之间的衔接适用，以形成更加完备的反电信网络诈骗法律体系：一方面，要处理好各法律之间的互补关系，即应当跳出反电信网络诈骗法的视角，综合考察其他法律关于电信网络诈骗治理的责任制度和具体规定，在反电信网络诈骗法缺乏相关规定或者规定不明时，应当积极适用网络安全法、个人信息保护法、反洗钱法等法律的规定，实现对电信网络诈骗活动的周延打击；另一方面，要处理好各法律之间的竞合关系，即在各法律对于电信网络诈骗治理的责任制度和具体规定存在重合交叉时，应当适用制度规定更严格、法律后果规定更重的法律规定，以实现对电信网络诈骗活动的严厉打击。

【相关规定】

《中华人民共和国网络安全法》第四十六条、第六十七条；《中华人民共和国个人信息保护法》第五条、第六条、第七条、第八条、第九条、第五十一条、第五十二条；《中华人民共和国反洗钱法》第三十二条；《中华人民共和国电信条例》第六十九条。

第五十条　【施行日期】本法自2022年12月1日起施行。

【条文主旨】

本条是关于《中华人民共和国反电信网络诈骗法》施行日期的规定。

【条文理解】

根据《中华人民共和国立法法》第五十七条的有关规定，施行日期是一部法律的必备要素。施行的时间就是法律的生效时间，一般取决于该法律的性质和实际需要，是运用法律不可缺少的条件。关于法律生效日期的规定方式一般有三种：一是法律条文中明文规定自其公布之日起生效施行；二是法律公布后经过一段时期后才开始施行，法律中明确规定了生效施行的日期；三是法律公布后先予试行或暂行，待通过为正式法律后再予施行，试行或暂行期间同样具有约束力。

本法的实施采取了第二种方式。反电信网络诈骗工作的开展，不只涉及政府部门和有关单位，更需要电信业务经营者、银行业金融机构、非银行支付机构、互联网服务提供者等企业及社会公众的密切合作。自本法于2022年9月2日公布至12月1日正式施行，其间有约三个月的时间，为有关机关、企业留有相应的准备时间，以满足实施需要。同时，也使社会公众能够对照本法充分了解自身的权利和义务，对自己的行为有一定合法性预期，从而促进法律在社会中的实现。

【适用指南】

对该条规定的具体适用，主要涉及本法溯及力的问题。就本法而言，就是在法律施行以后，对施行前发生的事件和行为能否适用新法的问题，尤其是在公布后到实施前的这几个月内。对此，根据立法法第九十三条的有关规定，一般应坚持“法不溯及既往”的基本原则，即不能适用于本法施行以前的事件和行为，除非有特别规定，本法只能约束施行以后发生的事件和行为。但是，若在本法施行前就已发生，至本法施行后仍然存续的事实和关系，则应当适用本法。

附录

中华人民共和国反电信网络诈骗法

（2022 年 9 月 2 日第十三届全国人民代表大会常务委员会第三十六次会议通过　2022 年 9 月 2 日中华人民共和国主席令第 119 号公布　自 2022 年 12 月 1 日起施行）

目　　录

第一章　总　　则

第一条　为了预防、遏制和惩治电信网络诈骗活动，加强反电信网络诈骗工作，保护公民和组织的合法权益，维护社会稳定和国家安全，根据宪法，制定本法。

第二条　本法所称电信网络诈骗，是指以非法占有为目的，利用电信网络技术手段，通过远程、非接触等方式，诈骗公私财物的行为。

第三条　打击治理在中华人民共和国境内实施的电信网络诈骗活动或者中华人民共和国公民在境外实施的电信网络诈骗活动，适用本法。

境外的组织、个人针对中华人民共和国境内实施电信网络诈骗活动的，或者为他人针对境内实施电信网络诈骗活动提供产品、服务等帮助的，依照本法有关规定处理和追究责任。

第四条　反电信网络诈骗工作坚持以人民为中心，统筹发展和安全；坚持系统观念、法治思维，注重源头治理、综合治理；坚持齐抓共管、群防群治，全面落实打防管控各项措施，加强社会宣传教育防范；坚持精准防治，保障正常生产经营活动和群众生活便利。

第五条　反电信网络诈骗工作应当依法进行，维护公民和组织的合法权益。

有关部门和单位、个人应当对在反电信网络诈骗工作过程中知悉的国家秘密、商业秘密和个人隐私、个人信息予以保密。

第六条　国务院建立反电信网络诈骗工作机制，统筹协调打击治理工作。

地方各级人民政府组织领导本行政区域内反电信网络诈骗工作，确定反电信网络诈骗目标任务和工作机制，开展综合治理。

公安机关牵头负责反电信网络诈骗工作，金融、电信、网信、市场监管等有关部门依照职责履行监管主体责任，负责本行业领域反电信网络诈骗工作。

人民法院、人民检察院发挥审判、检察职能作用，依法防范、惩治电信网络诈骗活动。

电信业务经营者、银行业金融机构、非银行支付机构、互联网服务提供者承担风险防控责任，建立反电信网络诈骗内部控制机制和安全责任制度，加强新业务涉诈风险安全评估。

第七条　有关部门、单位在反电信网络诈骗工作中应当密切协作，实现跨行业、跨地域协同配合、快速联动，加强专业队伍建设，有效打击治理电信网络诈骗活动。

第八条　各级人民政府和有关部门应当加强反电信网络诈骗宣传，普及相关法律和知识，提高公众对各类电信网络诈骗方式的防骗意识和识骗能力。

教育行政、市场监管、民政等有关部门和村民委员会、居民委员会，应当结合电信网络诈骗受害群体的分布等特征，加强对老年人、青少年等群体的宣传教育，增强反电信网络诈骗宣传教育的针对性、精准性，开展反电信网络诈骗宣传教育进学校、进企业、进社区、进农村、进家庭等活动。

各单位应当加强内部防范电信网络诈骗工作，对工作人员开展防范电信网络诈骗教育；个人应当加强电信网络诈骗防范意识。单位、个人应当协助、配合有关部门依照本法规定开展反电信网络诈骗工作。

第二章　电信治理

第九条　电信业务经营者应当依法全面落实电话用户真实身份信息登记制度。

基础电信企业和移动通信转售企业应当承担对代理商落实电话用户实名

制管理责任，在协议中明确代理商实名制登记的责任和有关违约处置措施。

第十条 办理电话卡不得超出国家有关规定限制的数量。

对经识别存在异常办卡情形的，电信业务经营者有权加强核查或者拒绝办卡。具体识别办法由国务院电信主管部门制定。

国务院电信主管部门组织建立电话用户开卡数量核验机制和风险信息共享机制，并为用户查询名下电话卡信息提供便捷渠道。

第十一条 电信业务经营者对监测识别的涉诈异常电话卡用户应当重新进行实名核验，根据风险等级采取有区别的、相应的核验措施。对未按规定核验或者核验未通过的，电信业务经营者可以限制、暂停有关电话卡功能。

第十二条 电信业务经营者建立物联网卡用户风险评估制度，评估未通过的，不得向其销售物联网卡；严格登记物联网卡用户身份信息；采取有效技术措施限定物联网卡开通功能、使用场景和适用设备。

单位用户从电信业务经营者购买物联网卡再将载有物联网卡的设备销售给其他用户的，应当核验和登记用户身份信息，并将销量、存量及用户实名信息传送给号码归属的电信业务经营者。

电信业务经营者对物联网卡的使用建立监测预警机制。对存在异常使用情形的，应当采取暂停服务、重新核验身份和使用场景或者其他合同约定的处置措施。

第十三条 电信业务经营者应当规范真实主叫号码传送和电信线路出租，对改号电话进行封堵拦截和溯源核查。

电信业务经营者应当严格规范国际通信业务出入口局主叫号码传送，真实、准确向用户提示来电号码所属国家或者地区，对网内和网间虚假主叫、不规范主叫进行识别、拦截。

第十四条 任何单位和个人不得非法制造、买卖、提供或者使用下列设备、软件：

（一）电话卡批量插入设备；

（二）具有改变主叫号码、虚拟拨号、互联网电话违规接入公用电信网络等功能的设备、软件；

（三）批量账号、网络地址自动切换系统，批量接收提供短信验证、语音验证的平台；

（四）其他用于实施电信网络诈骗等违法犯罪的设备、软件。

电信业务经营者、互联网服务提供者应当采取技术措施，及时识别、阻断前款规定的非法设备、软件接入网络，并向公安机关和相关行业主管部门报告。

第三章 金融治理

第十五条 银行业金融机构、非银行支付机构为客户开立银行账户、支付账户及提供支付结算服务，和与客户业务关系存续期间，应当建立客户尽职调查制度，依法识别受益所有人，采取相应风险管理措施，防范银行账户、支付账户等被用于电信网络诈骗活动。

第十六条 开立银行账户、支付账户不得超出国家有关规定限制的数量。

对经识别存在异常开户情形的，银行业金融机构、非银行支付机构有权加强核查或者拒绝开户。

中国人民银行、国务院银行业监督管理机构组织有关清算机构建立跨机构开户数量核验机制和风险信息共享机制，并为客户提供查询名下银行账户、支付账户的便捷渠道。银行业金融机构、非银行支付机构应当按照国家有关规定提供开户情况和有关风险信息。相关信息不得用于反电信网络诈骗以外的其他用途。

第十七条 银行业金融机构、非银行支付机构应当建立开立企业账户异常情形的风险防控机制。金融、电信、市场监管、税务等有关部门建立开立企业账户相关信息共享查询系统，提供联网核查服务。

市场主体登记机关应当依法对企业实名登记履行身份信息核验职责；依照规定对登记事项进行监督检查，对可能存在虚假登记、涉诈异常的企业重点监督检查，依法撤销登记的，依照前款的规定及时共享信息；为银行业金融机构、非银行支付机构进行客户尽职调查和依法识别受益所有人提供便利。

第十八条 银行业金融机构、非银行支付机构应当对银行账户、支付账户及支付结算服务加强监测，建立完善符合电信网络诈骗活动特征的异常账户和可疑交易监测机制。

中国人民银行统筹建立跨银行业金融机构、非银行支付机构的反洗钱统一监测系统，会同国务院公安部门完善与电信网络诈骗犯罪资金流转特点相适应的反洗钱可疑交易报告制度。

对监测识别的异常账户和可疑交易，银行业金融机构、非银行支付机构应当根据风险情况，采取核实交易情况、重新核验身份、延迟支付结算、限制或者中止有关业务等必要的防范措施。

银行业金融机构、非银行支付机构依照第一款规定开展异常账户和可疑交易监测时，可以收集异常客户互联网协议地址、网卡地址、支付受理终端信息等必要的交易信息、设备位置信息。上述信息未经客户授权，不得用于反电信网络诈骗以外的其他用途。

第十九条 银行业金融机构、非银行支付机构应当按照国家有关规定，完整、准确传输直接提供商品或者服务的商户名称、收付款客户名称及账号等交易信息，保证交易信息的真实、完整和支付全流程中的一致性。

第二十条 国务院公安部门会同有关部门建立完善电信网络诈骗涉案资金即时查询、紧急止付、快速冻结、及时解冻和资金返还制度，明确有关条件、程序和救济措施。

公安机关依法决定采取上述措施的，银行业金融机构、非银行支付机构应当予以配合。

第四章 互联网治理

第二十一条 电信业务经营者、互联网服务提供者为用户提供下列服务，在与用户签订协议或者确认提供服务时，应当依法要求用户提供真实身份信息，用户不提供真实身份信息的，不得提供服务：

（一）提供互联网接入服务；

（二）提供网络代理等网络地址转换服务；

（三）提供互联网域名注册、服务器托管、空间租用、云服务、内容分发服务；

（四）提供信息、软件发布服务，或者提供即时通讯、网络交易、网络游戏、网络直播发布、广告推广服务。

第二十二条 互联网服务提供者对监测识别的涉诈异常账号应当重新核验，根据国家有关规定采取限制功能、暂停服务等处置措施。

互联网服务提供者应当根据公安机关、电信主管部门要求，对涉案电话卡、涉诈异常电话卡所关联注册的有关互联网账号进行核验，根据风险情况，采取限期改正、限制功能、暂停使用、关闭账号、禁止重新注册等处置措施。

第二十三条 设立移动互联网应用程序应当按照国家有关规定向电信主管部门办理许可或者备案手续。

为应用程序提供封装、分发服务的，应当登记并核验应用程序开发运营者的真实身份信息，核验应用程序的功能、用途。

公安、电信、网信等部门和电信业务经营者、互联网服务提供者应当加强对分发平台以外途径下载传播的涉诈应用程序重点监测、及时处置。

第二十四条 提供域名解析、域名跳转、网址链接转换服务的，应当按照国家有关规定，核验域名注册、解析信息和互联网协议地址的真实性、准确性，规范域名跳转，记录并留存所提供相应服务的日志信息，支持实现对解析、跳转、转换记录的溯源。

第二十五条　任何单位和个人不得为他人实施电信网络诈骗活动提供下列支持或者帮助：

（一）出售、提供个人信息；

（二）帮助他人通过虚拟货币交易等方式洗钱；

（三）其他为电信网络诈骗活动提供支持或者帮助的行为。

电信业务经营者、互联网服务提供者应当依照国家有关规定，履行合理注意义务，对利用下列业务从事涉诈支持、帮助活动进行监测识别和处置：

（一）提供互联网接入、服务器托管、网络存储、通讯传输、线路出租、域名解析等网络资源服务；

（二）提供信息发布或者搜索、广告推广、引流推广等网络推广服务；

（三）提供应用程序、网站等网络技术、产品的制作、维护服务；

（四）提供支付结算服务。

第二十六条　公安机关办理电信网络诈骗案件依法调取证据的，互联网服务提供者应当及时提供技术支持和协助。

互联网服务提供者依照本法规定对有关涉诈信息、活动进行监测时，发现涉诈违法犯罪线索、风险信息的，应当依照国家有关规定，根据涉诈风险类型、程度情况移送公安、金融、电信、网信等部门。有关部门应当建立完善反馈机制，将相关情况及时告知移送单位。

第五章　综合措施

第二十七条　公安机关应当建立完善打击治理电信网络诈骗工作机制，加强专门队伍和专业技术建设，各警种、各地公安机关应当密切配合，依法有效惩处电信网络诈骗活动。

公安机关接到电信网络诈骗活动的报案或者发现电信网络诈骗活动，应当依照《中华人民共和国刑事诉讼法》的规定立案侦查。

第二十八条　金融、电信、网信部门依照职责对银行业金融机构、非银行支付机构、电信业务经营者、互联网服务提供者落实本法规定情况进行监督检查。有关监督检查活动应当依法规范开展。

第二十九条　个人信息处理者应当依照《中华人民共和国个人信息保护法》等法律规定，规范个人信息处理，加强个人信息保护，建立个人信息被用于电信网络诈骗的防范机制。

履行个人信息保护职责的部门、单位对可能被电信网络诈骗利用的物流信息、交易信息、贷款信息、医疗信息、婚介信息等实施重点保护。公安机关办理电信网络诈骗案件，应当同时查证犯罪所利用的个人信息来源，依法追究相关人员和单位责任。

第三十条 电信业务经营者、银行业金融机构、非银行支付机构、互联网服务提供者应当对从业人员和用户开展反电信网络诈骗宣传，在有关业务活动中对防范电信网络诈骗作出提示，对本领域新出现的电信网络诈骗手段及时向用户作出提醒，对非法买卖、出租、出借本人有关卡、账户、账号等被用于电信网络诈骗的法律责任作出警示。

新闻、广播、电视、文化、互联网信息服务等单位，应当面向社会有针对性地开展反电信网络诈骗宣传教育。

任何单位和个人有权举报电信网络诈骗活动，有关部门应当依法及时处理，对提供有效信息的举报人依照规定给予奖励和保护。

第三十一条 任何单位和个人不得非法买卖、出租、出借电话卡、物联网卡、电信线路、短信端口、银行账户、支付账户、互联网账号等，不得提供实名核验帮助；不得假冒他人身份或者虚构代理关系开立上述卡、账户、账号等。

对经设区的市级以上公安机关认定的实施前款行为的单位、个人和相关组织者，以及因从事电信网络诈骗活动或者关联犯罪受过刑事处罚的人员，可以按照国家有关规定记入信用记录，采取限制其有关卡、账户、账号等功能和停止非柜面业务、暂停新业务、限制入网等措施。对上述认定和措施有异议的，可以提出申诉，有关部门应当建立健全申诉渠道、信用修复和救济制度。具体办法由国务院公安部门会同有关主管部门规定。

第三十二条 国家支持电信业务经营者、银行业金融机构、非银行支付机构、互联网服务提供者研究开发有关电信网络诈骗反制技术，用于监测识别、动态封堵和处置涉诈异常信息、活动。

国务院公安部门、金融管理部门、电信主管部门和国家网信部门等应当统筹负责本行业领域反制技术措施建设，推进涉电信网络诈骗样本信息数据共享，加强涉诈用户信息交叉核验，建立有关涉诈异常信息、活动的监测识别、动态封堵和处置机制。

依据本法第十一条、第十二条、第十八条、第二十二条和前款规定，对涉诈异常情形采取限制、暂停服务等处置措施的，应当告知处置原因、救济渠道及需要提交的资料等事项，被处置对象可以向作出决定或者采取措施的部门、单位提出申诉。作出决定的部门、单位应当建立完善申诉渠道，及时受理申诉并核查，核查通过的，应当即时解除有关措施。

第三十三条　国家推进网络身份认证公共服务建设，支持个人、企业自愿使用，电信业务经营者、银行业金融机构、非银行支付机构、互联网服务提供者对存在涉诈异常的电话卡、银行账户、支付账户、互联网账号，可以通过国家网络身份认证公共服务对用户身份重新进行核验。

第三十四条　公安机关应当会同金融、电信、网信部门组织银行业金融机构、非银行支付机构、电信业务经营者、互联网服务提供者等建立预警劝阻系统，对预警发现的潜在被害人，根据情况及时采取相应劝阻措施。对电信网络诈骗案件应当加强追赃挽损，完善涉案资金处置制度，及时返还被害人的合法财产。对遭受重大生活困难的被害人，符合国家有关救助条件的，有关方面依照规定给予救助。

第三十五条　经国务院反电信网络诈骗工作机制决定或者批准，公安、金融、电信等部门对电信网络诈骗活动严重的特定地区，可以依照国家有关规定采取必要的临时风险防范措施。

第三十六条　对前往电信网络诈骗活动严重地区的人员，出境活动存在重大涉电信网络诈骗活动嫌疑的，移民管理机构可以决定不准其出境。

因从事电信网络诈骗活动受过刑事处罚的人员，设区的市级以上公安机关可以根据犯罪情况和预防再犯罪的需要，决定自处罚完毕之日起六个月至三年以内不准其出境，并通知移民管理机构执行。

第三十七条　国务院公安部门等会同外交部门加强国际执法司法合作，与有关国家、地区、国际组织建立有效合作机制，通过开展国际警务合作等方式，提升在信息交流、调查取证、侦查抓捕、追赃挽损等方面的合作水平，有效打击遏制跨境电信网络诈骗活动。

第六章　法律责任

第三十八条　组织、策划、实施、参与电信网络诈骗活动或者为电信网络诈骗活动提供帮助，构成犯罪的，依法追究刑事责任。

前款行为尚不构成犯罪的，由公安机关处十日以上十五日以下拘留；没收违法所得，处违法所得一倍以上十倍以下罚款，没有违法所得或者违法所得不足一万元的，处十万元以下罚款。

第三十九条　电信业务经营者违反本法规定，有下列情形之一的，由有关主管部门责令改正，情节较轻的，给予警告、通报批评，或者处五万元以上五十万元以下罚款；情节严重的，处五十万元以上五百万元以下罚款，并可以由有关主管部门责令暂停相关业务、停业整顿、吊销相关业务许可证或者吊销营业执照，对其直接负责的主管人员和其他直接责任人员，处一万元以上二十万元以下罚款：

（一）未落实国家有关规定确定的反电信网络诈骗内部控制机制的；

（二）未履行电话卡、物联网卡实名制登记职责的；

（三）未履行对电话卡、物联网卡的监测识别、监测预警和相关处置职责的；

（四）未对物联网卡用户进行风险评估，或者未限定物联网卡的开通功能、使用场景和适用设备的；

（五）未采取措施对改号电话、虚假主叫或者具有相应功能的非法设备进行监测处置的。

第四十条 银行业金融机构、非银行支付机构违反本法规定，有下列情形之一的，由有关主管部门责令改正，情节较轻的，给予警告、通报批评，或者处五万元以上五十万元以下罚款；情节严重的，处五十万元以上五百万元以下罚款，并可以由有关主管部门责令停止新增业务、缩减业务类型或者业务范围、暂停相关业务、停业整顿、吊销相关业务许可证或者吊销营业执照，对其直接负责的主管人员和其他直接责任人员，处一万元以上二十万元以下罚款：

（一）未落实国家有关规定确定的反电信网络诈骗内部控制机制的；

（二）未履行尽职调查义务和有关风险管理措施的；

（三）未履行对异常账户、可疑交易的风险监测和相关处置义务的；

（四）未按照规定完整、准确传输有关交易信息的。

第四十一条 电信业务经营者、互联网服务提供者违反本法规定，有下列情形之一的，由有关主管部门责令改正，情节较轻的，给予警告、通报批评，或者处五万元以上五十万元以下罚款；情节严重的，处五十万元以上五百万元以下罚款，并可以由有关主管部门责令暂停相关业务、停业整顿、关闭网站或者应用程序、吊销相关业务许可证或者吊销营业执照，对其直接负责的主管人员和其他直接责任人员，处一万元以上二十万元以下罚款：

（一）未落实国家有关规定确定的反电信网络诈骗内部控制机制的；

（二）未履行网络服务实名制职责，或者未对涉案、涉诈电话卡关联注册互联网账号进行核验的；

（三）未按照国家有关规定，核验域名注册、解析信息和互联网协议地址的真实性、准确性，规范域名跳转，或者记录并留存所提供相应服务的日志信息的；

（四）未登记核验移动互联网应用程序开发运营者的真实身份信息或者未核验应用程序的功能、用途，为其提供应用程序封装、分发服务的；

（五）未履行对涉诈互联网账号和应用程序，以及其他电信网络诈骗信息、活动的监测识别和处置义务的；

（六）拒不依法为查处电信网络诈骗犯罪提供技术支持和协助，或者未按规定移送有关违法犯罪线索、风险信息的。

第四十二条　违反本法第十四条、第二十五条第一款规定的，没收违法所得，由公安机关或者有关主管部门处违法所得一倍以上十倍以下罚款，没有违法所得或者违法所得不足五万元的，处五十万元以下罚款；情节严重的，由公安机关并处十五日以下拘留。

第四十三条　违反本法第二十五条第二款规定，由有关主管部门责令改正，情节较轻的，给予警告、通报批评，或者处五万元以上五十万元以下罚款；情节严重的，处五十万元以上五百万元以下罚款，并可以由有关主管部门责令暂停相关业务、停业整顿、关闭网站或者应用程序，对其直接负责的主管人员和其他直接责任人员，处一万元以上二十万元以下罚款。

第四十四条　违反本法第三十一条第一款规定的，没收违法所得，由公安机关处违法所得一倍以上十倍以下罚款，没有违法所得或者违法所得不足二万元的，处二十万元以下罚款；情节严重的，并处十五日以下拘留。

第四十五条　反电信网络诈骗工作有关部门、单位的工作人员滥用职权、玩忽职守、徇私舞弊，或者有其他违反本法规定行为，构成犯罪的，依法追究刑事责任。

第四十六条　组织、策划、实施、参与电信网络诈骗活动或者为电信网络诈骗活动提供相关帮助的违法犯罪人员，除依法承担刑事责任、行政责任以外，造成他人损害的，依照《中华人民共和国民法典》等法律的规定承担民事责任。

电信业务经营者、银行业金融机构、非银行支付机构、互联网服务提供者等违反本法规定，造成他人损害的，依照《中华人民共和国民法典》等法律的规定承担民事责任。

第四十七条　人民检察院在履行反电信网络诈骗职责中，对于侵害国家利益和社会公共利益的行为，可以依法向人民法院提起公益诉讼。

第四十八条　有关单位和个人对依照本法作出的行政处罚和行政强制措施决定不服的，可以依法申请行政复议或者提起行政诉讼。

第七章　附　　则

第四十九条　反电信网络诈骗工作涉及的有关管理和责任制度，本法没有规定的，适用《中华人民共和国网络安全法》、《中华人民共和国个人信息保护法》、《中华人民共和国反洗钱法》等相关法律规定。

第五十条　本法自2022年12月1日起施行。

本书撰稿人及写作分工

（按照撰写条文的先后顺序）

陈伟（西南政法大学教授、博士生导师，法学博士，重庆市新型犯罪研究中心执行主任，任本书主编，撰写第一条、第二条、第三条）；

杨攀（西南政法大学博士研究生，撰写第四条、第六条、第七条）；

王心一（西南政法大学博士研究生，撰写第五条、第十九条、第三十条）；

张学文（西南政法大学博士研究生，撰写第八条、第三十一条、第三十二条）；

甄航（西南政法大学法学院讲师，博士后流动站研究人员，法学博士，撰写第九条、第十条、第十一条）；

沈平（重庆市第二中级人民法院研究室副主任，西南政法大学博士研究生，撰写第十二条、第十三条、第十四条）；

严磊（西南政法大学博士研究生，撰写第十五条、第十六条、第十七条）；

胡雅岚（西南政法大学博士研究生，撰写第十八条、第二十条、第二十一条）；

于浩洋（西南政法大学博士研究生，撰写第二十二条、第二十三条、第二十四条）；

宋坤鹏（西南政法大学博士研究生，撰写第二十五条、第二十六条、第二十九条）；

张素敏（西南政法大学博士研究生，撰写第二十七条、第二十八条）；

郤雨岑（西南政法大学博士研究生，撰写第三十三条、第三十六条、第四十五条、第四十八条）；

张嘉艺（西南政法大学博士研究生，撰写第三十四条、第三十五条、第三十七条）；

盛浩（西南政法大学博士研究生，撰写第三十八条、第四十九条）；

吴裕飞（西南政法大学博士研究生，撰写第三十九条、第四十条、第四十六条）；

张阳（西南政法大学博士研究生，撰写第四十一条、第四十二条、第四十三条、第四十四条）；

叶静（西南政法大学博士研究生，撰写第四十七条、第五十条）。

图书在版编目（CIP）数据

中华人民共和国反电信网络诈骗法理解与适用／陈伟主编．—北京：中国法制出版社，2022.9（2023.11重印）

ISBN 978－7－5216－2846－3

Ⅰ．①中… Ⅱ．①陈… Ⅲ．①电信－诈骗－金融风险防范－法律解释－中国②电信－诈骗－金融风险防范－法律适用－中国③互联网络－诈骗－金融风险防范－法律解释－中国④互联网络－诈骗－金融风险防范－法律适用－中国 Ⅳ．①D924.335

中国版本图书馆 CIP 数据核字（2022）第156730号

策划编辑：王熹（wx2015hi@sina.com）
责任编辑：王熹　赵律玮　　　　封面设计：李宁

中华人民共和国反电信网络诈骗法理解与适用

ZHONGHUA RENMIN GONGHEGUO FANDIANXIN WANGLUO ZHAPIANFA LIJIE YU SHIYONG

主编/陈伟
经销/新华书店
印刷/北京虎彩文化传播有限公司
开本/730毫米×1030毫米　16开　　印张／17　字数／246千
版次/2022年9月第1版　　2023年11月第3次印刷

中国法制出版社出版
书号 ISBN 978－7－5216－2846－3　　定价：66.00元

北京市西城区西便门西里甲16号西便门办公区
邮政编码：100053　　传真：010－63141600
网址：http：//www.zgfzs.com　　编辑部电话：010－63141795
市场营销部电话：010－63141612　　印务部电话：010－63141606